本书为国家社科基金项目“世界社会主义运动视阈中的国外社会主义流派研究”（08BKS042）成果

中国社会科学院创新工程学术出版资助项目

世界社会主义整体发展视阈中的国外社会主义流派

吕薇洲 等著

中国社会科学出版社

图书在版编目(CIP)数据

世界社会主义整体发展视阈中的国外社会主义流派/吕薇洲等著.—北京:中国社会科学出版社,2016.5

ISBN 978-7-5161-8168-3

Ⅰ.①世… Ⅱ.①吕… Ⅲ.①社会主义—研究—世界 Ⅳ.①D507

中国版本图书馆 CIP 数据核字(2016)第 102466 号

出 版 人 赵剑英
责任编辑 田 文
特约编辑 陈 琳
责任校对 张爱华
责任印制 王 超

出 版 中国社会科学出版社
社 址 北京鼓楼西大街甲 158 号
邮 编 100720
网 址 http://www.csspw.cn
发 行 部 010-84083685
门 市 部 010-84029450
经 销 新华书店及其他书店

印 刷 北京君升印刷有限公司
装 订 廊坊市广阳区广增装订厂
版 次 2016 年 5 月第 1 版
印 次 2016 年 5 月第 1 次印刷

开 本 710×1000 1/16
印 张 18.5
插 页 2
字 数 303 千字
定 价 69.00 元

目　　录

导　论

从世界社会主义发展整体视阈中辨析国外社会主义流派

作为资本主义的对立物，社会主义以理论思潮的形式首先出现在500年前的欧洲，并逐渐在全球范围内由理论思潮发展为社会运动乃至社会制度。自1516年产生以来，社会主义始终存在着形形色色的思潮和派别。由于社会主义者所处的历史环境及所持的政治立场不同，他们对资本主义的认识和批判、对社会主义的设想和憧憬也各异，由此形成了前提、目的、内容和特征各不相同的社会主义流派。这些流派在起伏跌宕的世界社会主义发展进程中发挥着不可忽视的作用，它们从不同侧面反映着世界社会主义发展的状况。要全面了解、客观把握国外各种社会主义流派的发展演变、理论主张和本质特征，必须将其置于世界社会主义发展的宏大历史视野下，置于世界社会主义理论和运动发展的整个历史长河中。

一　国外社会主义流派研究：历史与现状

我国对国外社会主义流派的研究起步较晚。改革开放前，囿于传统的思想观念和研究视野，学界对国外社会主义流派的研究十分匮乏。能够查阅的相关研究成果，仅有一些涉及空想社会主义和民主社会主义的研究资料和译著译文（除一些经典文献外，大多是对苏东学者相关著述的译介）。商务印书馆1964年、1975年分别出版了中国人民大学吴易风教授的《空想社会主义者的经济学说》、《空想社会主义经济学说简史》，上海人民出版社1976年出版了《十九世纪初的空想社会主义》

（蔡中兴编著），可以说是我国较早探讨国外社会主义流派的专著。

尽管改革开放前国外社会主义流派大都被当作非马克思主义的修正主义批判对象，片面地被加以介绍和评析，但不能否认的是，这一时期相关研究和文献的整理翻译，尤其是商务印书馆、中华书局出版的一些经典文献，为后来学界探讨各种国外社会主义流派积累了非常宝贵的素材。

20 世纪 80 年代开始，随着改革开放的不断深入，我国学界从狭隘封闭的圈子里跳出来，开始对世界社会主义发展史上各种国外社会主义流派进行专题和比较研究，推出了一系列关于某一个或某一类社会主义流派的著述。包括吴易风的《空想社会主义》（北京出版社 1980 年出版）、李凤鸣的《空想社会主义思想史》（上海人民出版社 1980 年出版）、上海科学社会主义学会与上海社会科学院情报所合编的《当代亚非拉社会主义思潮资料选译》（上海社会科学院出版社 1982 年出版）、牧邬的《欧洲历史上的空想社会主义者》（黑龙江人民出版社 1984 年出版）、白东明的《空想社会主义者代表著作评介》（吉林人民出版社 1984 年出版），以及阎志民的《当代世界社会主义的极左派——托派第四国际》（甘肃人民出版社 1985 年出版），等等，总体来说，这一时期我国关于国外社会主义流派的研究，基本上还停留在翻译介绍层面。

20 世纪 80 年代中后期特别是苏东剧变后，社会主义多样化、本土化的色彩得到了认可，学界开始加强对国外社会主义流派的研究，陆续出版了一系列全面考察和系统梳理国外社会主义流派的著述。比如，蓝瑛等主编的《社会主义流派政治思想述评》，对发达国家及亚非拉的民主社会主义、民族社会主义等社会主义流派进行了分析和评述[①]；徐觉哉撰写的《社会主义流派史》，从世界社会主义思想发展几百年的历史中梳理出了包括空想社会主义、封建社会主义、基督教社会主义、生态社会主义、市场社会主义等在内的 25 个社会主义流派，并全面分析这些流派的源起、谱系、流变以及影响[②]；余文烈主编的《当代国外社会主义流派》，深入考察并分析了市场社会主义、民主社会主义、生态社

① 蓝瑛、谢宗范主编：《社会主义流派政治思想述评》，上海社会科学院出版社 1988 年版。

② 徐觉哉：《社会主义流派史》，上海人民出版社 1999 年版。

会主义、后工业社会主义等在当代较有影响的9种社会主义流派①；徐崇温撰写的《当代外国主要思潮流派的社会主义观》，分门别类地探讨了后工业社会主义、市场社会主义、生态社会主义以及亚非拉发展中国家民族社会主义等多种社会主义思潮流派②；张志军主编的《20世纪国外社会主义理论、思潮及流派》，不仅系统追溯了科学社会主义在20世纪的发展及影响，而且详尽分析了社会民主主义、民族社会主义、新马克思主义等国外社会主义流派的发展进程和理论实践探索③；段忠桥主编的《当代国外社会思潮》选取了包括民主社会主义、市场社会主义、生态社会主义、女权社会主义等在内的9种有代表性的当代西方社会思潮，对其兴起发展、理论主张、本质特征等进行了考察和分析④。

除了上述从总体上考察国外社会主义流派的著述之外，学界对国外社会主义流派的研究向纵深发展，并呈现出了以下三大特点。

一是专门就某一流派进行系统深入研究的成果大量涌现。其中，关于民主社会主义的著述包括：马句等的《民主社会主义的由来和演变》（1991年），杨宏禹等的《民主社会主义透视》（1991年），周新城等的《当代民主社会主义评析》（1992年），吴雄丞、张中云主编的《社会党和民主社会主义人权观》（1993年），徐崇温的《民主社会主义评析》（1995年），曹长盛主编的《民主社会主义模式比较研究》（1996年），周新城的《评人道的民主社会主义》（1998年）和《民主社会主义思潮评析》（2008年），张月明的《民主社会主义在东欧》（1998年），向文华的《斯堪的纳维亚民主社会主义研究》（1999年），殷叙彝的《民主社会主义论》（2007年）和《社会民主主义概论》（2011年），张传鹤的《全球视野下的民主社会主义研究》（2009年）等；关于生态社会主义的著述主要包括：刘仁胜的《生态马克思主义概论》（2007年），徐燕梅的《生态学马克思主义研究》（2007年），郭剑仁的《生态地批判：福斯特的生态学马克思主义思想研究》（2008年），王雨辰的《生态批判与绿色乌托邦：生态学马克思主义理论研究》（2009

① 余文烈主编：《当代国外社会主义流派》，安徽人民出版社2000年版。

② 徐崇温：《当代外国主要思潮流派的社会主义观》，中共中央党校出版社2007年版。

③ 张志军主编：《20世纪国外社会主义理论、思潮及流派》，当代世界出版社2008年版。

④ 段忠桥主编：《当代国外社会思潮》（第三版），中国人民大学出版社2010年版。

年），时青昊的《20 世纪 90 年代以后的生态社会主义》（2009 年），郇庆治主编的《重建现代文明的根基：生态社会主义研究》（2010 年）等。关于市场社会主义的著述主要有：张宇的《市场社会主义反思》（1999 年），吴宇晖的《市场社会主义：世纪之交的回眸》（2000 年），纪军的《匈牙利市场社会主义之路》（2000 年），吕薇洲的《市场社会主义论》（2001 年），《市场社会主义与社会主义市场经济：模式 · 比较 · 借鉴》（2005 年），张志忠的《当代西方市场社会主义思潮：模式、理论与评价》（2006 年），余文烈、姜辉的《市场社会主义：历史、理论与模式》（2008 年），景维民、田卫民的《经济转型中的市场社会主义——国外马克思主义的分析和实践检验》（2009 年）等。

二是在一些关于世界社会主义运动和国外马克思主义的相关著述中，包含许多对国外社会主义流派的分析。比如，靳辉明主编的《当代资本主义与世界社会主义》（2004 年），黄宗良、孔寒冰主编的《世界社会主义史论》（2003 年），赵明义主编的《当代社会主义》（2001 年），陈学明的《苏联东欧剧变后国外马克思主义趋向》（2001 年），曾柏苓等编著的《变革性与多样性——当代国外社会主义探析》（2005 年），蒲国良主编的《当代国外社会主义概论》（2006 年）等著述，都专门辟出章节，对一些在世界社会主义发展进程中具有较大影响的国外社会主义流派进行了比较概要式的介绍和分析。

三是扩展了对国外社会主义流派尤其是当代国外社会主义流派的研究视野。既不再停留于简单介绍其历史演进和理论观点，分析其理论特征和地位作用方面，更不再将它们视为反马克思主义、反科学社会主义的流派加以全盘否定和排斥，而是在介绍分析的基础上，聚焦这些流派随着时代变化所进行的发展转型和理论创新等，特别是着重挖掘各种国外社会主义流派中可资中国特色社会主义吸收借鉴的理论观点和政策主张。力求为社会主义理论创新、为社会主义运动复兴提供理论素材和支撑。

二　从世界社会主义发展全过程中辨析国外社会主义流派

每一种社会主义流派，之所以自称为或被冠以“社会主义”这个称谓，就是因为它们对资本主义各种弊病进行了揭露和批判。从最初的空想社会主义直至当代的各种国外社会主义流派，都是在资本主义制度环境下产生和发展演进的，必然受到资本主义发展变化的影响和制约。同时，各种国外社会主义流派都是在世界社会主义发展进程中产生的，它不仅直接或间接地影响着世界社会主义发展的总体进程，而且还或多或少地受到世界社会主义发展状况的影响。因此，对于国外社会主义流派的研究，无论是考察其发展演进还是分析其本质特征、无论是探讨其影响作用还是把握其发展规律，都应结合世界资本主义的发展变化，着眼世界社会主义的整体发展历程，甚至应放到整个人类社会发展的历史长河中。

如前所述，学界围绕国外社会主义流派进行了比较系统深入的研究，推出了一系列重要著述，取得了较大的研究进展。尤其是全面考察了国外各种社会主义流派的发展脉络、理论内容；系统分析了国外社会主义流派的本质特征及其与中国特色社会主义的异同联系；深入挖掘了国外社会主义流派中可资中国特色社会主义借鉴的理论观点等。但迄今为止，从国外各种社会主义流派的发展变化中，深入探讨和分析世界社会主义的历史和未来，从世界社会主义发展的历史进程中，具体考察和分析国外各种社会主义流派的性质和作用的著述还不多见。

本书拟进行这方面的尝试，即把国外社会主义流派与世界社会主义的发展进程结合起来进行研究，从世界社会主义发展的全过程中，辩证客观地考察和分析国外各种社会主义流派的产生和演进、特点与本质；从各种社会主义流派的发展演进中，深入透彻地探讨和研究世界社会主义发展的历史、现状以及未来。可以说，从世界社会主义发展的宏大视阈下，具体地、历史地考察和分析国外各种社会主义流派的产生发展、本质特征和地位作用；从国外各种社会主义流派的发展变化中，深入探讨和分析世界社会主义发展的历史、现状和未来，是本书的基本出发点和主要落脚点。

三　研究思路和线索

本书站在振兴世界社会主义的战略高度，运用马克思主义的立场、观点和方法，综合考虑世界社会主义、世界资本主义以及国外社会主义流派的发展特点，将国外社会主义流派500年的历史，划分为四个大的时段（即科学社会主义创立前、科学社会主义创立到第二次世界大战结束、冷战期间、苏东剧变后），全景式地考察国外各种社会主义流派的发展轨迹，概要式地分析每一时段国外社会主义流派发展的总体特征。在此基础上，选取在当今世界具有较大影响的五个社会主义流派，包括源自发达国家但很快便拓展至世界范围的民主社会主义、市场社会主义和生态社会主义；代表转型国家社会主义发展态势的原苏东地区的“新社会主义”以及代表亚非拉发展中国家社会主义发展动向的拉丁美洲“21世纪社会主义”。

具体地说，本书分为上、下两篇或者说两大部分，力图纵横交错地对国外社会主义流派进行全景式的深入剖析。

上篇（第一章至第四章），将国外社会主义流派还原到宏大的世界社会主义发展历程中，按照历史发展的轨迹，分四大时期若干阶段，纵向考察国外各种社会主义流派产生的历史背景和社会条件，全面把握国外社会主义流派发展变化的内在逻辑和规律，同时联系发达国家工人运动，联系发展中国家的民族解放运动，联系国外各种社会主义流派的理论内容及其对世界社会主义运动的影响，对国外各种社会主义流派作出全景式的整体辨析。

下篇（第五章至第九章），选取了当代具有代表性和影响力的五种国外社会主义流派（民主社会主义、市场社会主义、生态社会主义、原苏东地区的新社会主义思潮、拉美“21世纪社会主义”）进行了具体剖析，既分析对我国主流意识形态造成冲击的各种流派及其本质特征，也挖掘当代国外社会主义各种流派中积极合理的思想观点和政策主张，以便更好地理解和掌握中国特色社会主义理论体系的基本内涵、精神实质、历史地位和指导意义，更好地坚持中国特色社会主义道路和马克思主义在意识形态领域的指导地位，用马克思主义引领多元化的社会思潮。之所以选择这样五个流派，主要是因为这些流派具有很强的代表性。一方面是从地域上说，这五种流派涵盖了发达国家、转型国家和发展中国家。其中民主社会主义、市场社会主义和生态社会主义是发达国家的代表（尽管民主社会主义等已经成为国际性的流派），原苏东地区的新社会主义流派代表了转型国家社会主义流派在当代的发展，拉美“21世纪社会主义”是亚非拉发展中国家民族社会主义在当代发展的典型代表。另一方面是从内容上考虑，这五种社会主义流派涵盖了经济（市场社会主义大都是从经济着眼）、政治（民主社会主义更多的是强调政治）、生态（生态社会主义一直都将生态问题作为其核心）、社会（转型国家和发展中国家更多的是强调社会进步和人民生活水平的提高）等各个方面。

在研究中，本书主要遵循以下几个研究方法：一是运用历史与逻辑相统一、理论与实践相结合的方法，对国外社会主义流派的发展脉络、基本内容、本质特征进行综合性考察和研究；二是运用分析与比较相结合的方法，深入研究和分析民主社会主义、市场社会主义、生态社会主义、拉美“21世纪社会主义”等思潮流派及其与中国特色社会主义的关系，廓清国外各种社会主义理论流派与中国特色社会主义理论体系的本质区别；三是运用点与面相结合、系统性与针对性相统一的方法，既从整体上考察国外社会主义流派与世界社会主义发展的相互关系，又有重点地分析对当代世界社会主义发展具有重大影响的几种典型国外社会主义流派，力求在史论结合中把握全面，在深入挖掘中突出重点。

第一章

科学社会主义诞生前的国外社会主义流派

正如列宁所指出的："当农奴制被推翻，'自由'资本主义社会出现的时候，一下子就暴露出这种自由意味着压迫和剥削劳动者的一种新制度。于是反映这种压迫和反对这种压迫的各种社会主义学说就立刻产生了。"[①] 作为资本主义的对立物，社会主义思想的产生和演进是与资本主义生产方式的萌芽、确立和发展并行的。早在资本主义生产方式的萌芽开始出现以后、在科学社会主义理论正式创立之前，形形色色的社会主义思潮和流派就已经存在。除了人所共知的各种空想社会主义思潮之外，还有其他许多类型的社会主义派别。在1948年出版的国际共产主义运动第一个纲领性文献《共产党宣言》中，马克思恩格斯就列举并批判性地分析了包括"反动的社会主义"、"保守的或资产阶级的社会主义"、"批判的空想的社会主义和共产主义"等在内的三大类型数种社会主义流派。[②] 这些流派尤其是空想社会主义，作为社会主义思想的早期萌芽，对科学社会主义的诞生起到了一定的促进作用，可以说，正是在对这些社会主义思想流派的批判和扬弃中，科学社会主义才得以正式创立。

科学社会主义诞生前的国外社会主义思潮流派，从1516年《乌托邦》一书[③]出版算起，伴随资本主义的产生发展绵延了三百余年，或者

---

① 《列宁专题文集·论马克思主义》，人民出版社2009年版，第70页。

② 《马克思恩格斯文集》第2卷，人民出版社2009年版，第54—64页。

③ 原名为《关于最完美的国家制度和乌托邦新岛的既有利益又有趣的金书》，是享有"空想社会主义之父"声誉的英国空想社会主义者托马斯·莫尔1515—1516年作为伦敦商界代表出使荷兰佛兰德斯期间写成的，是社会主义思想史和政治学术史上的重要文献，也是西方文学领域的传世佳作和空想社会主义的开山之作。在该书中，作者运用游记体小说的形式，将自己对现实的思考和对未来的设想借旅行家拉斐尔·希斯拉德之口讲述出来。该书第一版（拉丁文版）于1516年在比利时的卢万城印行，此后，被译成德文、意大利文、法文、英文、荷兰文等50多种文字出版，在全世界广为流传。中文全译本最早于1935年出版。

说“在乌托邦的荒野中徘徊了三百多年”①，期间涌现出多种社会主义流派（仅空想社会主义就经历了三大时期多种形态的发展）。由于这一时期的社会主义流派历史跨度较长，且大多停留在思想理论层面，少有社会主义运动与之伴随，所以主要按照其产生的时代背景（资本主义的产生和发展），划分为三个阶段进行梳理和分析。

一　资本主义的兴起与16—17世纪的空想社会主义

萌芽于封建社会内部的资本主义生产关系，到15世纪末16世纪初，开始冲破封建关系的束缚迅猛发展起来。如马克思指出的：“虽然在14和15世纪，在地中海沿岸的某些城市已经稀疏地出现了资本主义生产的最初萌芽，但是资本主义时代是从16世纪才开始的。”② 伴随着资本主义生产方式的出现，产生了现代无产阶级的先驱——从城市平民和破产的农民中间产生的早期无产者，他们在反对封建主义的同时，也开展了反对资产阶级压迫的斗争，16—17世纪的空想社会主义就是与这种斗争相适应的理论表现。这种思想理论是欧洲社会历史发展的必然产物，有其深厚的社会现实基础。“16—17世纪，世界历史进入资本主义产生时期。……当时的英国是资本主义发展最早、最快的一个国家，意大利和德国也有了资本主义萌芽”，与之相应，这些国家也就成为社会主义思想的发祥地，“在这些国家出现了空想社会主义者。它的代表人物就是英国的莫尔、意大利的康帕内拉和德国的闵采尔”③。

（一）莫尔的“乌托邦”：世界社会主义500年的起点

托马斯·莫尔（Thomas More，1478—1535）生活在西欧封建制度开始瓦解、资本主义生产关系逐渐兴起的时期，或者说生活在“文艺复兴时期和原始资本主义时期”。当时的英国，“最广泛地展开了封建主义的解体、资本原始积累和资本主义发展的过程。这些过程的轴心是一场真正的土地革命，即通过掠夺和围圈村社的土地使之变成放羊的广阔

① 徐觉哉：《社会主义流派史》，上海人民出版社2007年版，第6页。

② 《马克思恩格斯文集》第5卷，人民出版社2009年版，第823页。

③ 高放、黄达强主编：《社会主义思想史》（上册），中国人民大学出版社1987年版，第51页。

牧场的途径，来强制性地剥夺农民群众。这一切使财产关系、国家制度、所有制和社会正义的问题，变得十分尖锐和引人注目。”① 也即说，莫尔所处的时期，资产阶级正通过强制性的、赤裸裸的暴力掠夺方式，尤其是通过“羊吃人”的圈地运动，迅速推进资本主义的原始积累。“资本原始积累的过程，农民的丧失土地，家庭手工业和雇佣工人阶层的产生，这些就是当时英国社会发展的特征。”②

莫尔亲眼目睹了资本主义原始积累给广大贫苦人民带来的苦难，在《乌托邦》一书中，他鲜明而真实地描绘了一幅他所处时代英国经济政治发展的生动图景，深刻揭示了资本原始积累带来的小农所有者被剥夺土地后的贫困状态，并力图揭示造成社会不平等和劳动大众受剥削的主要原因。他明确指出：“如不彻底废除私有制，产品不可能公平分配，人类不可能获得幸福。私有制存在一天，人类中绝大的一部分也是最优秀的一部分将始终背上沉重而甩不掉的贫困灾难担子。”③ 从这种意义上说，莫尔的《乌托邦》无论是在反对圈地运动方面，还是在反对基于私有制和剥削的社会政治制度方面，都是一份前所未有的强烈抗议书。“莫尔详尽描绘的新社会蓝图（在那里，随同私有制的被消灭，对劳动者的剥削也永远地被消灭了），则是对不合理的社会制度提出强烈抗议的独特表现。”④

在对封建专制国家和王公贵族造成的贫富悬殊现象、对资本主义血腥发迹的罪行进行尖锐揭露、对造成社会不公的根源——私有制进行无情批判的基础上，莫尔大胆构思了一个新的社会制度蓝图，即一种与资本主义私有制对立、以财产公有制为基础的、没有剥削、人人平等的理想社会。

无怪乎对空想社会主义颇有研究的苏联学者维·彼·沃尔金会对莫尔及其《乌托邦》的历史意义做出如此高的评价：“作为一个思想家来说，莫尔在社会思想史上占有特殊的地位，他给后代留下了第一个经过

① ［苏］H. E. 扎斯田克尔：《社会主义思想史纲》，南致善等译，商务印书馆 1990 年版，第 97、99 页。

② ［俄］沃尔金：《空想社会主义的遗产》，载普列汉诺夫等《论空想社会主义》（上卷），中国人民大学编译室等译，商务印书馆 1980 年版，第 129 页。

③ ［英］托马斯·莫尔：《乌托邦》，戴镏龄译，商务印书馆 1982 年版，第 44 页。

④ ［苏］И. Н. 奥西诺夫斯基：《托马斯·莫尔传》，杨家荣、李兴汉译，商务印书馆 1984 年版，第 104 页。

全面考虑的社会主义社会的方案，——尽管在这个方案里，我们还可以找到许多空想主义的特点，这些特点反映了十五世纪到十六世纪英国的经济发展水平还不够高。《乌托邦》这本书的另一个方面也有同样重大的意义，这就是在论证社会主义原则时所采用的方法。……莫尔是第一个剥掉'共有制'的宗教外壳的人，是第一个从理性出发论证'共有制'的人。"① 第二国际的领袖卡尔·考茨基（Karl Kautsky）也对莫尔给予了极高评价："在资本主义生产方式还在初露端倪的时期，他已洞见它的本质，以致他在头脑中所描绘出的、和为了消除资本主义生产方式的损害而与之比较的那种对立的生产方式，已经包含着不少近代社会主义的最重要的特征。他的同时代人自然不能理解他的陈述的深远意义。即便莫尔本人也没有充分觉察到这一层，直到今天，我们才能充分评价：不管300年来重大的经济和技术的改革，我们在《乌托邦》一书中却发现有许多倾向，在今天的社会主义运动中仍然起着作用。"②

（二）康帕内拉及其"太阳城"

作为意大利文艺复兴时期的空想社会主义者，托马斯·康帕内拉（Tommas Campanella，1568—1639）出生时，正值意大利人民外遭西班牙侵略者强行掠夺，内受封建统治阶级恣意鱼肉，各种社会矛盾日益尖锐化，反抗外国侵略者和封建统治者的斗争此起彼伏。家境贫寒却学识渊博的康帕内拉，一生都在积极思索如何改造社会，拯救人类，他强烈渴望并积极投入到将意大利人民从西班牙重轭之下解放出来的设想和行动之中。1599年，康帕内拉由于参与密谋反对当时统治意大利南部的西班牙君主政权再次被捕③。在狱中，他写成了具有深远影响的空想社会主义著作——《太阳城》④。

该书采用对话体裁，描绘了一种与当时意大利和西欧各国社会制度完全不同的新型理想社会。在这一社会里，没有剥削，没有私有财产；

① ［俄］沃尔金：《〈乌托邦〉的历史意义》，载普列汉诺夫等《论空想社会主义》（上卷），中国人民大学编译室等译，商务印书馆1980年版，第199—200页。

② ［德］卡尔·考茨基：《莫尔及其乌托邦》，关其侗译，生活·读书·新知三联书店1963年版，第175页。

③ 在之前的1591—1597年，康帕内拉就因发表反宗教的著作3次被捕入狱。

④ 长期的狱中生活，使康帕内拉强烈渴求光明和自由，认为太阳才是自然界一切生命的源泉和人类崇高理想的象征，因此决定把自己的政治理想凝聚成一座"太阳城"。

人人劳动，产品按需分配；实行“哲人政治”，只有大智大慧的“贤哲”才能担任最高管理人（称为太阳）及其助手；教育与生产相联系，脑力劳动与体力劳动有差别，等等。在社会主义思想史上，康帕内拉不仅第一次明确提出了“劳动光荣”和体力脑力劳动结合的思想，还第一次系统阐述了社会主义教育思想。在他设想的“太阳城”中，“完全没有私有财产，大家从事义务劳动，由社会组织生产和分配，对公民进行劳动教育——这就是康帕内拉的社会思想的总体。”① 正如康帕内拉所说：“不论对于现在或将来的生活来说，财产公有制是一种最好的制度。”② 这些思想理论，反映了意大利早期无产者和贫苦劳动人民对幸福生活的渴望，因此《太阳城》拥有很多读者和敬仰者并得以流传300多年。

尽管康帕内拉的思想还带有明显的宗教色彩和神秘主义因素，带有中世纪小生产者思想特点的平均主义倾向，但仍不失为是那个时代中最伟大的思想家之一，他所著的《太阳城》，“是传播共产主义的文献资料，它应该和托马斯·莫尔的《乌托邦》相提并论。这是一部具有重大历史意义的文献，是一部值得研究的文献。”③

（三）闵采尔与空想社会主义的实际斗争

托马斯·闵采尔（Thomas Münzer，1489—1525）是德国空想社会主义的先驱者，也是德国农民战争的重要领袖，是空想社会主义在实际斗争中的早期代表。

闵采尔将其短短30多年的人生都奉献给了“平均共产主义”学说，他设想在人间建立了一个“千年太平王国”也即“天国”④，并运用宗教神学的辞令对这一“千年太平王国”进行了详尽描述，同时通过宗

---

① ［俄］沃尔金：《康帕内拉的共产主义乌托邦》，载普列汉诺夫等《论空想社会主义》（上卷），中国人民大学编译室等译，商务印书馆1980年版，第206页。

② ［意］托马斯·康帕内拉：《太阳城》，陈大维、黎思复、黎廷弼译，商务印书馆1980年版，第74页。

③ ［俄］沃尔金：《康帕内拉的共产主义乌托邦》，载普列汉诺夫等《论空想社会主义》（上卷），中国人民大学编译室等译，商务印书馆1980年版，第203页。

④ “闵采尔所理解的天国不是别的，只不过是这样一种社会状态，在那里不再有阶级差别，不再有私有财产，不再有对社会成员而言是独立的和异己的国家政权。”参见《马克思恩格斯文集》第2卷，人民出版社2009年版，第248页。

教改革的形式，积极传播其以暴力推翻封建制度，建立一个没有阶级差别、没有剥削和没有私有财产的社会思想。

闵采尔的空想社会主义具有一个不同于莫尔和康帕内拉空想社会主义的鲜明特点，即他不是停留在思想阐释和理论宣传的层面，而是积极投身到他倡导的社会改革实践中。他领导的农民军后来虽然被公侯联军所击败，他本人亦被送上了断头台，但是他的活动和思想在德国革命史和思想史乃至整个世界社会主义发展史上留下了光辉的一页。

对于闵采尔及其社会主义思想和活动，恩格斯在《德国农民战争》一文中给予了高度评价："闵采尔的政治理论是同他的革命的宗教观紧密相连的；正如他的神学远远超出了当时流行的看法一样，他的政治理论也远远超出了当时的社会政治条件。正如他的宗教哲学接近无神论一样，他的政治纲领也接近共产主义。甚至在二月革命前夕，许多近代共产主义派别拥有的理论武库还不如16世纪'闵采尔派'的理论武库那么丰富。闵采尔的纲领，与其说是当时平民要求的总汇，不如说是对当时平民中刚刚开始发展的无产阶级因素的解放条件的天才预见。"① 考茨基也把闵采尔与莫尔并称为通向社会主义入口处的"两个伟人"，并称闵采尔"是鼓动家兼组织家，通过他的鼓动和组织力量，迅速地团结起来了无产阶级和农民群众，德国王侯们因而战栗失色"，认为他们两人"在观点、方法和性格方面虽截然不同，不过就他们的最终目标——共产主义——来说，就他们的勇猛无畏和信念坚定来说，就他们的结局——两人都死在断头台上——来说，两人又是相似的。"②

（四）16—17世纪空想社会主义的主要特点

除了上述3个重要代表人物之外，法国空想社会主义理论家德尼·维拉斯（Denis Vailasse，1630—1700）③ 和英国掘地派运动的著名领袖

① 《马克思恩格斯文集》第2卷，人民出版社2009年版，第248页。

② ［德］卡尔·考茨基：《莫尔及其乌托邦》，关其侗译，生活·读书·新知三联书店1963年版，第5页。

③ 17世纪法国空想社会主义者，他所著的《塞瓦兰人的历史》一书，是当时法国社会主义的重要代表著作。该书虚构了一个存在于"南方大陆"上的国家——塞瓦兰，并对这个国家的社会制度、政治体制、风土人情及其建立以后的历史进行了详尽的描述。社会主义的一些基本原则如公有制、人人劳动、按需分配等在这部著作中都有体现。

杰纳德·温斯坦莱（G. Winstanley，1609—1652）① 也是这个阶段空想社会主义的重要代表。他们也批判了由资本主义发展带来的社会弊病，并提出了自己关于未来社会主义的各种构想，他们的学说，可以说是兼具空想社会主义第一阶段和第二阶段的某些特征，构成了从第一阶段到第二阶段的中间环节。

总体上看，16—17 世纪的空想社会主义思想体系，是空想社会主义的雏形时期，这一阶段的空想社会主义流派不同程度地从古希腊柏拉图等社会思想家、原始基督教等思想中汲取了一定的思想材料。诚如苏联学者沃尔金所说："16—18 世纪的共产主义者把柏拉图看作自己的导师不是没有理由的。柏拉图的名字是不会从社会主义思想史上抹去的。"②

16—17 世纪的空想社会主义者大都采用当时人们喜闻乐见的文学游记方式，揭露资本主义原始积累给劳动人民带来的沉重灾难，批判刚刚产生的资本主义生产方式的种种弊病，幻想建立一个没有私有制、没有剥削和压迫，人人参加劳动、按需分配的理想社会，"在 16 世纪和 17 世纪有理想社会制度的空想的描写"③。其中有些理论主张，如公有制、计划生产、按需分配取消商品和货币、普遍民主，等等，为后来社会主义各流派乃至科学社会主义的产生，提供了丰富的思想材料。

当然，由于西欧社会受到长达数百年的教会束缚和封建贵族专制统治的影响，这一时期的空想社会主义不同程度地带有宗教神学的色彩，特别是吸收了基督教的平等思想，但不能由此否认其历史价值和意义。对早期空想社会主义的评价，必须放在 16—17 世纪的欧洲社会历史条件中进行。正如考茨基在评价莫尔时所说的：不能"糊涂地用 20 世纪的标准而不用 16 世纪的标准来衡量"早期的空想社会主义，早期空想

① 17 世纪英国空想社会主义者，其代表作《自由法》一书，以法律条文的形式，阐述了掘地派的政治经济纲领，描绘了一幅公有制社会的蓝图。根据《自由法》的规定，真正自由的共和国建立在土地公有制基础之上，人人都必须参加劳动，实行民主政治制度等。为此，他主张废除土地私有制和一切封建义务，主张人人都有利用村社土地的自由，同时也有享受自己的劳动果实的权利。虽然掘地派运动被克伦威尔政府镇压下去，但其光辉思想对于后来的空想社会主义思想产生了深远的影响。

② ［苏］沃尔金：《论空想社会主义者》，中国人民大学编译室译，中国人民大学出版社 1959 年版，第 62 页。

③ 《马克思恩格斯文集》第 3 卷，人民出版社 2009 年版，第 525 页。

社会主义者的社会主义思想理论尽管有许多缺陷，但“仍表现了近代社会主义的若干最重要的标记，因而他有权利进入近代社会主义者的行列”①。

二　资产阶级革命与18世纪的空想社会主义

18世纪是空想社会主义思想史上一个极为重要的时期。18世纪的欧洲，资本主义生产方式已经由简单协作发展到了工场手工业阶段。工场手工业在18世纪中期进入鼎盛时期，18世纪60年代英国开始向机器大工业过渡，之后又爆发了1775年的美国独立战争和1789年的法国大革命。这时无产阶级已从一般劳动者中分离出来，并被卷入资产阶级革命洪流，与之相应，空想社会主义也发展到了“直接共产主义理论阶段”，如恩格斯所言：“在18世纪已经有了直接共产主义的理论（摩莱里和马布利）。平等的要求已经不再限于政治权利方面，它也应当扩大到个人的社会地位方面；不仅应当消灭阶级特权，而且应当消灭阶级差别本身。禁欲主义的、禁绝一切生活享受的、斯巴达式的共产主义，是这种新学说的第一个表现形式。”② 尤其是在法国，“十八世纪是资产阶级社会思想最高涨的时代，是资产阶级在思想上准备对旧的封建专制制度的堡垒进行革命进攻的时代”③，1789年爆发的法国资产阶级大革命，摧毁了法国的封建关系，确立了资产阶级的统治地位。然而，在新的社会制度下，广大劳动群众处于新的枷锁之中，仍然是政治上无权，经济上更加贫困。巴尔扎克的《人间喜剧》、雨果的《巴黎圣母院》和《悲惨世界》、狄更斯的《雾都孤儿》等都以辛辣尖锐的笔法，无情揭露了资本主义社会的虚伪、贪婪、凶残，描写了下层民众的悲惨处境，反映了劳苦大众的抗争。在这样的社会历史背景下，无产阶级要求改变社会现状的愿望日益强烈，为18世纪空想社会主义的发展和传播提供了适宜的土壤，基于此，该阶段空想社会主义的主要代表摩莱里、马布利、

① ［德］卡尔·考茨基：《莫尔及其乌托邦》，关其侗译，生活·读书·新知三联书店1963年版，第222—223页。

② 《马克思恩格斯文集》第3卷，人民出版社2009年版，第525页。

③ ［俄］沃尔金：《摩莱里的共产主义理论》，载普列汉诺夫等《论空想社会主义》（上卷），中国人民大学编译室等译，商务印书馆1980年版，第342页。

巴贝夫等都出现在法国。

（一）摩莱里及其理性制度思想

埃蒂安—加布里埃尔·摩莱里（Morelly，约 1720—1780）是 18 世纪法国平均空想社会主义的重要代表，也是法国大百科全书派的先驱者之一。他一生写有许多著作，其中最有影响的是《自然法典》和《巴齐里阿达》①。

《自然法典》撰写和发表的年代，正值法国资产阶级革命的前夜，经济上封建主所有制还占主导地位。全国 10% 以上的耕地为国王、贵族和教会占有，而占全国 3/4 的农民，则只拥有 10% 的土地，对农民残酷的地租和其他超经济剥削成为了国王和贵族的主要收入来源，人民生活在水深火热之中。正如在法国和国际史坛享有盛名的年鉴派史学家费尔南·布罗代尔（Fernand Braudel）曾经描绘的："许多人如牲畜一般食草度日；1709 年的严冬使法国无数流浪者在路旁饿死。"②

面对手工艺者和农民既受封建专制压迫又受资本主义剥削的社会现实，摩莱里根据"自然法"和"自然状态"的学说，第一次以法律条文的形式，分析了人性的本质，揭露了私有制是"万恶之源"，描绘了一幅未来共产主义社会的蓝图，制定了一部"合乎自然意图的法制蓝本"。他提出了包括实行"土地由大家共同经营，土地的收成由大家平权地享受"的公有制，"每个公民都是依靠社会供养、维持生计和受到照料的公务人员"的公民劳动权、工作权和生活保障权，以及每个公民都有各尽所能的义务等诸多共产主义的原则，论证了原始共产主义是理应值得人们在现代和将来加以采纳的一种理想的社会制度。

在《自然法典》一书中，摩莱里形象地把世界比作一张饭桌，"它足以陈列所有共餐者所需要的一切，桌上的菜肴或者属于一切人，因为

---

① 摩莱里是一个多产作家，仅在 1743—1755 年，就出版了六部关于哲学、政治和社会问题的著作。其中《巴齐里阿达》（1753 年）用乌托邦形式叙述了一个实行共产主义的幸福国家。《自然法典》（1755 年）是一部论战作品，也是一部政治法律条文，旨在论证共产主义社会是符合人性的理想社会。全书包括四篇，前三篇论证了公有社会的合理性，第四篇则为未来社会制定了一部法典，用法律形式提出了诸多共产主义的原则。贯穿其中的两条主线是：共同劳动、平均分配。

② ［法］费尔南·布罗代尔：《15 至 18 世纪的物质文明、经济和资本主义》第 1 卷，顾良、施康强译，生活·读书·新知三联书店 1992 年版，第 86 页。

大家都饥饿，或者只属于某几个人，因为其余的人已经吃饱了。所以任何人都不是世界的绝对的主人，任何人也没有权利要求这一点。"[①] 摩莱里认为，不受算术计算限制的按需分配是一般的原则，但是，在某种消费品不能满足一切希望得到它的人的时候，供应量可能不得不加以削减，或者完全停止分配直到能生产充足的物品为止。

（二）马布利及其平等主义思想

加布里埃尔·博诺·德·马布利（Gabriel Bonnot de Mably，1709—1785）是18世纪法国的空想平均共产主义者，与同一时期法国杰出的启蒙思想家孟德斯鸠（C. L. Montesquieu）、卢梭（Jean - Jacques Rousseau）齐名。

同摩莱里一样，马布利也从理性和自然权利理论出发，采用法典的形式，批判私有制破坏自然状态，造成财产不公平和贫富对立，主张人民通过革命内战推翻统治者，建立以公有制为基础的"共产主义共和国"。马布利的著述很多，在他去世后的1792年，其著述被合编成15卷的《马布利全集》在法国里昂出版。

马布利的空想社会主义思想主要集中在其《论公民的权利和义务》、《哲学家经济学家对政治社会的自然的和必然的秩序的疑问》、《论法制或法律的原则》[②] 等著作中。在这些著述中，马布利明确指出：私有制社会的建立造成了贫富悬殊和两极分化，违反了自然状态，建立在私有制基础上的社会是不符合理性和自然秩序的，所以应该把现存的私有制社会改造成"人人平等，人人是兄弟"的理想社会。

马布利制定的共和国的第一条法律就是禁止财产私有，在他看来，"如果实行财产公有，可以非常容易地建立财产平等，并在这个双重的

① ［法］摩莱里：《自然法典》，黄建华、姜亚洲译，商务印书馆1982年版，第22页。

② 《论公民的权利和义务》（1758年）采用书信的形式，着力批判了私有制和封建专制，主张建立一个符合自然法则的人人平等幸福的理想生活制度，该书在马布利去世后才出版；《哲学家经济学家对政治社会的自然的和必然的秩序的疑问》（1768年）是马布利讨论社会理论问题的最重要的一部著作，该书通过对法国重农学派代表人李弗尔《社会的自然的和必然的秩序》一书的批判，阐明了其否定私有制、建立公有制的立场和主张；《论法制或法律的原则》（1776年）采用对话体的形式，更加系统地阐明了作者主张自然权利和自然状态，提倡放弃私有制和恢复自然制度的思想。

巩固基础上创造人们的幸福。”① 在此基础上，他进一步提出，公有社会的基础是自然法则和人的本性，公有制是建立在理性原则之上的反对私有制的制度；从私有制社会到公有制社会需要有一个相当长的、不同的阶段。为此，他注重和致力于拟定向未来共产主义理想社会过渡的立法改革方案，主张通过立法改革使人类逐步恢复理性，限制人们的邪恶欲念，改革现行税制和土地制度，防止财产集中，等等。但马布利坚持反对人们对改善物质生活的欲望和要求，极力主张“苦修苦练的、禁绝一切生活享受的、斯巴达式的共产主义”，要求限制消费和生产，实行平均主义。对于马布利及其思想，沃尔金给出了一个比较客观的评价：“他的平均主义的改革纲领，是一个小资产阶级空想主义的典型。在这个纲领里，有不少显然反动的观点。但是，就他拥护共产主义制度并认为是最适合于人的本性的制度（虽然他认为这是不可能实现的）这一点说来，他还是对于共产主义思想在革命前的法国的传播起到了不小的促进作用的。我们完全有理由把他看作是法国革命时期的共产主义运动——所谓‘平等派的密谋’的一位理论预言家。”②

（三）巴贝夫及其平等共和国

格拉古·巴贝夫（Gracchus Babeuf，原名弗朗索瓦·诺埃尔，Francois Nol，1760—1797）是法国大革命时期的革命家，空想平均共产主义的重要代表，平等派运动的领袖。如果说摩莱里和马布利是18世纪法国空想社会主义在理论方面的典型代表，那么巴贝夫则是这一阶段空想社会主义在实践方面或者说在实际斗争中的重要代表，他领导过农民起义和平等派运动。

法国大革命初期，巴贝夫就在法国北部皮卡第大区积极参加反对封建与旧制度的斗争，协助三级会议起草陈情表，要求废除封建特权。1794年热月政变前夕，他创办了《新闻自由报》（后改名《护民官》）。1796年3月组织了“平等派密谋委员会”，准备发动武装起义，由于叛徒告密而失败。

---

①［法］马布利：《马布利选集》，何清新译，商务印书馆1960年版，第82页。

②［俄］维·彼·沃尔金：《马布利的社会学说》，载普列汉诺夫等《论空想社会主义》（上卷），中国人民大学编译室等译，商务印书馆1980年版，第314页。

巴贝夫的思想大多散见于他为杂志撰写的文章、法庭辩护及平等派文献之中。从这些文献中可以看到，巴贝夫敏锐地认识到了他所处社会制度的基本面貌：资本集中到少数非生产者手中，以竞争为原则的商品生产的无计划性和无政府状态。他还把有产者称为“高利贷者和掠夺者匪帮”，借以表达他对阶级不平等和阶级剥削的极大愤慨。他对私有制进行了比较尖锐的批判，认为必须铲除私有制，并在1789年法国大革命爆发当年发表的《永久的籍册》一书中，把平均地权看作是消灭社会不平等的途径，主张绝对平均主义。

在1795年《给歇尔曼的信》中，巴贝夫具体阐述了他的一些重要主张：消灭生产和消费的对立，人人平等，实行公有制和计划经济，实现绝对均等，主张通过武装起义来实现公有制。他指出：“广大群众不能继续生存下去，因为一切物资都掌握在另一些人手里；群众看到自己和另一些人处于对立的地位，这帮人把一切东西都霸在手里，并且无情地紧紧握住不放。这些情况规定伟大革命的时机，使那些值得向往的、早就预言过的时代到来，那时财产关系的变革乃是不可避免的，那时穷人奋起革命反对富人乃是不可避免的历史必然性。”① 他还进一步指出这个革命不是简单的内阁更替、官员更换，而是要建立新的革命政权，即人民当家做主的“平等共和国”，并实现社会一切方面的绝对平等。平等派运动的主要参加者、亦是巴贝夫主义的忠诚捍卫者菲·邦纳罗蒂（Buonarroti）撰写的《为平等而密谋》（又称《巴贝夫密谋》）一书，以法国资产阶级革命为背景，客观追溯了平等派密谋的产生、发展和失败的全过程，全面阐述了巴贝夫派提出的“平等共和国”主张，即通过密谋方式策动工人、贫民和士兵进行革命，推翻现存制度，消灭私有制，建立财产公有、人人平等的劳动人民共和国。②

巴贝夫从历史材料出发，把私有制的产生归结于生产力的发展，显示出现实主义思想，并且开始把批判的矛头从封建主义所有制转向资本主义所有制。巴贝夫的思想对以后的工人运动和社会主义思想的发展具

① ［法］G. 韦耶德编：《巴贝夫文选：附导论、题解和注释》，梅溪译，商务印书馆1962年版，第58页。

② ［法］菲·邦纳罗蒂：《为平等而密谋》上、下卷，陈叔平等译，商务印书馆2009年版。

有重要影响和意义。当然，由于历史条件的限制，他所设想的未来理想社会带有很强的小农经济色彩和平均主义色彩。

（四）18 世纪空想社会主义的特点

从上述 18 世纪空想社会主义代表人物的思想观点和政治主张中，我们可以看到，受法国启蒙运动思想家的影响，这一阶段的空想社会主义突破了早期空想社会主义以文学游记形式阐述自己思想的方式，抛弃宗教神学的外衣，更多地利用资产阶级理性主义和人性论进行分析，更多地从理论层面、以法律条文的形式阐述自己的思想观点、勾勒未来的社会模式。18 世纪的“空想社会主义者不再使用乌托邦的文学描写，而用理论思辨的武器去开拓自己的道路”①。

在摩莱里、马布利和巴贝夫等人的著述中，充满了“理性”、“平等”、“公平”、“正义”、“和谐”等词句。较之 16—17 世纪的早期空想社会主义更为理性化，并进行了严密的逻辑论证。

18 世纪空想社会主义的重要贡献是，揭露和抨击私有制的弊病，论证公有社会的可行性和必然性，并用“法典”的形式做出明确的规定。摩莱里批判“私有制是一切社会罪恶之母”，指出私有制造成了社会财富的不公平分配和贫富对立、产生了封建特权专制统治和不合理的法律制度、引起了道德败坏和贪欲的恶习，指出建立在私有制基础上的国家同样具有虚伪性和欺骗性。马布利进一步把私有制同贫富阶级的划分和对立联系起来，否认了资产阶级宣扬的私有制的永恒性，认为人类社会的起源是公有制而非私有制。

当然，由于 18 世纪法国生产力发展水平不高，生产关系发展也不够充分，普遍的平均主义和粗陋的禁欲主义是这一时期空想社会主义的一个明显特点。② 无论是摩莱里、马布利还是巴贝夫，都推崇平均主义，主张通过苦修、禁欲的方式走向社会主义。摩莱里主张在生产领域取消分工，所有社会成员共同担负繁重艰苦的各种体力劳动任务，在消费领域提倡绝对平均地分配消费品。巴贝夫提倡清心寡欲，禁绝一切生

① 高放、黄达强主编：《社会主义思想史》（上册），中国人民大学出版社 1987 年版，第 98 页。

② 徐觉哉：《社会主义流派史》，上海人民出版社 2007 年版，第 14 页。

活享受。“18 世纪伟大的思想家们，也同他们的一切先驱者一样，没有能够超出他们自己的时代使他们受到的限制。”①

三　产业革命和资产阶级统治时期的空想社会主义

经过英国产业革命和法国资产阶级革命，19 世纪初期的欧洲发展到了机器大工业阶段，资产阶级的统治得以最终确立和巩固加强，资本主义的基本矛盾尤其是无产阶级和资产阶级的矛盾日益明显。正如恩格斯所描述的，“当革命的风暴横扫整个法国的时候，英国正在进行一场比较平静，但是并不因此就显得缺乏力量的变革。蒸汽和新的工具机把工场手工业变成了现代的大工业，从而使资产阶级社会的整个基础发生了革命。工场手工业时代的迟缓的发展进程转变成了生产中的真正的狂飙时期。社会越来越迅速地分化为大资本家和一无所有的无产者”②。随着两大阶级之间矛盾的逐渐暴露和日趋激化，反映这一阶段无产阶级利益和愿望的社会主义理论也发展到了空想社会主义的最高阶段——批判的空想的社会主义阶段。该阶段最具代表性的空想社会主义者（亦被称为“19 世纪的三大空想社会主义者”）是法国的圣西门、傅立叶和英国的欧文。他们在继承和吸收前期空想社会主义思想的基础上，对资本主义社会的种种罪恶现象进行了深刻揭露和无情批判，对未来社会提出了许多积极的设想和天才的预测，对社会发展的规律性和特点进行了初步的探讨，并因此而成为了科学社会主义直接的思想来源。

（一）圣西门及其实业制度

克劳德·昂利·圣西门（Claude Henri de Rouvroy Saint Simon, 1760—1825）是 19 世纪初期法国杰出的空想社会主义者。

圣西门生活的时代，法国资产阶级已经通过法国大革命，在经济政治上确立了自己的统治地位。然而，作为革命主力军的广大劳动者受到的剥削和压迫却更加沉重，对此马克思主义经典作家有过精辟表述：“同启蒙学者的华美诺言比起来，由‘理性的胜利’建立起来的社会制

---

①《马克思恩格斯文集》第 3 卷，人民出版社 2009 年版，第 524 页。

② 同上书，第 532—533 页。

度和政治制度竟是一幅令人极度失望的讽刺画。"① 生活非但没有改善反而更加贫困的劳动群众，开始对现实感到强烈不满，圣西门的空想社会主义思想，反映了当时法国不成熟的无产阶级向已经取得统治地位的资产阶级斗争的愿望和要求。

圣西门最早阐述其社会主义思想的著作是1803年出版的《一个日内瓦居民给当代人的信》②。在19世纪20年代后出版的《论实业制度》、《新基督教》等著作中，圣西门从哲学、历史、经济和政治等方面，进一步揭露了资本主义社会的本质，阐述了他对未来生活的设想。圣西门认为：资本主义政治制度是一种新的压迫制度，法国革命"这一争取自由的伟大事业只是产生了新的奴役形式"、"现在的社会完全是个是非颠倒的世界"，这个"社会制度必须彻底改造。改造的需要已经成为燃眉之急，势在必行"。③ 圣西门设想人类社会的理想制度是一种"实业制度"。在这种制度下，政治、经济、文化各方面的权力由实业者和学者掌握；"一切人都应当劳动"、经济按计划发展，个人收入同他的才能和贡献成正比，"否认一切以出身为基础的权力，不承认各种特权"，等等。

由于历史的局限性，圣西门在其理想社会中保留了生产资料资本主义私有制，在实现理想社会的途径问题上，他寄希望于通过宣传实现其实业制度，认为"这种宣传的唯一目的，则是唤起君主利用人民赋予他们的权力来实现势在必行的政治改革"④，他还幻想通过利用资本家的金钱资助来实现他的理想社会。尽管如此，圣西门思想体系的出发点是为了改善无产阶级的命运，圣西门本人是"工人阶级的代言人"的身份也得到了马克思的认可。"我们在圣西门那里发现了天才的远大眼光，由于他有这种眼光，后来的社会主义者的几乎所有并非严格意义上的经济学思想都以萌芽状态包含在他的思想中"⑤。

---

① 《马克思恩格斯文集》第3卷，人民出版社2009年版，第527页。

② 该书把人类分为三个阶级，其中第一个阶级"由学者、艺术家和一切有自由思想的人所构成"，它"高举着人类理性进步的旗帜前进"；第二个阶级是反对任何改革的财产私有者；第三个阶级则是"在平等的口号下联合起来的人们，它包括人类的其余一切成员"，主要是穷人和无产阶级。

③ ［法］圣西门：《圣西门选集》第1卷，王燕生等译，商务印书馆1979年版，第181、239、254页。

④ 同上书，第303—304页。

⑤ 《马克思恩格斯文集》第3卷，人民出版社2009年版，第531页。

(二) 傅立叶及其和谐制度

沙尔·傅立叶（Frangois Marie Charles Fourier，1772—1837）早年经商，促使他从一个商人转变为一位伟大的空想社会主义者的原因，也是法国大革命后日渐显露的新的社会矛盾。

长期的经商经历，使傅立叶对资本主义社会的种种弊端，尤其是对资本主义商业的内幕有着更为深入的了解。出于对法国大革命后建立的“理性王国”的极度失望，傅立叶开始潜心研究早期空想社会主义思想和法国大革命前后出现的关于协作社的各种方案，深入下层群众考察现实生活并思考社会问题。在1803年发表的《全世界和谐》一文中，傅立叶首次提出文明制度是不合理的，将被和谐制度代替的社会主义思想。1808年出版的《四种运动和普遍命运的理论》一书，傅立叶批判了资本主义制度，提出了未来社会的主张。1829年发表的《新世界》（全名为《经济的新世界或符合本性的协作的行为方式》），傅立叶更加深刻地揭露了资本主义制度及其引起的生产过剩经济危机，更加系统地阐述了和谐社会的组织（基层组织是法朗吉）和原则（人人参加劳动、按比例分配消费品等等）问题。

傅立叶深刻揭露了文明制度的罪恶，认为文明制度是“颠倒的世界，是社会地狱”①，“在文明经济制度下，一切都是恶性循环”、“在文明制度下，贫困是由富裕产生的”②，并要求怀疑文明制度，“怀疑它的必要性，它的优越性及怀疑它的永久性。”③ 傅里叶明确表示：“我的目的不在于改善文明制度，而在于消灭这个制度。”④ 此外，傅立叶围绕妇女解放问题、协作化的优越性问题、劳动权和未来社会的劳动竞赛问题、教育制度等问题，都提出了许多非常有价值的思想。

对于傅立叶的社会主义思想，恩格斯给予了非常高的评价：“我们在傅立叶那里就看到了他对现存社会制度所作的具有真正法国人的风趣

---

① ［法］傅立叶：《傅立叶选集》第2卷，赵俊欣等译，商务印书馆1981年版，第103页。

② ［法］傅立叶：《傅立叶选集》第1卷，赵俊欣等译，商务印书馆1979年版，第123、124页。

③ 同上书，第4页。

④ ［法］傅立叶：《傅立叶选集》第3卷，汪耀三等译，商务印书馆1982年版，第102页。

的、但并不因此就显得不深刻的批判。傅立叶抓住了资产阶级所说的话，抓住了他们的革命前的狂热预言者和革命后得到利益的奉承者所说的话。他无情地揭露资产阶级世界在物质上和道德上的贫困"，"傅立叶不仅是批评家，他的永远开朗的性格还使他成为一个讽刺家，而且是自古以来最伟大的讽刺家之一。他以巧妙而诙谐的笔调描绘了随着革命的低落而盛行起来的投机欺诈和当时法国商业中普遍的小商贩习气"。[①] 傅立叶反对阶级斗争和暴力革命，主张以和平的方式建立和谐社会，在该思想指导下，"他拒绝一切政治斗争，一直把希望寄托在达官贵人解囊相助，帮助他建立协作社，这使他陷入空想而不能自拔。"[②]

（三）欧文及其公社制度

罗伯特·欧文（Robert Dale Owen，1771—1858）是 19 世纪初英国伟大的空想社会主义者，也是空想共产主义的一位实践家。

欧文生活的时代，产业革命正在使英国的社会生产力以前所未有的速度和规模发展起来，"大工业创造了像蒸汽机和其他机器那样的手段，使工业生产在短时间内用不多的费用便能无限地增加起来。"[③] 通过产业革命，当时的英国已经发展成为世界上最发达的资本主义国家。但同时，产业革命的发展，也使资本主义社会的弊病日益明显地暴露出来，使社会化大生产和生产资料私人占有制这一基本社会矛盾日益尖锐地表现出来。随着机器的使用，大批农民、手工业者和帮工、学徒都被卷进了工厂，大批童工和女工也被吸进工厂的大门。这样，人与人之间的阶级结构就发生了剧烈的变化，整个社会日益简化为资产阶级与无产阶级两大对立的阶级。资本家利用机器对工人进行残酷剥削，使无产阶级陷入贫困、失业和饥饿的境地，从而造成了无产阶级与资产阶级之间矛盾的日益加剧。欧文的空想社会主义学说就是在这种社会历史背景下逐步形成的。

欧文对资本主义私有制进行了尖锐的批判，指出私有制是资本主义社会的主要祸害，"是各国的一切阶级之间的纷争的永久根源"，谴责资本主义国家为了少数剥削者的利益，"掠夺和折磨生产阶级，并为他们制造

① 《马克思恩格斯文集》第 3 卷，人民出版社 2009 年版，第 531 页。

② 高放、黄达强主编：《社会主义思想史》（上册），中国人民大学出版社 1987 年版，第 212 页。

③ 《马克思恩格斯文集》第 1 卷，人民出版社 2009 年版，第 682 页。

低劣、有害和罪恶的条件”[①]。

在《新道德世界书》、《新社会观》、《人类思想和实践中的革命》等一系列代表性著述中，欧文论述了共产主义原则，包括废除生产资料私有制，消灭阶级、特权和贫富悬殊，“没有侮辱和压迫人”[②] 的现象，生产的目的是直接满足全体社会成员的物质文化生活需要等等。他设想的公社制度是“理想的社会制度”[③]，作为其基层组织的合作公社是建立在公有制基础上的集体劳动的生产单位和消费单位。其最高权力机关是社员大会，由它公选产生的理事会作为常设领导机构。合作公社设有农业部、工业机械部、文学科学和教育部等，负责领导经济、文化等方面的工作。欧文不仅主张劳动者有平等的劳动义务和平等的取得产品的权利，而且还为未来的共产主义公社设计了带有水平正面图和鸟瞰图的房屋。

与同时期其他两位空想社会主义者圣西门、傅立叶不同，欧文不仅形成了比较完整的社会主义思想理论体系，而且还将其思想积极付诸实践。

按照其关于建设一个同资本主义相对立的、没有剥削的理想社会的设想，欧文在苏格兰创办了新拉纳克工厂[④]，积极地融入工人阶级之中。为了切实消除资本家剥削工人阶级的现状，他在自己的工厂进行了一系列改革并取得了一定的成效。1824 年，欧文在美国印第安纳州买下 1214 公顷土地，开始新和谐移民区的实验，19 世纪 30 年代末至 40 年代中期，他又在英国组织了一个示范性的共产主义公社。当然，由于没有找到实现共产主义的正确途径，欧文进行的上述两次实验最后均以失败告终。尽管如此，不能否定的是，欧文的社会主义理论和实践为启发工人觉悟、为创立科学社会主义提供了丰富的思想资料。

---

① ［英］欧文：《欧文选集》第 2 卷，柯象峰等译，商务印书馆 1981 年版，第 107、146 页。

② ［英］欧文：《欧文选集》第 1 卷，柯象峰等译，商务印书馆 1979 年版，第 264 页。

③ ［英］欧文：《欧文选集》第 2 卷，柯象峰等译，商务印书馆 1981 年版，第 55 页。

④ 欧文以股东兼经理的身份管理了新拉纳克大棉纺厂，并将其变成了一个完善的模范移民区。之所以能做到这一点，是由于他使人生活在比较合乎人的尊严的环境中，特别是让成长中的一代受到精心的教育。包括创办了幼儿园等。参见《马克思恩格斯文集》第 3 卷，人民出版社 2009 年版，第 534 页。

（四）19 世纪初三大空想社会主义的特征和地位

19 世纪初的三大空想社会主义是英国产业革命和法国大革命的产物。经过两场革命之后，资本主义在欧洲迅速发展起来，阶级关系发生了新的变化，整个社会日益分裂为工业资产阶级和工业无产阶级，资产阶级对劳苦大众进行的残酷剥削，使资本主义社会内部矛盾和弊端日益暴露。

在这一背景下产生的社会主义思想，把空想社会主义提升到前所未有的高度。较之空想社会主义的前两个发展阶段，19 世纪初期的空想社会主义，批判性更加强烈，实践性也更为浓厚。概而言之，19 世纪三大空想社会主义者主要具有以下三个方面的重要特征：其一，三大空想社会主义者都将批判的矛头直接对准资本主义制度，对资本主义制度的缺陷进行了更为全面深刻的剖析，更加尖锐地揭露了资本主义政治制度的虚伪性；其二，三大空想社会主义者在设计未来社会蓝图时，摆脱了小生产主义、复古主义，抛弃了平均主义和禁欲主义，力图使其社会主义成为一种具有高度的物质文明和精神文明的社会；其三，这一阶段的空想社会主义不仅抨击了资本主义的全部基础，而且还把批判的矛头直指现存社会的全部上层建筑。

但是，由于 19 世纪初期的资本主义生产方式依然处在上升时期，生产力和资本主义生产关系的矛盾才刚刚暴露，现代无产阶级也还处于形成过程中，还是一个自在的、无力采取独立行动的社会阶级。这种社会发展状况和阶级状况表明，无产阶级和资产阶级的阶级矛盾还不够激烈，两大阶级之间的大搏斗还没有到来，“解决社会问题的办法还隐藏在不发达的经济关系中，所以只有从头脑中产生出来。”① 正如马克思强调指出的：“第一批社会主义者（傅立叶、欧文、圣西门等人）由于当时的社会关系还没有发展到足以使工人阶级组织成为一个战斗的阶级，所以他们必然仅仅去幻想未来的模范社会，并谴责工人阶级旨在稍稍改善他们的状况的一切尝试，例如罢工、组织同盟和参与政治活动。”②

① 《马克思恩格斯文集》第 3 卷，人民出版社 2009 年版，第 528 页。

② 同上书，第 341 页。

这一阶段的空想社会主义者大多仍寄希望于统治阶级能大发善心，采纳自己的理论和建议，进行一场自上而下的改良运动，而不是将希望寄托于工人阶级身上，更不是寄希望于用武装力量来取得胜利，“他们总是不加区别地向整个社会呼吁，而且主要是向统治阶级呼吁。他们以为，人们只要理解他们的体系，就会承认这种体系是最美好的社会的最美好的计划。因此，他们拒绝一切政治行动，特别是一切革命行动；他们想通过和平的途径达到自己的目的，并且企图通过一些小型的、当然不会成功的试验，通过示范的力量来为新的社会福音开辟道路”①，这也使得他们的观点只能流于空想。正如列宁强调指出的：“空想社会主义没有能够指出真正的出路。它既不会阐明资本主义制度下雇佣奴隶制的本质，又不会发现资本主义发展的规律，也不会找到能够成为新社会的创造者的社会力量。”②

四 科学社会主义诞生前的其他社会主义流派

从16世纪作为人类的先进思想登上历史舞台，到19世纪成为落后的、保守的思想，空想社会主义在科学社会主义诞生前，经历了三百多年的发展。前述我们将之划分为三大阶段：即16—17世纪的乌托邦社会主义、18世纪的平均共产主义以及19世纪的批判的空想的社会主义。亦可按照其表现方式分为“描述性”阶段、“直接理论”阶段和“批判”阶段。在19世纪之前，空想社会主义作为由资本主义产生的那个阶级——无产阶级的“征兆、表现和先声”③，几乎占据了整个社会主义思想史舞台。但是，随着资本主义矛盾的进一步暴露，随着阶级斗争的日趋尖锐，“这种超乎阶级斗争的幻想，这种反对阶级斗争的幻想，就越失去任何实践意义和任何理论根据”④。恩格斯以圣西门派为例，描述了空想社会主义在19世纪三四十年代的没落：“圣西门派奇特的言行很快就受到了法国人的冷嘲热讽；在法国，凡是成为嘲笑对象的东西就一定要毁灭。不过除此而外，圣西门派的移民区遭到破产还有其他原

① 《马克思恩格斯文集》第2卷，人民出版社2009年版，第63页。
② 《列宁专题文集·论马克思主义》，人民出版社2009年版，第71页。
③ 《列宁专题文集·论资本主义》，人民出版社2009年版，第74页。
④ 《马克思恩格斯文集》第2卷，人民出版社2009年版，第64页。

因。该派的全部学说都笼罩了一层不可理解的神秘主义的云雾，因此，起初也许还能引起人们的注意，可是最终便不能不使人大失所望。……圣西门主义很像一颗闪烁的流星，在引起思想界的注意之后，就从社会的地平线上消失了。现在没有一个人想到它，没有一个人谈起它；它的时代过去了。”①

空想社会主义的日渐没落并没有宣告社会主义流派的销声匿迹；相反，随着工人阶级作为独立的政治力量登上历史舞台，相继出现了各种“社会主义”，包括空想共产主义、封建的社会主义、基督教社会主义、“真正的”社会主义等。

（一）19 世纪 30—40 年代的空想共产主义

19 世纪 30—40 年代，无产阶级作为独立的政治力量登上了历史舞台，随着工人运动的蓬勃开展，工人阶级中涌现了一批空想共产主义者。他们继承和发展了历史上空想社会主义的传统并结合当时欧洲社会发展的现实，形成了空想共产主义理论体系。该流派的代表人物主要有埃蒂耶纳·卡贝（Etienne Cabet，1788—1856）、路易·奥古斯特·布朗基（Louis Auguste Blanqui，1805—1881）、泰奥多·德萨米（Theodore Dezamy，1803—1850）以及威廉·魏特林（Wilhelm Weitling，1808—1871）等。

与历史上的空想社会主义一样，卡贝等人也对资本主义制度的各种不合理现象，尤其是对资本主义私有制造成的不平等现象进行了尖锐的批判，对未来社会作出了积极设想。譬如，卡贝在《伊加利亚旅行记》中，对资本主义的各种罪恶现象作了淋漓尽致的描绘，指出现存政治制度的主要弊病产生于“法律是由贵族或者富人来制定”的，而旧制度中的军队、监狱和警察则是“报复与压迫”人民的工具。从而他主张根除和消灭不平等制度及其产生的根源，代之以能给人类带来幸福的平等制度。他明确提出：“既然一切罪恶的事物都不过是不良的社会制度、特别是不平等制度的产物，那么，我们就应该一刻也不放松地通过根除它产生的原因，以

① 《马克思恩格斯全集》第 1 卷，人民出版社 1965 年版，第 577 页。

平等制度取代不平等制度，来消灭这些现象。"[①] 德萨米强烈抨击了资本主义的社会秩序和政治秩序，明确提出："公有制是一种最自然、最简单和最完善的协作方式"[②]。布朗基更是强调指出："私有制是一场灾难"，"只有用协作代替个人所有制，才能建立以平等为基础的公平的统治"[③]，主张建立一个以全面协作制为基础的"平等共和国"。

作为工人运动的直接产物，19 世纪 30—40 年代的空想共产主义以比较现实的态度考虑社会改造问题，他们极力主张废除资本主义私有制，但他们不再像历史上的空想社会主义者那样，把社会变革的希望寄托在统治者和上层人物的同情和恩赐上，而是提出要依靠无产阶级和贫苦劳动人民，并积极投入到革命活动中，得到了广大工人的支持。譬如 19 世纪 40 年代，卡贝领导的伊加利亚派共产主义者仅在法国就达五十万人；19 世纪三四十年代，德萨米出色的革命活动也赢得了巴黎无产者和广大人民群众的普遍拥护，在国民议会选举中，他曾被提名为候选人。布朗基也是许多秘密团体和密谋活动的组织者，他建立过秘密组织"家族社"、"四季社"[④]，创立过"中央共和主义社"等，在长期的革命斗争中积累了丰富的组织革命武装、举行革命起义的经验。

对于 19 世纪三四十年代的空想共产主义思潮，各界褒贬不一。有人认为："这一时期的空想共产主义与作为工人运动间接产物的三大空想社会主义者的学说不同，它们是工人运动的直接产物。在社会历史观上，空想共产主义学说包含着更多的科学成分……30 年代的空想共产主义对工人运动的发展和科学社会主义的产生还是有着积极意义的"[⑤]，有人认为："他们的理论没有什么新建树，甚至赶不上 19 世纪初期的空想社会主义的水平"。[⑥]

其实，对于空想共产主义，恩格斯在 1888 年为《共产党宣言》写

---

① ［法］埃蒂耶纳·卡贝：《伊加利亚旅行记》第 1 卷，李雄飞译，商务印书馆 1976 年版，第 1 页。

② ［法］泰·德萨米：《公有法典》，黄建华、姜亚洲译，商务印书馆 1982 年版，第 11 页。

③ ［法］布朗基：《布朗基文选》，皇甫庆莲译，商务印书馆 1979 年版，第 33、109 页。

④ 1837 年建立，该社领导为布朗基、巴尔贝斯、贝尔纳。前身是布朗基在 1835 年建立的家族社。

⑤ 徐觉哉：《社会主义流派史》，上海人民出版社 2007 年版，第 19—20 页。

⑥ 黄宗良等主编：《世界社会主义的历史和理论》，中央编译出版社 1995 年版，第 16 页。

的序中有比较客观的评价："只有工人阶级中确信单纯政治变革还不够而公开表明必须根本改造全部社会的那一部分人，只有他们当时把自己叫做共产主义者。这是一种粗糙的、尚欠修琢的、纯粹出于本能的共产主义；但它却接触到了最主要之点，并且在工人阶级当中已经强大到足以形成空想共产主义，在法国有卡贝的共产主义，在德国有魏特林的共产主义。"①

（二）封建的社会主义

封建社会主义产生于19世纪30年代。1830年爆发的法国资产阶级革命，推翻了代表大土地贵族利益波旁王朝，建立了以奥尔良公爵路易—菲力普为首的代表金融贵族和大资产阶级利益的"七月王朝"。1832年6月，英国资产阶级在同土地贵族争夺政治权力的过程中，也迫使英国议会通过了选举法改革法案，削弱了土地贵族和金融贵族的政治垄断，加强了工业资产阶级在议会中的地位。

英、法两国的贵族对资产阶级日益增长的经济势力和政治势力极为不满，为了维护土地贵族的利益，他们常常抓住社会问题进行蛊惑宣传，企图打着维护劳动者利益的旗号，把工人阶级置于自己的影响之下，并利用他们反对资产阶级。"为了激起同情，贵族们不得不装模作样，似乎他们已经不关心自身的利益，只是为了被剥削的工人阶级的利益才去写对资产阶级的控诉书。他们用来泄愤的手段是：唱唱诅咒他们的新统治者的歌，并向他叽叽咕咕地说一些或多或少凶险的预言。"②这样就产生了封建的社会主义。

封建社会主义的代表人物，主要包括英国托利党领袖本杰明·迪斯累里（Benjamin Disraeli，1804—1881），英国作家、历史学家和唯心主义哲学家托马斯·卡莱尔（Thomas Carlyle，1795—1881），法国政治活动家和经济学家维尔纽夫—巴尔热蒙子爵（Jean - Paul - Al - ban Villeneuve - Bargemont，1784—1850），以及德国律师、政论家和政治活动家、普鲁士保守党的创始人海尔曼·瓦盖纳（Herma Wagener，1815—1889），等等。

---

① 《马克思恩格斯文集》第2卷，人民出版社2009年版，第13—14页。

② 同上书，第54页。

封建社会主义的倡导者常常打着社会主义的幌子，抨击和批评资本主义制度，指责资本主义造成贫富对立，造成了无产阶级的破产贫困，并把人与人的关系变成了金钱关系，使社会道德遭到了败坏。但同时，封建社会主义力图证明资本主义社会造成的所有问题都是推翻封建统治的结果，试图劝说人们相信只有恢复封建君主制度，人民才能过上幸福的生活。"为了拉拢人民，贵族们把无产阶级的乞食袋当做旗帜来挥舞。但是，每当人民跟着他们走的时候，都发现他们的臀部带有旧的封建纹章，于是就哈哈大笑，一哄而散。"① 他们往往打着"改善无产阶级生活待遇"的旗帜，欺骗无产阶级跟着他们去打天下。实质上，他们责备资产阶级、批判资本主义的目的，根本就不是为了无产阶级谋幸福，而是为了极少数封建贵族统治者谋利益。

（三）基督教社会主义

随着工人运动的蓬勃发展和社会主义的深入人心，欧洲一些教士和神父也开始扯起社会主义的大旗，向社会各界宣扬自己所谓的社会主义理论主张。他们把空想社会主义的主张与原始基督教的教义调和起来，形成了所谓的基督教社会主义。

作为一种思想流派，基督教社会主义发轫于 19 世纪 30 年代，流行于 19 世纪 40 年代的西欧。基督教社会主义的创始人是法国"或多或少地倾向于共产主义学说"的神父费里西德·拉梅耐（Flicit Lamennais，1782—1854），圣西门主义的拥护者、资产阶级共和党人菲力浦·毕舍（Philippe Buchez，1796—1865）以及法国政论家皮埃尔·勒鲁（Pierre Leroux，1797—1871），此外，英国神学家 F. D. 莫里斯（F. D. Morris，1805—1872）和查尔斯·金斯莱（Charles Kingsley，1819—1875）也是基督教社会主义的重要代表。

拉梅耐在其 1834 年撰写的《信徒的话》一书中，严厉抨击当时资本主义的社会和政治制度，积极呼吁劳动者联合起来，维护"上帝面前人人平等"这一宗教教义所蕴含的权利，挣脱使他们屈居人下和被剥夺基本人权的奴隶枷锁，用"劳动获得了选举权，就能主宰世界"的说教来代替革命斗争。毕舍则竭力把天主教教义与进步论调和起来，宣扬

① 《马克思恩格斯文集》第 2 卷，人民出版社 2009 年版，第 55 页。

国家帮助建立工人生产合作社以引诱法国工人脱离阶级斗争。莫里斯等人更是将社会主义说成是上帝意志的体现，强调社会主义和基督教是并行不悖、相互联系的，宣称“基督教社会主义就是上帝的法则的证明”，认为：“从一方面说，没有基督教的社会主义是没有生命的，正如脱落的羽毛那样，是很容易被吹散的；从另一方面说，脱离社会主义的基督教是冷酷而无力的。”①

基督教社会主义在19世纪三四十年代，也加入到了欧洲反对资本主义的潮流中。但是，必须指出的是，基督教社会主义只是给其教义涂上一层社会主义的色彩，他们积极鼓吹按照其教义办事，劳动人民就可以获得解放，并极力主张通过“互济”和“博爱”来实现社会主义。而实质上正如马克思、恩格斯所深刻揭示的：“要给基督教禁欲主义涂上一层社会主义的色彩，是再容易不过了。基督教不是也激烈反对私有财产，反对婚姻，反对国家吗？它不是提倡用行善和求乞、独身和禁欲、修道和礼拜来代替这一切吗？基督教的社会主义，只不过是僧侣用来使贵族的怨愤神圣化的圣水罢了。”②

（四）德国的或“真正的”社会主义

德国的或“真正的”社会主义是19世纪40年代产生并流行于德国知识分子中的一种小资产阶级社会主义思潮。这一流派的产生，与德国所处的社会历史背景密不可分。当时的德国，正处在争取民族统一和民主改革的前夜，社会各个阶级对于其所处的社会状况均感到不满。1844年6月爆发了震撼欧洲的德国西里西亚纺织工人起义，虽然起义很快就归于失败，但是却引发了社会各界对德国一系列经济、政治和社会问题的深入思考和广泛探讨，各派理论家都力图从本阶级的利益出发，设计改造社会的方案，德国的或“真正的”社会主义就是在这种背景下产生和发展起来的。

该流派的主要代表人物包括：享有“德国社会主义之父”盛誉的莫泽斯·赫斯（Moses Hess，1812—1875），德国小资产阶级政论家卡

---

① ［德］马克斯·比尔：《英国社会主义史》下卷，何新舜译，商务印书馆1959年版，第162、167页。

② 《马克思恩格斯文集》第2卷，人民出版社2009年版，第56页。

尔·格律恩（Karl Grün，笔名恩斯特·冯·德尔·海德，Ernst von der Haide，1817—1887），德国新闻工作者、正义者同盟盟员海尔曼·克利盖（Herma Kriege，1820—1850）以及德国工人运动活动家约瑟夫·魏德迈（Joseph Weydemeyer，1818—1866）等。

德国的或“真正的”社会主义美化宗教式的小土地所有制，鼓吹通过平均分配土地等办法，就可以使小私有者摆脱贫困和剥削。该流派强调人的生物性和生理性，把人的本质与自然界事物等同起来，并以“人的本质”论作为其变革社会的出发点。他们从“人的本质”出发，宣扬通过道德说教改造社会，用人类之爱来实现社会主义，把无产阶级的阶级斗争，说成是一种“野蛮的破坏倾向”。他们自称是德国的、“真正的”社会主义，实际上却是当时封建统治者用来反对工人运动和民主运动的一种工具。“这种社会主义是德国过去全部哲学、特别是费尔巴哈哲学发展所得出的全部逻辑结论，是‘有教养’阶级的意识形态。它以费尔巴哈哲学为最高原则，以道德说教为根本手段，以建立‘人的本质王国’为最终目标。”①

“真正的”社会主义，就是用德国的哲学（黑格尔、费尔巴哈哲学）篡改法国的一些社会主义学说。因为当时的德国并不像英、法两国那样，已经完成了资产阶级革命，还处在封建社会，因而革命的主要对象仍然是封建主义。而德国的所谓“真正的”社会主义者不是把矛头指向封建制度，而是指向资产阶级，从而就成了维护封建统治的反动思潮。

该思潮在当时激进的知识分子中广泛散布和流行，而且对德国工人运动产生着越来越大的影响。1846 年 1 月 5 日，“真正的社会主义”者在纽约创办了德文周报《人民论坛报》，上面所刊登的文章详细阐发了“真正的社会主义”的思想主张和政治纲领。

对于 19 世纪三四十年代的德国的“真正的”社会主义思潮，马克思、恩格斯在《德意志意识形态》和《共产党宣言》等著述中，都曾进行过深刻批判。马克思、恩格斯认为“真正的”社会主义流派，“不过是无产阶级的共产主义和英国法国那些或多或少同它相近的党派在德国精神天国以及我们将要看到的德国情感天国中的变容而已。声称以

① 徐觉哉：《社会主义流派史》，上海人民出版社 2007 年版，第 124 页。

‘科学’为基础的‘真正的社会主义’，本身首先就是一种秘传的科学；它的理论著作只供那些熟知‘思维着的精神’的奥秘的人阅读”①。“这种社会主义成了德意志各邦专制政府及其随从——僧侣、教员、容克和官僚求之不得的、吓唬来势汹汹的资产阶级的稻草人。这种社会主义是这些政府用来镇压德国工人起义的毒辣的皮鞭和枪弹的甜蜜的补充。”“它发展到最后，就直接反对共产主义的‘野蛮破坏的’倾向，并且宣布自己是不偏不倚地超乎任何阶级斗争之上的。”②

五　简短评论

综上所述，科学社会主义诞生以前的各种社会主义流派，尤其是各种空想社会主义流派，在资本主义发展得如火如荼之时，却普遍认识到并揭示了资本主义制度造成的各种社会弊病及其根源，不少空想社会主义流派都深刻认识到资本主义私有制是万恶之源，并对资本主义经济、政治和社会制度进行了尖锐而又深刻的揭露和抨击，在此基础上对未来社会进行了大胆预设和积极构想，让受剥削的早期无产阶级看到了未来的光明和努力的方向，也为科学社会主义的创立积累了宝贵的素材。也正是基于此，马克思、恩格斯在评论这些流派的时候采取了辩证客观的态度，一方面他们指出了空想社会主义存在种种局限，包括“他们看不到无产阶级方面的任何历史主动性，看不到它所特有的任何政治运动”等等，但同时，他们也分析了这种局限的必然性，空想社会主义对“未来社会的幻想的描绘，在无产阶级还很不发展，因而对本身的地位的认识还基于幻想的时候，是同无产阶级对社会普遍改造的最初的本能的渴望相适应的。”③

总体上看，科学社会主义诞生以前的社会主义流派，虽然表现和性质各不相同，有封建的、资产阶级的、小资产阶级的或空想的社会主义，或者由这种种成分混合而成的社会主义。但是相同的是，“所有这些社会主义者，每一个人都说自己拥有某种万应灵药，而每一个人又都

① 《马克思恩格斯文集》第1卷，人民出版社2009年版，第589—590页。

② 《马克思恩格斯文集》第2卷，人民出版社2009年版，第59、60页。

③ 同上书，第62、63页。

完全站在真正的工人运动之外，他们把任何形式的真正的运动，从而把同盟和罢工，都看成一种歧途，认为它会引导群众离开唯一可以得救的真正信仰的道路”①。有鉴于此，马克思、恩格斯揭露和批判了当时流行的各种假社会主义和空想社会主义流派，深入分析其社会阶级根源和各自代表的阶级利益，明确指出科学社会主义诞生前的各种社会主义流派，都是不切实际甚至是反动的社会主义，是被某一阶层或者某一些心怀不轨的小人用以实现自身利益的思想流派，强调指出这些流派“由于完全不能理解现代历史的进程而总是令人感到可笑”②。

但是不容置疑的是，正是在对上述种种流派继承和批判的基础上，马克思、恩格斯才创立了科学社会主义。在科学社会主义的形成过程中，恩格斯 1842 年至 1844 年期间研究了巴贝夫、傅立叶、卡贝、魏特林等人以及其他空想家的著作，通过对当时欧洲大陆社会主义流派的辨析，实现了他由一个民主主义者向共产主义革命理论家的转变，其标志是恩格斯发表的《大陆上社会改革运动的进程》。③ 马克思也在《1844 年经济学哲学手稿》中全面分析和研究过被他称为扬弃异化理论的当时法国和德国各派社会主义和共产主义学说，从中批判地吸取了许多有价值的东西。19 世纪 50 年代，马克思在研究政治经济学时又研究了英国空想社会主义者的著作。很明显，科学社会主义创始人曾经用很大精力研究过空想社会主义。对于这一点，马克思、恩格斯从来就不否认：“德国的理论上的社会主义永远不会忘记，它是站在圣西门、傅立叶和欧文这三个人的肩上的。……他们天才地预示了我们现在已经科学地证明了其正确性的无数真理。”④

---

① 《马克思恩格斯文集》第 10 卷，人民出版社 2009 年版，第 408 页。

② 《马克思恩格斯文集》第 2 卷，人民出版社 2009 年版，第 54—55 页。

③ 许征帆等编著：《马克思主义学说史》第 1 卷，吉林人民出版社 1986 年版，第 163 页。

④ 《马克思恩格斯文集》第 2 卷，人民出版社 2009 年版，第 218 页。

第二章

科社创立后至二战结束前的国外社会主义流派

以《共产党宣言》的发表为标志，科学社会主义正式诞生了。在创立之初，科学社会主义只是诸多社会主义思潮和流派中的一种，力量和作用都比较有限，接受它的只有“共产主义者同盟”（Communist League）[①] 这一当时仅有四五百人的欧洲性组织。恩格斯曾对科学社会主义诞生之初的状况做了如下生动描述：“同盟在1847年到1852年所代表的学说，那时曾被聪明的庸人带着嘲笑的神情看做狂人呓语，看做几个孤单的宗派分子的秘密学说”[②]。

国际工人协会“第一国际”成立之后，各种非无产阶级的社会主义流派（如魏特林的“粗陋的平均共产主义”、格律恩等人的“真正的社会主义”、蒲鲁东的“小资产阶级社会主义”以及巴枯宁主义、工联主义、拉萨尔主义，等等）在各国工人运动中依然具有很大影响。这些流派和思潮尽管不同程度地抨击了资本主义的各种缺陷，并提出了诸多医治资本主义弊病的方案，但同时它们也以不同方式削弱并抵制了马克思主义科学社会主义在工人运动中的传播，对各国无产阶级解放事业造成了很大危害。为此，科学社会主义创始人同这些不利于工人运动健康发

① 第一个以科学社会主义为指导思想的国际无产阶级政党，其前身是1836年由德国政治流亡者创建的一个秘密组织——“正义者同盟”。1847年6月按照恩格斯的倡议“正义者同盟”改名为“共产主义者同盟”，并用“全世界无产者，联合起来！”的战斗口号代替了原来的“人人皆兄弟！”的口号。1847年11月29日至12月8日共产主义者同盟在伦敦举行第二次代表大会，明确规定其目的是：推翻资产阶级，建立无产阶级统治，消灭旧的以阶级对立为基础的资产阶级社会和建立无阶级、无私有制的新社会。

② 《马克思恩格斯文集》第4卷，人民出版社2009年版，第246页。

展的思潮流派进行了不懈斗争。

19 世纪末 20 世纪初，资本主义发展到由自由竞争向帝国主义时代转换的时期。面对这一时期世界发生的诸多新变化，科学社会主义内部也发生了原则性分歧，分化出了左、中、右三大派别。列宁等人在对各种修正主义进行深刻批判的基础上，结合资本主义发展到帝国主义阶段的新特点，深刻阐释了帝国主义的基本特征和本质属性，科学阐明了帝国主义的历史地位和历史趋势。在此基础上，列宁根据资本主义经济、政治发展不平衡的规律，进一步提出了社会主义可以在一国或数国首先胜利的理论，并在这一理论的指导下，领导俄国人民取得了十月社会主义革命的伟大胜利，建立了第一个社会主义国家，把马克思主义推进到一个新的发展阶段。如有学者所言："列宁的帝国主义理论在反对第二国际机会主义的'社会主义'、社会国际的现代机会主义、第四国际以及'左'的和右的修正主义的斗争中，武装着各国的马克思主义政党。"① 然而，即便如此，依然还有一些流派借口社会主义革命只在俄国获得了胜利而未在其他欧洲国家取得成功，来否认科学社会主义的指导意义和价值。直到第二次世界大战爆发、世界反法西斯战争取得胜利，一系列民族国家的解放斗争获得成功后，科学社会主义在国际共产主义和世界社会主义运动发展中的主导地位才得以确立。依据 1848 年科学社会主义创立到 1945 年第二次世界大战结束前，国际共产主义世界社会主义运动的发展脉络以及国外社会主义流派自身发展的特点，本章将这一时期近百年间国外社会主义流派的发展状况，按照历史发展的逻辑，以 1899 年②为界，分两大阶段进行考察和分析。

一　19 世纪后半叶科学社会主义创立初期的社会主义流派

19 世纪后半叶，资本主义在欧美主要国家取得政治统治，确立了

① ［苏］查戈洛夫：《列宁的帝国主义理论与当代政治经济学的发展》，复旦大学世界经济系世界经济教研室译，复旦大学出版社 1987 年版，第 286 页。

② 伯恩施坦在其 1899 年出版的《社会主义的前提和社会民主党的任务》一书中，对马克思主义进行了全面的责难和修正，并提出了一套完整的改良主义理论体系即伯恩施坦修正主义，该体系成了以后民主社会主义运动的理论基础和实践原则。

资本主义制度并进入到其稳定发展的上升时期。在这半个世纪里，马克思主义经历了从产生到丰富、发展，并最终战胜了工人运动中各种机会主义派别和形形色色社会主义思潮，成为了工人阶级公认的指导思想。

列宁在为纪念马克思逝世30周年而作的《马克思学说的历史命运》一文中，对马克思主义科学社会主义诞生初期国外社会主义流派的发展状况做了如下描述："在第一个时期（列宁这里指的是从1848年革命到巴黎公社，引者注）的开头，马克思学说决不是占统治地位的。它不过是无数社会主义派别或思潮中的一个而已。当时占统治地位的，是那些基本上同我国民粹主义相似的社会主义：它们不懂得历史运动的唯物主义原理，不能分别说明资本主义社会中每个阶级的作用和意义，并且用各种貌似社会主义的关于'人民'、'正义'、'权利'等等的词句来掩盖各种民主变革的资产阶级实质。1848年革命给了马克思以前的所有这些喧嚣一时、五花八门的社会主义形式以致命的打击。"[①] 但是，1848年的革命风暴并没有将这些流派一扫而光。

科学社会主义诞生之后，原有的社会主义流派并未完全绝迹，在那些伴随19世纪三四十年代工人运动产生的社会主义流派中，一些流派在19世纪中叶后又死灰复燃[②]，还有一些新的流派随着19世纪中叶各国工人运动的迅猛发展也应运而生了。这一阶段的流派比较庞杂，按照其历史发展和社会影响，这里拟着力介绍几种影响较大且引起过科学社会主义创始人关注和受到马克思、恩格斯批判的流派。

（一）农民社会主义

农民社会主义是俄国农奴制度走向危机和资本主义微弱发展的产物。作为一种在小农经济基础上产生的小资产阶级社会主义流派，农民社会主义在19世纪初的俄国找到了自己的根基和胚胎，并在19世纪中期关于俄国改革道路选择的讨论中，由俄国哲学家亚历山大·伊万诺维奇·赫尔岑（Aleksander Herzen，1812—1870）首先提出并创立。

19世纪中期的俄国，在外交和文化上被认为是欧洲的一部分，但

① 《列宁专题文集·论马克思主义》，人民出版社2009年版，第61—62页。

② 譬如基督教社会主义在19世纪50年代的德国就得以苟延残喘，并在其代表人胡布尔（W. Huber，1800—1869）和凯勒特（W. Ketteler，1811—1877）的影响下，从德国扩展到了奥地利和比利时。

是它在政治、社会和经济结构方面的基本特点却完全不同于欧洲其他国家。由于受农奴制的影响，当时的俄国依然是一个落后的农业国，在政治和社会制度方面均远远落后于西欧。这种政治经济形态，给俄国农民社会主义的产生提供了坚实的基础。

赫尔岑等人认为，村社原则已经牢固地扎根于俄国农民的思想中，村社精神也渗入俄国人民生活的各个方面，并在俄国城市工业的劳动组合中表现了出来。俄国在消灭农奴制度后，可以依靠农民，利用农民村社和劳动组合，跳过资本主义发展阶段，直接过渡到社会主义。赫尔岑指出："我们称之为俄国社会主义的是那种从土地和农民的生活方式出发的社会主义，是从实际份地和现在的重分土地出发的社会主义，是从公社占有和公社管理出发的社会主义，这种社会主义与劳动组合一起走向一般社会主义所渴望的和科学所证明的经济的公正性。"① 由此可见，赫尔岑企图通过被理想化了的农村公社，跳过资本主义，"直接过渡"到社会主义的思想，在俄国产生了很大影响，是稍后出现的民粹派②运动的理论先声。

农民社会主义的另一位代表，俄国革命家、哲学家、人本主义的代表人物尼古拉·加夫里诺维奇·车尔尼雪夫斯基（Nikolay Gavrilovich Chernyshevsky，1828—1889）进一步发展了赫尔岑的上述思想。车尔尼雪夫斯基站在革命民主派的立场上，深刻揭露了沙皇亚历山大二世为挽救封建地主统治而实行的所谓"农奴改革"的掠夺性质，坚决反对资产阶级自由派向沙皇制度妥协和投降。他号召农民群众用革命手段推翻沙皇统治和农奴制度，无偿地夺取土地，在大规模机器生产的基础上实行社会主义。

俄国民粹主义的农民社会主义思想在19世纪俄国思想发展史中占有非常重要的地位，它不仅代表了农民社会主义在俄国的发展，也促成了俄国马克思主义运动的产生。对于赫尔岑和车尔尼雪夫斯基的上述思

---

① 《赫尔岑全集及书简》第8卷，第45页。转引自徐觉哉《社会主义流派史》，上海人民出版社2007年版，第71页。

② 19世纪中后期在俄国出现的一种具有小资产阶级社会主义思想的流派。它反映了1861年俄国农奴制改革后，农民对土地压迫和农奴制残余的不满情绪，反映了俄国农民群众反对农奴制残余和沙皇专制制度的要求，反映了他们要求摆脱地主、官僚的奴役和争取土地、自由、权利平等的愿望。

想，列宁给予了这样的评价：他们“相信俄国生活的特殊方式，相信俄国生活的村社制度，由此相信农民社会主义革命的可能性，——这就是鼓舞他们、唤起成十成百的人去同政府作英勇斗争的东西”①。

必须指出的是，俄国民粹派并没有将其倡导的农民社会主义停留在理论和口头上，而是积极将之付诸实践。从1873年开始，俄国民粹派发动了一场轰轰烈烈的“到民间去”的群众性运动，一批批革命青年积极深入到农村，考察农民生活，了解农民诉求，发动农民斗争。但是，这一运动很快就被沙皇政府镇压了。

尽管农民社会主义是一种带有空想色彩的小资产阶级思想流派，且有学者还将其作为导致苏联解体的原因之一②，但不能否定该流派也具有一定的进步意义，正如列宁所说：“民粹派的民主主义在经济学的形式上是错误的，而在历史上却是正确的；这种民主主义作为社会主义乌托邦是错误的，但是，作为农民群众的特殊的、有历史局限性的民主主义斗争的表现，却是正确的，因为这种斗争是资产阶级改革不可或缺的因素，同时是这一改革获得全胜的条件。”“马克思主义者应当剔除民粹派乌托邦中的糟粕，细心剥取它所包含的农民群众的真诚的、坚决的、战斗的民主主义的健康而宝贵的内核。”③

（二）无政府主义和无政府工团主义

作为一个较为完整的思想体系，无政府主义形成于19世纪中叶，并在国际共产主义运动发展史上多次与马克思主义有过直接或间接的交锋。第二国际后期，无政府主义以工团主义（Syndicalism）的面目出现，在法国、意大利、西班牙等国的工人运动中得以广泛传播，在小生产者和一部分工人中产生了相当大的影响，在工人阶级争取社会主义的政治斗争中起到了消极作用。

无政府主义在不同年代和不同代表人物身上有着各不相同的表现。无政府主义的代表人物主要包括：法国小资产阶级社会主义者蒲鲁东（Pierre - Joseph Proudhon，1803—1865）、俄国无政府主义和民粹主义创

① 《列宁全集》第1卷，人民出版社1984年版，第229页。

② 奚广庆：《苏联解体与俄国民粹主义思潮》，《上海交通大学学报》2000年第2期。

③ 《列宁专题文集·论资本主义》，人民出版社2009年版，第75、76页。

始人和理论家米哈伊尔·巴枯宁（Mikhail Bakunin，1817—1876）以及俄国革命家和地理学家彼得·阿历克塞维奇·克鲁泡特金（Pyotr Alexeyevich Kropotkin，1842—1921）等。

作为无政府主义的始祖，蒲鲁东在其《贫困的哲学》、《社会问题的解决》、《一个革命者的自白》、《19世纪革命的总观点》等著述中，系统阐述了他关于小资产阶级社会主义和无政府主义的观点。在蒲鲁东看来，共产主义和资本主义都不合乎理性，以“个人占有”为基础的“互助制”社会是最好的社会模式；他主张建立以无息贷款为基础的“人民银行”，并将之作为改造资本主义制度、实现“互助制”社会的根本途径；他宣扬阶级调和与和平革命，反对暴力革命和无产阶级专政；他鼓吹个人绝对自由，反对任何国家和政府，反对一切权威即任何形式的“统治和顺从”；他幻想通过和平改良的办法，建立小手工业生产制，实现小资产阶级的社会主义。马克思、恩格斯在《蒲鲁东》、《哲学的贫困》、《论住宅问题》等著作中，对蒲鲁东上述改良主义思想观点给予了严厉批判。他们指责蒲鲁东“运用经过粗暴歪曲了的黑格尔的哲学方法论来论证一种奇怪的、完全不正确的政治经济学体系，企图用形形色色的先验的魔法来论证一种自由工人联合的新社会主义体系”①。同时，马克思、恩格斯也对蒲鲁东主义在工人运动中造成的不良影响进行了深刻的揭露：“20年以来，除了蒲鲁东的著作以外，罗曼语地区的工人就没有过任何别的精神食粮”，“虽然当时蒲鲁东主义者在法国只是工人中间的一个小小的宗派，……而在西班牙和意大利两国工人运动中，所有的人，除了极少数例外，只要不是无政府主义者，就都是坚定的蒲鲁东主义者”②。“蒲鲁东那些以空论家的枯燥热情和过分自信的口吻叙述的经济学方面的奇谈怪论，在山岳党人先生们当中引起了不小的混乱。他们当中只有很少数人是经济理论家，并且他们还都或多或少地依靠小小的路易·勃朗；而小小的路易·勃朗虽然是比完美无缺的蒲鲁东严肃得多的作家，但是他的思维过于直观，不能对付蒲鲁东那种矫揉造作的伪科学的经济学原理，不能对付他的荒诞的先验性和伪数理逻辑。加之，路易·勃朗不久之后不得不从法国逃亡，而他的那些

① 《马克思恩格斯全集》第6卷，人民出版社1965年版，第669页。

② 《马克思恩格斯文集》第3卷，人民出版社2009年版，第240—241页。

在政治经济学方面束手无策的信徒们就失去保护，落到蒲鲁东这只豺狼的凶残的爪牙中了。”①

无政府主义的另一位重要代表巴枯宁，发表了许多无政府主义言论和文献，包括《国际革命协会的原则和组织》、《国际革命协会的纲领》、《上帝与国家》、《国家制度和无政府状态》等。在这些著述中，巴枯宁从抽象人性论出发，系统阐明了自己的无政府主义思想。巴枯宁认为：国家是万恶之源，是对自由、平等的束缚和侵犯，有了国家才有了私有制、剥削和统治。因此，他极力主张废除国家，建立一个没有政府的、“一切阶级在政治、经济和社会方面完全平等”的、“个人绝对自由”的无政府状态的社会。他将自由视为一切社会组织（不管是经济组织还是政治组织）建立的唯一原则，主张放弃一切强制政权，建立绝对自由的社会。

克鲁泡特金作为无政府主义的重要代表尤其是“无政府共产主义”的创始人，发表有《夺取面包》（1892 年）、《田野、工厂和工场》（1898 年）等著作，并于 1888 年在伦敦创办了一份宣传无政府主义理论的英文报纸《自由》。通过这些著述，克鲁泡特金不仅抨击了资产阶级的国家和法律，同时主张通过进行一场无政府主义革命建立一个理想社会。他说：人类的精神若想从事于破坏的事业，对于破坏之后将来代替的制度，至少应先有一个轮廓的概念。他认为无政府状态和共产主义是人类长期以来所追求的两大理想，前者是理想的政治组织，后者是理想的经济制度，两者是一个不可分割的整体。

对于无政府主义的本质特征和作用影响，列宁曾在《无政府主义与社会主义》一文中进行了深刻批判和揭露，他明确指出：无政府主义产生以来“除了讲一些反对剥削的空话以外，再没有提供任何东西”，“无政府主义是改头换面的资产阶级个人主义。个人主义是无政府主义整个世界观的基础”。“无政府主义是绝望的产物。它是失常的知识分子或游民的心理状态，而不是无产者的心理状态。”无政府主义“在否定政治的幌子下使工人阶级服从资产阶级的政治”②。

① 《马克思恩格斯全集》第 6 卷，人民出版社 1965 年版，第 671 页。

② 《列宁选集》第 1 卷，人民出版社 1995 年版，第 288—289 页。

（三）国家社会主义

国家社会主义产生于19世纪60年代，是一种企图利用国家权力进行社会改革的资产阶级改良主义思想流派，又称“普鲁士王国政府的社会主义”。该流派的奠基人为约翰·卡尔·洛贝尔图斯（Johann Karl Rodbertus，1805—1875），最有影响力的代表是德国早期工人运动活动家、全德工人联合会的创始人斐迪南·拉萨尔（Ferdinand Lassalle，1825—1864）。

伴随着资本主义的发展，19世纪60年代的德国工人阶级力量逐步上升，并开始提出自己的阶级诉求，为了便于进行阶级斗争，工人阶级还建立了诸如互助会、联合会之类的组织。资产阶级担心工人阶级觉悟，千方百计控制各种工人组织，试图使工人阶级完全处于自己的掌控之下。国家社会主义就是在德国工人运动重新活跃的历史背景下，为适应德国地主阶级及其政治代表俾斯麦的社会政策需要提出的。

洛贝尔图斯指出，可以依靠立法改变阶级的经济分配制度，而无须彻底推翻现存制度。他强调在非冲突的条件下，帮助工人阶级，让工人阶级和普鲁士政府保持团结。“社会问题，如我上面所表述的，可以靠实行人民劳动去解决，而不必从土地私有者和资本家那里，从他们现在所获得的租金和利润中抽取分文。工人工资的增加只是将来事；这将依靠劳动生产率的提高。”① “既然工资是由国民收入中支付的，因此它就可以增加，并不触及资本……不减少租金，靠采取一些措施，使工人享受如今科学掌握实业时生产率每日提高之利”②。这就是洛贝尔图斯国家社会主义的基本思想。

拉萨尔进一步发展了洛贝尔图斯的上述思想。在其1862年发表的《论当前历史时期与工人等级思想的特殊联系》（后以《工人纲领》为题发表）以及1963年发表的《给筹备莱比锡全德工人代表大会的中央委员会公开的答复》等著述中，拉萨尔以“老革命”、“社会主义权威理论家”、“人民之友”的身份，提出了一整套机会主义的纲领。

---

① ［德］卡·洛贝尔图斯：《关于德国国家经济状况的认识：五大原理》，斯竹、陈慧译，商务印书馆1980年版，第23—24页。

② 同上书，第80页。

拉萨尔国家社会主义的理论内容主要包括：在政治上，主张工人阶级争取“普遍、平等、直接的选举权”，通过在议会中取得席位满足合法的政治利益，“普遍的、直接的选举权不仅是你们的政治原则，也是你们的基本社会原则，是一切社会帮助的基本条件。这是改善工人等级物质状况的唯一手段。”① 在经济上，主张工人依靠国家帮助建立生产合作社和平过渡到社会主义，改善“工人等级”的经济地位。此外，拉萨尔还提出了超阶级的“自由国家观”、“铁的工资规律”论以及庸俗的分配观，等等②，认为“国家的宗旨就是使人的本质能够积极地发展和不断地完善；……就是教育和推动人类走向自由”，“就在于实现这种自由的发展，实现人类向自由的发展”③。“以最和平、最合法而且最简单的方式，即工人等级通过自愿建立的合作社成为自己的企业主，来废除企业主利润，以这种方式，而且仅仅以这种方式来废除工资规律……这是对工人等级状况的唯一真实的、唯一适应工人等级合理要求的、唯一不是幻想的改善。”④ 这些观点对于当时希望摆脱资产阶级影响、探索工人阶级解放道路的德国工人及其运动产生了很大影响。

为了帮助德国工人运动摆脱国家社会主义的羁绊，恩格斯在1881年写给伯恩施坦的信中，对国家社会主义的上述观点进行了深入剖析：“此类所谓的社会主义一方面不过是封建的反动，另一方面不过是榨取金钱的借口，而它的间接目的则是使尽可能多的无产者变成依赖国家的公务员和领养老金者，即除了一支有纪律的士兵和公务员大军以外，再组织一支类似的工人大军。在国家长官，而不是在工厂监工的监视下举行强制性的选举——好一个美妙的社会主义！但是，如果相信资产阶级这一套连他们自己都不相信、而只是假装相信的说法，那就会得出结论：国家等于社会主义……”⑤ 马克思、恩格斯还对国家社会主义的“自由国家”思想进行了尖锐的批判，明确指出：国家从来就不是自由

---

① 《拉萨尔言论》，生活·读书·新知三联书店1976年版，第142页。

② 参见王伟光主编《社会主义通史》第2卷，人民出版社2011年版，第233—236页。

③ 《拉萨尔言论》，生活·读书·新知三联书店1976年版，第71页。

④ 同上书，第131页。

⑤ 《马克思恩格斯文集》第10卷，人民出版社2009年版，第460页。

的。不但普鲁士专制国家不可能和平地变成所谓“自由国家”，而且无产阶级用革命手段打碎旧的国家机器建立起来的国家，也不可能是什么超阶级的“自由国家”，“在资本主义社会和社会主义社会之间，有一个从前者变为后者的革命转变时期。同这个时期相适应的也有一个政治上的过渡时期，这个时期的国家只能是无产阶级的革命专政”①。“当无产阶级还需要国家的时候，它需要国家不是为了自由，而是为了镇压自己的敌人，一到有可能谈自由的时候，国家本身就不再存在了。”②

（四）伦理社会主义

19世纪后半期，西方理论界出现了一股“复兴”康德的趋势。据统计，仅在1890年到1894年的5年时间内，各国共出版直接或间接论述康德的著作约650种，这股“康德热”很快便波及德国社会民主党（SPD）③ 的理论界。1902年，《康德研究》编辑部在为卡尔·伏伦德尔《社会主义中的新康德主义运动》一文所加的按语中写道：社会主义中的新康德主义运动近年来已获得这样大的意义，以至本刊编辑部感到应当使读者了解这一运动。为此，特约请最熟悉这一运动的伏伦德尔博士，以客观方式对它予以报道。伦理社会主义就是伴随着新康德主义④学派的出现而产生的一种社会思潮。这一思潮后来成为民主社会主义的主要哲学基础和主要思想来源，其主要阵地在德国。

“伦理社会主义的主要特点是反对按照社会发展的科学规律来论证社会主义实现的必然性和社会主义信念，认为社会主义是某些永恒的伦

---

① 《马克思恩格斯文集》第3卷，人民出版社2009年版，第445页。

② 同上书，第414页。

③ 世界上最古老、最大的政党之一。有人将1863年“全德工人联合会”的建立视为其成立的标志。亦有人把1875年全德工人协会（ADAV）和社会民主工党（SDAP）合并成德国社会工人党（SAP）当作其成立的标志。由于1890年秋天开始实施反社会主义法，德国社会工人党改名为德国社会民主党（SPD），早期的SPD经常站在工会一边，并且和19世纪欧洲大多数社会主义党派和社会主义民主党派一样，信奉马克思主义。

④ 新康德主义是19世纪后半期在西欧各国，特别是在德国广泛流行的一个提倡复兴康德哲学的流派。该流派打着康德的旗号进一步发展了康德哲学中的不可知论、形而上学和神秘的道德原则等唯心主义因素。德国哲学家奥托·李普曼（Otto Liebmann）和F. 朗格对新康德主义的形成起着重大作用。1965年李普曼《康德及其后继者》一书的问世，标志着新康德主义的诞生，19世纪70年代后新康德主义开始广泛传播并发展为许多学派，其中最主要的是马堡学派和弗赖堡学派。20世纪20年代以后，新康德主义逐渐失势，但其影响始终存在。

理原则的实现。一部分新康德主义者企图使社会民主党接受这种思想，以代替或者‘补充’历史唯物主义。”[①] 该流派的重要代表人物有海尔曼·柯亨（Hermann Cohen，1842—1918）、卡尔·福尔伦德尔（Karl Vorlander，1860—1928）等。

海尔曼·柯亨是新康德主义马堡学派的创始人，1875 年接替朗格（Friedrich Albert Lange，1828—1875）任马堡大学教授，代表作有《康德的经验论》（1871 年）、《康德对伦理学的论证》（1877 年）、《康德对美学的论证》（1889 年）、《纯粹认识的逻辑》（1902 年）、《纯粹意志的伦理学》（1904 年）、《纯粹感觉的美学》（1912 年）等。柯亨认为，康德的“绝对命令”表现在“人是目的”这个原则之中，这个原则包含了未来人类的崇高理想，即社会主义的道德理想，因此，康德的伦理学是一种社会主义的理论，康德是德国社会主义运动的创始人，必须回到康德去。为了实现伦理社会主义，柯亨提出：首先需要的不是改造经济关系，消灭私有制，而是提高人们的道德修养，使康德的“绝对命令”成为人们的普遍的行为准则。

作为伦理社会主义的另一位著名代表，卡尔·福尔伦德尔与柯亨的观点不尽相同，他认为康德的伦理学与马克思的社会理论并不矛盾，两者结合起来才能构成一个完整的社会主义理论，因此主张“康德—马克思综合”，并由此提出：“我们的口号不应当是‘从马克思回到康德去！’而应当是‘同马克思和康德一道前进’！”[②] 他认为，社会主义包含两个层面的含义：其一，作为一种社会主义理论，为了摆脱几个世纪以来的“乌托邦之梦”，它必须掌握探讨社会秩序的经济历史发展的可靠方法，这是马克思的突出贡献。其二，作为一种社会主义实践，它必须回答“什么是社会主义的最终目的”，并认为康德伦理学在这方面成效显著。综合两者所长，才是一种完整的社会主义[③]。

由此可见，伦理社会主义把康德的唯心主义伦理学和资产阶级的伦理观点当作社会主义学说，其主要观点包括：一是把社会主义仅仅看作

---

① 殷叙彝：《民主社会主义和伦理社会主义》，《当代世界社会主义问题》1996 年第 4 期，第 6 页。

② ［苏］谢·伊·波波夫：《康德和康德主义》，徐洪亮译，人民出版社 1986 年版，第 205—206 页。

③ 参见徐觉哉《社会主义流派史》，上海人民出版社 2007 年版，第 268 页。

一种“人类品行的道德准则”，而不是社会历史发展的必然；二是认为社会主义是“所有人”伦理上的要求，而不是工人阶级这一最先进的阶级的历史要求，在此基础上宣称只有伦理社会主义才是合理的；三是认为社会主义最重要的原则和目标是调和矛盾。伦理社会主义的基本特征是：将社会主义和历史唯物主义割裂开来，认为社会主义的理论基础是康德的伦理学，并把康德视为社会主义的真正奠基人；把社会主义看成一种抽象的道德概念，认为社会主义的目标和理想是实现“道德完善”，强调用“全人类的团结”代替阶级斗争，提倡把康德提出的“绝对命令”作为人们普遍的行为原则。

伦理社会主义博得了国际工人运动，首先是德国工人运动中改良主义者的拥护。当时社会民主党的多数报刊都肯定社会主义和康德之间有“直接的联系”，并把康德称作社会主义的创始人。伦理社会主义不仅在19世纪末流行在第二国际改良主义者中间，而且还为一代代民主社会主义者所继承。[①]

（五）工联主义和费边社会主义

19世纪后半叶，在英国工人运动中也出现过两个影响较大的社会主义流派，即工联主义和费边社会主义。

1. 工联主义在19世纪中后期的产生发展

工联主义（trade unionism）是19世纪五六十年代英国工人联合会执行的改良主义路线的总称，是工人运动中的一种资产阶级改良主义思潮。主要代表人物是工联伦敦理事会领导人乔治·奥哲尔（George Ojel，1820—1877）等。

工联主义在英国的出现并不是偶然的。19世纪中叶，英国资本主义进入到了一个成熟稳定和扩张时期，而当时欧美其他国家的资本主义才刚刚扎根。“英国的特点是，它从19世纪中叶起至少就具备了帝国主义的两大特征：（1）拥有极广大的殖民地；（2）拥有垄断利润（因为它在世界市场上占垄断地位）。”[②] 英国在世界工业中的垄断地位，使得英国的资本家有能力通过高额工资收买熟练技术工人，并因而造成了一

① 参见徐崇温《民主社会主义评析》，重庆出版社1995年版，第256—263页。

② 《列宁选集》第2卷，人民出版社1995年版，第710页。

个脱离广大工人群众，丧失无产阶级革命品质的“工人贵族”。“英国资本主义的发展，超额利润的获得，工人贵族阶层的出现，是英国工联主义产生的经济根源和阶级根源。”①

作为一种社会思潮，工联主义鼓吹阶级合作，反对革命斗争，主张把工人运动限制在经济斗争范围内。其主要理论内容包括：在经济上，把增加工资、减少劳动时间和改善劳动条件看成是工人运动的唯一目的，提出“做一天公平的工作，得一天公平的工资”的机会主义口号；在政治上，宣扬阶级合作和社会改良，反对无产阶级进行推翻资本主义的政治斗争和暴力革命，只允许工会进行争取普选权和劳动立法的运动，认为这能劳资两利，达到根本改善工人阶级状况的目的，主张通过合法的谈判来解决劳资之间的矛盾，把谈判作为工人阶级斗争的根本手段；在对外政策上，支持本国政府的殖民侵略扩张政策，认为只有保持国外超额利润的来源，才能争取改善工人阶级的生活状况。

工联主义是资产阶级对工人阶级上层分子实行收买政策和自由主义政策的产物，曾在第一国际和工人运动中造成过极大危害。马克思、恩格斯对其进行了严肃斗争，马克思严厉批判工联主义单纯追求经济利益而放弃远大目标的经济主义倾向，提出工人阶级“不应当忘记：在日常斗争中他们反对的只是结果，而不是产生这种结果的原因；他们延缓下降的趋势，而不改变它的方向；他们服用止痛剂，而不祛除病根。……他们应当懂得：现代制度给他们带来一切贫困，同时又造成对社会进行经济改造所必需的种种物质条件和社会形式。他们应当摒弃‘做一天公平的工作，得一天公平的工资！’这种保守的格言，要在自己的旗帜上写上革命的口号：‘消灭雇佣劳动制度！’”②

2. 费边社会主义在19世纪后半叶的产生及影响

19世纪后半叶，随着欧美其他资本主义国家相继完成工业革命，英国独占市场的局面被打破，1873年的经济危机更是结束了英国经济持续发展的局面。费边社会主义就是在英国从工业霸权开始走向衰落时期，资产阶级为缓和阶级矛盾、维护和巩固资本主义制度而培植出的另

① 王伟光主编：《社会主义通史》第2卷，人民出版社2011年版，第221页。

② 《马克思恩格斯文集》第3卷，人民出版社2009年版，第77—78页。

一种机会主义思潮，它是费边社（Fabian Society）[①] 的主要理论。

费边社会主义立足英国的历史传统及其由自由资本主义向垄断资本主义过渡的时代背景，在继承和发展功利主义、马克思主义、经验主义哲学、基督教哲学等思想理论的基础上提出。该流派的重要思想首先在1884年萧伯纳（George Bernard Shaw，1856—1950）撰写的《费边宣言》和1887年通过的《费边社纲领》等文献中反映出来，1889年出版的《费边社会主义论文集》，系统阐述了费边社会主义理论观点。

费边社会主义是一种以“宪政民主、和缓渐进”著称的社会改良思潮，主张通过细微的改良和平过渡到社会主义。该流派认为，历史是一逐渐趋向社会主义的潮流，通过宣传教育等“渗透”的方式，可以引导人们一步步迈向社会主义福利国家。基于此，该流派主张用各种感情说教去“感化”资本家，力图在保存资本主义政治经济制度的基础上，实行一系列有利于工人阶级和广大劳动群众的改良措施。在政治上，提倡一种温和、渐进的社会主义，强调国家的工具性与中立性，主张通过扩大国家职能和完善地方分权等措施，进一步保证民主与效率间的平衡。在经济上，主张通过革新征税制度、调整计划与市场的关系等手段，逐步推进生产工具公有化、资源分配社会化和产业管理民主化改革目标的实现。在教育方面，提出教育平等等原则，并对英国教育体系进行了大刀阔斧的改革。在社会改革方面，提出贫困应包括物质和精神两个方面、社会分配不平等是造成贫困的主因、国家和社会有责任出台多种人性化救济措施等思想。

费边社会主义的思想来源十分庞杂，既包含边沁的功利主义原则，又带有孔德实证主义哲学的色彩。其实质在于把资本主义社会传统与社会主义社会原则结合起来，试图“使资产者皈依社会主义，从而用和平的和立宪的办法来实行社会主义”[②]。该思潮曾对英国工人运动乃至整个世界社会主义运动都产生了比较大的影响。

---

① 费边社创立于1884年，是一个由学者、律师、新闻记者、文官、慈善家等组成的知识分子团体，重要代表人物有萧伯纳、韦伯夫妇等人。费边社在其发表的各种小册子和演说中，利用官方的调查与统计资料以及他们自己进行的调查实证资料，揭示英国工人阶级的凄惨处境，抨击资本主义制度的残暴。《费边论丛》是其早期发表的一部纲领性著作，该书从多个方面阐述了费边主义者对于社会主义的看法，其中关于社会民主主义的思想孕育着后来民主社会主义的一些基本概念。

② 《马克思恩格斯全集》第37卷，人民出版社1971年版，第351页。

二 20世纪上半叶的国外社会主义流派及其与科社的较量

20世纪的历史尤其是世界社会主义发展史，是伴随着帝国主义战争拉开帷幕的。19世纪末20世纪初，资本主义由自由竞争发展到垄断阶段。垄断资本主义在为社会主义准备了更加充分的物质条件的同时，也为改良主义的滋长提供了适宜的生存土壤。在垄断资本主义阶段，主要资本主义国家之间的发展更加不平衡①。譬如英国在18世纪成为世界最强大的工业国家后，保持了100多年的“世界工厂”地位，直到1870年，还没有一个国家能够超过它。而到了帝国主义时代，由于生产社会化程度的提高和科技发展的加快，一个国家赶超另外一个国家的时间大大缩短，呈现出跳跃式的急剧变化特征，这一点我们从英、法、美、德四个资本主义强国的地位演进中可以清晰看出。

列强在世界工业中地位的消长②

排名＼年份	1860	1870	1880	1890	1900—1913
第一位	英国	英国	美国	美国	美国
第二位	法国	美国	英国	英国	德国
第三位	美国	法国	德国	德国	英国
第四位	德国	德国	法国	法国	法国

以上图表显示，美国通过运用先进技术和外资、大力发展新兴工业，仅用了短短20年的时间，就先后超过英、法等老牌资本主义国家，跃居世界工业生产的第一位。另一位新兴的工业强国德国在1870年还排在第四位，大约40年后，即到了第一次世界大战前夕，也超过法国

① 这种不平衡性突出表现为一些后起的资本主义国家（美国、德国等）利用先进的科学技术，实现了跳跃式的发展，经济实力迅速赶上并超过了一些老牌资本主义国家（英国、法国等）。

② 参见［苏］瓦尔加《现代资本主义和经济危机》，叶中林等译，生活·读书·新知三联书店1975年版，第15页。

和英国，跃居世界工业生产第二位。列宁据此作了如下断定："在资本主义制度下，各个企业、各个托拉斯、各个工业部门、各个国家的发展不可能是平衡的。如果拿半个世纪以前德国的资本主义实力同当时英国的实力相比，那时德国还小得可怜；日本同俄国相比，也是如此。是否'可以设想'一二十年之后，帝国主义大国的实力对比依然没有变化呢？绝对不可以。"①

在世界各主要资本主义国家中，垄断资产阶级控制着国家的经济命脉并进而控制了国家政权。同时，为了从经济上瓜分世界，各国垄断资产阶级加紧了对亚洲、非洲和拉丁美洲侵略扩张的步伐，帝国主义大国之间围绕重新瓜分世界、争夺世界霸权、抢占殖民地的矛盾错综复杂，斗争日趋激烈。资本主义发展到垄断阶段即帝国主义阶段出现的一系列新的现象，引起了当时思想理论界的广泛关注和高度重视。面对资本主义工业的蓬勃发展、资本主义生产集中的迅速加剧，面对资本主义固有矛盾特别是两大阶级之间、宗主国和殖民地之间以及各资本主义国家之间矛盾的空前激化，机会主义者趁势利用经济发展中的新材料修改马克思主义，大力宣扬阶级合作和社会改良思想。他们"不仅没有设法、没有能够使自己同这个经济上根本反动的小资产阶级改良主义反对派对立起来，反而在实践上和它同流合污"，他们"对帝国主义的理论分析，以及他在经济上和政治上对帝国主义的批评，都始终贯穿着一种同马克思主义绝不相容的、掩饰和缓和最根本矛盾的精神，一种尽力把欧洲工人运动中同机会主义的正在破裂的统一保持下去的意图"②。可以说，20世纪上半叶世界社会主义的发展史，就是在科学社会主义与民主社会主义等流派的分歧和较量中书写的。

（一）科学社会主义与民主社会主义在20世纪上半叶的较量

对于科学社会主义与民主社会主义的分分合合，尤其是对于科学社会主义与民主社会主义分道扬镳的确切节点，学界尚未达成一致意见。有人认为，民主社会主义的鼻祖伯恩施坦1899年对马克思主义的全面修正标志着科学社会主义与民主社会主义分道扬镳。也有人认为，列宁

---

① 《列宁专题文集·论资本主义》，人民出版社2009年版，第205页。

② 同上书，第197、208页。

在1914年12月写的《一个德国人对战争的评论》一文中提出：俄国社会民主党要"抛弃被他们玷污的败坏了的'社会民主党人'这个称号而恢复共产党人这个原先的马克思主义的称号"，自此以后，科学社会主义与社会民主主义就分道扬镳了。①

1. 伯恩施坦对马克思主义的全面修正使科社与民社的分歧公开

早在恩格斯逝世前后，曾是正统马克思主义者的爱德华·伯恩施坦（Eduard Bernstein，1850—1932）就开始逐步吸收以往一切要求对马克思主义进行"修正"的派别（包括拉萨尔主义、费边主义、工联主义等等）的思想，并在1896年10月至1898年6月间，在考茨基主编的《新时代》杂志上，以《社会主义问题》为总标题，发表了6篇文章，明确提出了其"和平长入社会主义的思想"，公然采取了彻头彻尾的机会主义即改良主义的观点，提出马克思主义已经不适于指导世界的变革，必须重新认识资本主义社会和社会主义问题。列宁曾经指出："马克思主义创立以后的第二个50年（从19世纪90年代起）一开始就是同马克思主义内部的一个反马克思主义派别进行斗争。这个派别因前正统的马克思主义者伯恩施坦而得名，因为伯恩施坦叫嚣得最厉害，最完整地表达了对马克思学说的修正，对马克思学说的修改，即修正主义。"②

在1899年出版的《社会主义的前提和社会民主党的任务》③一书中，伯恩施坦从哲学、政治经济学和科学社会主义等方面，对马克思主义进行了更为"全面"、"系统"的修正和否定。他明确提出：资本主义自身具有自我更生的能力，只要社会民主党人通过积极地组织和行动来继续发展它，就可以逐步实现社会主义；社会主义并不是一种具体的社会模式，只是一种社会进程，社会主义也并没有一个最终阶段，它总是在不断进步等等，上述思想引起了社会民主党内部的广泛争论。正如托马斯·迈尔（Thomas Meyer）指出的："爱德华·伯恩施坦本来是德国社会民主党的居领导地位的马克思主义理论家之一，他从1896年起把这些修正主义思想综合起来并在德国社会民主党内提出，企图以此全

① 王伟光主编：《社会主义通史》第2卷，人民出版社2011年版，第357页。

② 《列宁专题文集·论马克思主义》，人民出版社2009年版，第149—150页。

③ 这本书是伯恩施坦反对马克思主义的纲领性著作，标志着伯恩施坦修正主义思想体系的完成。列宁将之斥为"马克思主义内部完全脱离了马克思主义的一个流派的宣言"。

面替代党对马克思主义的正式理解。他因此引起了一场争论，这场争论在19世纪到20世纪之交达到最高潮，而且在社会民主党内一直持续到《哥德斯堡纲领》时期。”① 伯恩施坦主义给国际工人运动造成了极大危害，导致国际社会主义运动的分裂和第二国际的破产，正是基于此，以列宁为代表的马克思主义者同它进行了坚决斗争。“伯恩施坦主义出现之后，关于修正主义的争论很快扩展到了世界社会主义运动的范围之内。当时，法国的拉法格、保加利亚的布拉戈也夫（1856—1924）、俄国的普列汉诺夫（1850—1918）乃至日本的片山潜（1859—1933）等人都先后明确表示反对伯恩施坦主义。1900年10月在巴黎召开的第二国际第五次代表大会是国际范围内马克思主义者与伯恩施坦主义者的第一次正面交锋。”②

2. 科学社会主义与民主社会主义、共产党与社会民主党的正式决裂

世界社会主义运动内部马克思主义与修正主义、信奉科学社会主义的共产党与信奉民主社会主义的社会民主党之间的正式决裂，发生在第一次世界大战期间，表现在对德国政府发动战争所秉持的态度方面。

第二国际中的右派支持战争，认为必须保卫德意志国家的民族利益；左派则抵制战争，认为这是帝国主义国家之间争夺殖民地与势力范围的战争，主张全世界的无产阶级应该联合起来，变帝国主义战争为国内革命战争，进行无产阶级革命。介于两种态度中间的，还有以考茨基为首的中派，该派力求调和左右两派，但后来却与右派合流，第二国际也随之破产了。“第二国际破产的最突出的表现，就是欧洲大多数正式的社会民主党令人触目惊心地背叛了自己的信念，背叛了自己在斯图加特和巴塞尔大会上通过的庄严的决议。但是，这种意味着机会主义完全得胜、意味着社会民主党变成了民族主义自由派工人政党的破产，正是第二国际整个历史时代（19世纪末到20世纪初）的产物。这个时代——从西欧完成资产阶级的和民族的革命开始向社会主义革命过渡的时代——的客观条件产生并培育了机会主义。这个时期，我们在欧洲的

① ［德］托马斯·迈尔：《社会民主主义导论》，殷叙彝译，中央编译出版社1996年版，第44页。

② 黄宗良等主编：《世界社会主义的历史和理论》，中央编译出版社1995年版，第99页。

一些国家中看到工人运动和社会主义运动的分裂，这种分裂总的说来正是由于机会主义而发生的（英国、意大利、荷兰、保加利亚、俄国）；我们在欧洲的另一些国家中看到各个派别之间由于同样的原因进行了长期顽强的斗争（德国、法国、比利时、瑞典、瑞士）。这场大战所造成的危机，揭开了帷幕，打破了常规，割破了早已熟透了的脓疮，表明了机会主义所扮演的真正角色就是资产阶级的同盟者。因此，在组织上把这种成分从工人政党中彻底清除出去，已经不可避免了。"[①] 1818 年，列宁领导的布尔什维克党即俄国社会民主工党（布）在"七大"上率先改称俄国共产党。"自从列宁领导首先是俄国党、接着是第二国际所属各国左派党把'社会民主党'改称为'共产党'以后，共产主义就同社会民主主义划清了界限，社会民主主义成了第二国际中右派、中派等机会主义、改良主义思潮的专用名词。"[②]

对于科学社会主义与民主社会主义决裂的过程，托马斯·迈尔也有描述，他指出："社会主义工人运动分裂成遵循民主社会主义的一派和以马克思列宁主义为基础的共产主义派，是由于第一次世界大战期间（1914—1918）各社会党对本国的政策采取不同立场而开始的。由于欧洲的社会党除少数例外都支持本国参加战争，第一次世界大战以前社会主义政党的国际最高组织即社会主义的国际瓦解了。"[③]

3. 共产党与社会民主党决裂后科学社会主义与民主社会主义的较量

决裂后的科学社会主义与民主社会主义、共产党与社会民主党之间展开了长达一个世纪的较量。在 20 世纪上半叶的较量中，共产党及其倡导的科学社会主义明显占据了上风。[④]

自布尔什维克改称俄国共产党（布尔什维克）到第二次世界大战结束，世界上共产党的数量达到了 80 多个，其中有 20 多个党是从原来第二国际中社会民主党的左派转变而来的，不仅共产党的数量迅猛增加，而且社会主义思想也在该时期具有非常大的鼓动力。科学社会主义发展

① 《列宁选集》第 2 卷，人民出版社 1995 年版，第 503—504 页。

② 徐崇温：《民主社会主义评析》，重庆出版社 1995 年版，第 17 页。

③ ［德］托马斯·迈尔：《社会民主主义导论》，殷叙彝译，中央编译出版社 1996 年版，第 57 页。

④ 高放：《科学社会主义与民主社会主义的百年分合》，《理论参考》2007 年第 8 期。

的鼎盛时期，社会主义阵营的领土、人口和工业总产值都约占世界总量的三分之一，资本主义国家的共产党也取得了较大发展。

社会（民主）党的力量在这一时期虽然也有所发展，先后有十几个欧洲的社会党通过竞选的方式上台执政（有的联合执政，有的单独执政），但社会（民主）党的实力远不如共产党。共产党和社会民主党很长时间内，都处于水火不容的状态。譬如，《共产国际宣言》中强调“对机会主义中派的斗争，是对帝国主义的斗争取得胜利的必要条件”①，社会民主党则宣称“工人运动的统一只有在反对共产党人的激烈斗争中才能恢复和巩固。”② 两党之间因相互对抗和指责而导致力量削弱，遭到了法西斯暴政的镇压。1940 年社会主义工人党国际③被迫停止活动，成立于 1919 年的共产国际也于 1943 年宣告解散④。

（二）20 世纪上半叶的其他社会主义流派

20 世纪上半叶尤其是十月革命后，马克思主义在得到更为广泛传播的同时，也遭到了来自机会主义和修正主义的攻击。列宁等马克思主义者在同第二国际修正主义和孟什维克的斗争中，在指导俄国革命实践和进行理论总结的过程中，全面发展了马克思主义理论，并以之为指导，推动了世界社会主义的发展。

在 20 世纪上半叶世界社会主义发展的历史进程中，科学社会主义和民主社会主义之间的争论和较量，成为了该阶段国外社会主义流派发展的一个显著特点。但是，除此之外，我们也不能忽视其他一些流派在这一阶段的产生和演进，这些流派也对科学社会主义提供了机遇并造成了挑战。譬如第一个社会主义国家建立后的 20 世纪二三十年代，在围

---

① ［英］珍妮·德格拉斯选编：《共产国际文件：1929—1943》，李匡武等译，东方出版社 1986 年版，第 92 页。

② ［苏］伊·米·克里沃古兹：《社会主义工人国际：1923—1940》，黄进、姚荣译，中国人民大学出版社 1989 年版，第 81 页。

③ 1923 年，由原第二国际的右派组建的伯尔尼国际和中派组建的维也纳国际合并为社会主义工人国际，继续在欧美工人运动中鼓吹改良主义。

④ 解散共产国际的正式声明包括三个文件：1943 年 5 月 15 日共产国际执行委员会主席团的决议、6 月 9 日发表的声明以及同年 5 月 28 日斯大林的宣言。参见［西班牙］费南德·克劳丁：《共产主义运动——从共产国际到共产党情报局》，方光明、秦永立等译，福建人民出版社 1982 年版。

绕“中央计划经济能否有效运行，社会主义能否实现经济的合理计算”等问题展开的论争中产生的“市场社会主义”，就为科学社会主义的发展提供了机遇。差不多同一时间产生的托派社会主义，则对科学社会主义构成了挑战。另外，该时期出现的社会主义思潮还有行会社会主义、西方马克思主义者倡导的总体社会主义、奥地利马克思主义提出的整体性社会主义等，鉴于有些流派（比如市场社会主义）我们将在第六章做专题论述，在此仅介绍行会社会主义、托派社会主义和整体性社会主义三种流派。

1. 行会社会主义

行会社会主义又称基尔特社会主义，是继工联主义和费边社会主义之后，在英国出现的又一种社会主义流派，它既不像费边社会主义那样温和，又不像工联主义那样激进[1]。

行会社会主义产生于20世纪初，随着英国工人运动的高涨，在第一次世界大战爆发后发展到了鼎盛时期。

行业社会主义否定阶级斗争，鼓吹在工会基础上成立全国基尔特联盟（National Guild League），主张在保存现有国家政权的前提下，组织和管理生产，实行生产自治。该流派只致力于改善工人出卖劳动的条件，却不主张从根本上消灭资本主义制度，且反对建立无产阶级的政党。其代表人物主要包括：近代行会理论的创始人彭迪（Asthur J. Penty，1875—1937）、英国著名的社会活动家霍布逊（S. G. Hobson，1864—1940）以及英国著名历史学家和社会学家柯尔（G. D. H. Cole，1889—1959）。

行会社会主义试图找到一种能够给予个人自身发展所需的最充分、最自由权利的社会组织形式。该流派的出发点和落脚点是“尊重个人意志”，主张个人尽量参与到社会和团体的事务中。由此出发，他们从所谓“经济先于政治”的原理出发，推论出工人“解放斗争必须以废除工资制为目的”，并将之作为行会社会主义的一个宗旨。尽管行会社会主义的影响和发展并不太大，远比不上费边社会主义，且在1922年的经济萧条中被湮没，但是该流派所宣扬的工人自治和职能民主等思想，却对英国的社会思想运动产生了很大影响。

① 徐觉哉：《社会主义流派史》，上海人民出版社2007年版，第284页。

2. 托派社会主义

20世纪二三十年代，苏联社会主义在建设中遇到了巨大困难，联共（布）党内在社会主义发展道路和世界革命等问题上产生了严重分歧，托派社会主义或者说托洛茨基主义（Trotskyism）就是在这一背景下产生的，它是被逐出共产主义运动队伍的托洛茨基主义者，为寻求反共斗争组织形式而联合形成的一个国际组织。

作为一种政治势力和政治思潮，托派社会主义的代表人物（正如该流派名称所显示的）是其最早的理论建立者与领导者列昂·托洛茨基（Leon Trotsky，1879—1940）。托洛茨基从其“不断革命理论”出发，反对列宁的“一国胜利说”，认为一国不能建成社会主义，社会主义革命是“世界革命”，是“不断革命”。因此在资产阶级民主主义革命未取得彻底成功的国家，无产阶级必须永久性地、不间断地坚持社会革命（“社会主义”或“共产主义”革命）。托洛茨基认为，新生的社会主义国家不可能顶住来自怀有敌意的资本主义世界的压力，除非社会主义革命能够迅速地在其他国家展开，由此他主张建立“一个有工人政权的、自治的、计划经济占统治地位的、人们充分享受多党政治和个人自由”的西欧社会主义邦联和建立“世界社会主义共和国”①。

托洛茨基领导的左翼反对派在20世纪20年代的影响力日益增强。1928年托派虽然遭到了斯大林的强力镇压，但被镇压后的托派仍坚持在苏联国内秘密活动。1938年，被驱逐出国的托洛茨基，在巴黎领导建立了“世界社会主义革命党”——又称为“第四国际”。晚年的托洛茨基进一步发展了托派社会主义理论，认为苏联是“由新的特权阶层来管理的并被他们叛卖了的国家”，苏共“党内民主的死亡导致工会和其他所有非党群众组织内的一般民主的死亡”，而这样的政党和国家，迟早要灭亡，因此他号召在苏联内部进行一次政治革命，重建社会主义民主。他说：如果工人阶级不从斯大林主义官僚们手中夺回政权，那么官僚主义就会为了自己的利益重建资本主义制度。但是，尽管托洛茨基寄希望于第四国际“成为世界上一支巨大的力量”，幻想第四国际的纲领“会成为千百万人的纲领，这革命的千百万人将能一举占有土地，占有天空”。但事实上，除美国托派组织有200人外，在一些西欧国家中建

① 《科学社会主义百科全书》，知识出版社1993年版，第94页。

立的“第四国际支部”总共才有数十名成员。被一些人讥讽为“第四国际简直是虚构”[①]。1940年托洛茨基的去世，使第四国际陷入了群龙无首的混乱局面。同时，第二次世界大战期间，托派社会主义者由于积极推行极“左”路线，大大削弱了自己的力量，陷入了濒临灭亡的境地。[②]

3. 整体性社会主义

整体性社会主义是20世纪30年代，由“奥地利马克思主义”[③] 的重要代表人物奥托·鲍威尔（Otto Bawer，1882—1938）提出的一种流派。作为两次世界大战期间奥地利社会民主党的领导人、“奥地利马克思主义”的主要理论家和社会主义工人国际的领导人，鲍威尔对当时奥地利社会主义的发展以及日后欧洲民主社会主义的发展起到了至关重要的作用。

面对国际无产阶级建立统一战线共同反对法西斯主义的新形势新要求，基于当时奥地利的社会历史状况和无产阶级斗争条件，鲍威尔极力主张将他的中派思想体系作为统一战线的思想基础，并在他晚年出版的《两次世界大战之间吗?》（1936年）一书中，为其思想贴上了“整体社会主义”的标签，明确提出“我把那种要克服世界无产阶级的分裂的统一观念称作整体社会主义的观念”。鲍威尔认为，应该以一种“新的更高的命题来克服和统一社会民主党的命题和共产主义的反命题”[④]，并将这一“新的更高的命题”命名为“整体社会主义”。

在鲍威尔看来，“西方的民主社会主义是争取精神自由和政治自由的斗争的继承者。东方的革命社会主义是争取经济解放和社会解放的革命的继承者”，在反对法西斯主义的斗争中，应当将两者联合成一个整

① ［苏］米·伊·巴斯马诺夫：《三十至七十年代的托洛茨基主义》，《科学社会主义参考资料》1981年第16期。

② 徐觉哉：《社会主义流派史》，上海人民出版社2007年版，第351页。

③ 奥地利马克思主义是20世纪初由奥地利社会民主党的一批年轻知识分子所开创的社会改良主义流派，主要代表人物有麦克斯·阿德勒（Max Adler，1873—1937）、弗里德里希·阿德勒（Fridrich Adler，1879—1960）、鲁道夫·希法亭（Rudolf Hilferding，1877—1941）、卡尔·伦纳（Karl Renner，1870—1950）等。第一次世界大战以前，奥地利马克思主义主要表现为一种不同于其他社会主义者的思维方式和研究方法。随着第一次世界大战期间及20世纪20年代国际社会主义运动的分化组合，它逐渐发展成为一个影响巨大的思潮。

④ 中共中央编译局资料室编：《鲍威尔言论》，生活·读书·新知三联书店1978年版，第474、476页。

体，而整体社会主义可以“消除西方的民主社会主义同东方的革命社会主义的对立”。为此，他极力主张“以一种既把社会民主主义又把共产主义结合在自身中的整体社会主义来克服社会民主主义和共产主义的片面性”，认为“必须超脱民主社会主义和共产主义的僵化观点，发展一种能够克服这两者在历史上形成的特殊性和局限性而把它们包括在内的整体社会主义”，并坚信“西方的民主社会主义和东方的革命社会主义的合题、精神的政治的自由和经济的社会的解放的命题，将成为战无不胜的思想”①。

三　简短评论

综上所述，从1848年科学社会主义正式创立，一直到第二次世界大战爆发，这一时期，尽管马克思主义的科学社会主义已经产生并在工人运动中得到了广泛传播，但由于各国的工人阶级还没有成熟到可以进行独立的工人运动，马克思主义在国际工人运动中还没有取得统治地位，其他各种社会主义思潮和流派仍积极活跃在各国的工人运动中，并在许多国家历史上产生过非常重要的影响。科学社会主义一直都处在与形形色色的社会主义理论流派进行斗争的过程中。

在这一时期各种非马克思主义的社会主义流派中较为重要的有：法国以蒲鲁东为首的无政府主义和无政府工团主义，德国拉萨尔的机会主义，巴枯宁的无政府主义，英国的工联主义和费边社会主义以及俄国的民粹主义②，等等。马克思、恩格斯同上述这些流派进行了积极深刻的批判和斗争，并在批判和斗争中捍卫了马克思主义，促进了科学社会主义的发展和传播。可以说，马克思主义的科学社会主义理论就是在与各种机会主义和社会主义思潮的相互斗争中创立并发展起来的。

这一时期国外社会主义流派的发展，具有以下两个鲜明特征：

其一，与科学社会主义诞生前的国外社会主义流派相比，这一时期

① 参见中共中央编译局资料室编：《鲍威尔言论》，生活·读书·新知三联书店1978年版，第469—475页。

② 黄宗良等主编：《世界社会主义的历史和理论》，中央编译出版社1995年版，第53—80页。

的社会主义流派大都摆脱了“空想”的成分，开始将其思想理论建立在现实的基础之上，试图为蓬勃开展的各国工人运动提供理论指导。

其二，从国际共产主义和世界社会主义发展的全过程来看，这一时期的国外社会主义流派呈现出多元并存且相互斗争、不断较量的特点。正是在这种斗争和较量中，马克思主义的科学社会主义获得了很大发展并得到了广泛传播，得以从一个力量和作用都比较有限的流派，发展成为国际工人运动和工人政党公认的指导思想。那些使用“社会民主主义”的政党，也一度“把自己的纲领和策略建立在马克思主义的基础上”。这时的社会民主主义也接受马克思主义科学社会主义的观点，主张以革命的手段推翻资产阶级的统治，消灭资本主义私有制，建立社会主义公有制。

第三章

冷战期间的国外社会主义流派

第二次世界大战结束后，在反法西斯战争胜利的基础上，东欧各国以及亚洲、美洲一些国家，在本国共产党的领导下建立了人民民主政权，走上了社会主义道路，使社会主义继实现从空想到科学、从理论到实践的飞跃之后，完成了由一国建立到多国发展的又一次飞跃，并迎来了世界社会主义发展史上的辉煌时期。一系列社会主义国家的建立，极大地鼓舞了广大殖民地半殖民地人民争取民族独立的精神，在亚洲、非洲和拉丁美洲广大地区，民族解放运动得到了蓬勃发展。为了遏制“共产主义的扩张”，以美国为首的西方资本主义国家，对苏联等社会主义国家采取了除战争之外的一切敌对活动和对抗形式。可以说，自 20 世纪中期以来，在长达近半个世纪的时期内，世界经济政治格局发生的最大变化就是：形成了以美国为首的资本主义阵营和以苏联为首的社会主义阵营以及两大阵营之间的对峙——冷战。

两大阵营的形成过程

	资本主义阵营（美）	社会主义阵营（苏）
政治	“杜鲁门主义”出台（1947 年 3 月）	“情报局”（1947 年 9 月）
经济	马歇尔计划（1947 年 6 月）	“经互会”（1949 年 1 月）
军事	北大西洋公约组织（1949 年 4 月）	华沙条约组织（1955 年 5 月）

冷战时期，以美国为首的资本主义阵营和以苏联为首的社会主义阵营之间，冲突依然时有发生，局部战争也可谓不断出现（包括朝鲜战争、越南战争和因地区矛盾、民族矛盾、宗教矛盾等引发的其他战争），

但是这些战争都没有发展成为世界大战。两个大国之间的对抗亦没有采取武装冲突的形式，“两极格局的建立以及随后双方之间一些‘博弈规则’的逐渐形成，在某种意义上达到了两大阵营的力量的均衡，从而使战后世界呈现一种相对稳定状态。……两大阵营的对抗及其所遵循的‘以实力求平衡’的理论也使对立的双方都不遗余力地扩军备战，从而给各自的经济都背上了沉重的包袱，对苏联经济尤其如此。”① 冷战及其“两极主义”②，“使所有人都多少卷入其内，而且这种政治冲突似乎就像是在‘右翼’和‘左翼’之间进行选择，要想回避这种选择几乎是不可能的。”③ 如有学者所言：“在 20 世纪后半叶统治欧洲政治舞台的美—苏两极主义是由一系列政治事件编织而成的。但是，这种两极主义的意识形态方面不应被低估。1848 年以后，美国方面一再谈论的是自由主义与极权主义的对抗，而苏联方面谈论的则是共产主义与资本主义的对抗。在一方看来，消极的因素是共产党对公民实行的官僚主义压迫，在另一方看来，消极因素则是迫使劳动者屈从于私人金融权力。”④

总体上看，冷战期间特别是 20 世纪 50 年代后期国际共产主义运动中“一个中心”、“一条道路”、“一种模式”的僵化局面被打破之后，世界社会主义呈现出多样化发展的态势，与之相应，国外社会主义流派也在这一历史背景下得到了进一步发展。结合冷战时期世界社会主义运动以及国外社会主义流派发展的上述特征，本章将冷战期间的国外社会主义流派，分为国外原有社会主义流派的新发展和新兴社会主义流派在不同地区的勃兴两大类别（又分发达国家和第三世界国家两大类型若干流派）进行考察和分析。

一　原有一些社会主义流派在冷战时期的新发展

民主社会主义、市场社会主义和托派社会主义等一些在 20 世纪上

① 黄宗良等主编：《世界社会主义的历史和理论》，中央编译出版社 1995 年版，第 198 页。

② 华盛顿与莫斯科、北大西洋公约组织与华沙条约组织之间的国际关系和意识形态冲突，这种冲突一直持续到 1989 年柏林墙倒塌。

③ ［意］萨尔沃·马斯泰罗内主编：《当代欧洲政治思想（1945—1989）》，黄华光译，社会科学文献出版社 2001 年版，第 7—8 页。

④ 同上书，第 8 页。

半叶甚至更早就已经存在的社会主义流派（主要存在于欧美各国），在冷战时期，得以“冲出欧美”、“走向全球”，在世界范围内得到了发展和扩张，成为了国际性的社会主义流派。

（一）冷战时期的民主社会主义及其与科学社会主义的较量

奉行民主社会主义的“社会民主党在大多数发达资本主义国家的工人运动中乃是一支巨大的力量”。[①] 在整个冷战时期，尤其是1951年社会党国际成立后，民主社会主义及其信奉者社会（民主）党的发展虽有起伏，但力量日趋增强、影响不断扩大、势力不断扩张。“在第二次世界大战前，社会民主主义的影响主要在欧洲地区。70年代中期，社会民主党提出要摆脱‘欧洲中心主义’，社会民主主义加快了向其他地区扩散的速度，影响日益增大。80年代苏联东欧社会主义国家开始改革后，这些国家的执政党逐渐抛弃科学社会主义，转而信奉社会民主主义。”[②]

1. 民主社会主义和社会（民主）党在冷战时期的发展与扩张

第二次世界大战结束后，民主社会主义在其发源地西欧率先得到了恢复和发展。1945年底，西欧国家的社会民主党党员总数已由战前的500多万人增至800多万人。[③] 在英国工党等西欧社会（民主）党的积极推进下，1951年，社会党国际在西德的法兰克福宣告重新建立。重建的社会党国际，力量和影响较前都有显著增长。[④]

为了进一步扩大其势力和影响，实现社会党国际的“去欧洲化”，1976年在瑞士日内瓦召开的社会党国际大会，专门把发展中国家作为主要议题，1977年在日本东京召开的社会党领导人会议通过了《东京宣言》，明确提出要实行“摆脱欧洲中心主义；面向全世界的政治潮流”的新方针，声称“民主社会主义不仅为欧洲，而且为亚洲、太平洋地区、中东、非洲和美洲的发展和进步打下了基础”。[⑤] 在这一思想

---

① 苏绍智、蔡声宁主编：《社会主义在当代世界上》，光明日报出版社1985年版，第175页。

② 张志军主编：《20世纪国外社会主义理论、思潮及流派》，当代世界出版社2008年版，第20页。

③ 赵明义主编：《当代社会主义》，山东大学出版社2001年版，第278页。

④ 社会党国际成立时有成员党34个，党员978万人，选民4350万人，是西欧的第一大政治派别，也是国际舞台上一支重要的政治力量。

⑤ 转引自赵明义主编《当代国外社会主义问题纲要》，山东人民出版社1987年版，第386页。

指导下，20 世纪 70 年代以来，“一向以欧洲为中心的社会党国际，加强了对第三世界的扩展”①，采取了一系列旨在扩大自己的势力范围和影响的措施，包括成立拉丁美洲和加勒比地区委员会（1980 年）、“亚太地区社会党会议”（1981 年），派出各种形式的代表团和个人到亚非拉地区进行宣传鼓动等。

伴随着社会党政治势力的扩张，社会党国际改变了过去那种“成员绝大多数由欧洲的社会民主党组成，影响局限于欧洲和美国”的状况，越来越成为世界性的社会思潮和政治流派。到 1983 年，社会党国际 50 个正式成员中，欧洲有 22 个、拉丁美洲有 12 个、亚洲有 8 个、北美洲有 3 个、非洲有 3 个、大洋洲有 2 个，其中在国内执政或参政的有 23 个，包括欧洲 13 个、拉丁美洲 5 个，亚洲、非洲各 2 个，大洋洲 1 个②，社会党国际由昔日的“白人俱乐部”扩展为“小联合国”，成为一个力量和影响遍及全球六大洲的名副其实的世界性政党联合组织。值得一提的是，英国工党、法国社会党、德国社会民主党、西班牙工人社会主义党、瑞典社会民主党以及奥地利社会党等，都曾在本国政坛和国际舞台上发挥过重要作用。其中瑞典社会党更是创造了在多党制下，一党单独连续执政长达 44 年的纪录，并建立起令世人瞩目的社会民主主义的橱窗——“瑞典模式”。这些执政的社会（民主）党在增进工人和人民大众福利，促进工人参与民主管理和民主决策，扩大工人民主自由权利，维护地区安全和世界和平，反对殖民主义、帝国主义、霸权主义和战争威胁等方面做了大量工作，取得了不少成效。③

2. 冷战时期民主社会主义与科学社会主义的较量

社会党国际在成立大会上通过的《民主社会主义的目标和任务》（又称《法兰克福声明》），阐明了社会（民主）党在经济、政治、文化、社会和国际关系等方面的基本思想观点和政策主张，正式宣布以实现“民主社会主义”为目的，以示同科学社会主义和现实社会主义制度的区别。

① 苏绍智、蔡声宁主编：《社会主义在当代世界上》，光明日报出版社 1985 年版，第 262—263 页。

② 参见赵明义主编《当代国外社会主义问题纲要》，山东人民出版社 1987 年版，第 385—386 页。

③ 高放：《民主社会主义对科学社会主义的挑战》，《社会科学研究》2007 年第 5 期。

在成立初期，社会党国际积极迎合美国的冷战政策，认定美国是“自由与民主的主要支柱”，“东西方对立多半是共产党领导人强加于这个并不情愿对抗的世界的”，和平“主要受到苏联扩张主义威胁”，北大西洋公约组织“是和平的强大堡垒”[①]，并采取了一系列紧跟美国、反苏反共的对外政策，包括支持美国发动侵朝战争，支持西方各国增加开支重整军备，并借匈牙利事件掀起国际反共高潮，等等。直到进入20世纪70年代，社会党国际才大幅调整其对外战略，开始与社会主义国家谋求缓和，签署了一系列改善东西方关系的协定。

20世纪80年代，以社会党国际主席维利·勃兰特（Willy Brandt，1913—1992）为首的社会民主党人把他们的“新东方政策”进一步推向深入，提出“和平必须高于意识形态”，与社会主义国家积极交往。但是，这些做法并没有真正淡化社会民主主义对共产党和社会主义制度的敌视，只是换了一种手法，即“通过接触来改变”。[②] 社会党国际第十八次代表大会是在1989年苏东剧变前夕召开的，大会通过的《原则声明》，公开主张通过自由化和民主化改造共产党，并在苏东社会动荡时采取“东进战略”，促使苏东地区的共产党向社会民主主义倾斜，直至社会民主党化，对苏东剧变起了推波助澜的作用。

苏东剧变的同时，西欧共产党也迫于压力纷纷皈依社会民主主义。已故的前西班牙共产党人克劳丁在描述这一过程时不无感慨地说：“用共产主义的理论建立起来的社会制度的衰亡，加上西方共产党的不可逆转的危机，标志着这一历史阶段的结束。因此社会民主党就成为唯一传播社会主义思想的重要力量。”“历史实验已经表明，社会民主主义的基本思想要比共产主义的思想路线和政治路线更符合自由、民主和社会公正这些社会主义理想。”[③] 时任社会党国际主席（1992—1999）的皮埃尔·莫鲁瓦（Pierre Mauroy）则兴奋地表示：“共产主义的垮台使社会党人为其过去70年与之进行的意识形态斗争所取得的胜利而

① 社会党国际文件集编辑组编：《社会党国际文件集》，黑龙江人民出版社1989年版，第146页。

② ［美］戈登·A. 克雷格：《德国人》，钱松英译，上海译文出版社1998年版，第68页。

③ 戈尔巴乔夫、勃兰特等：《未来的社会主义》，中央编译局国际发展与合作研究所编译，中央编译出版社1994年版，第123、124页。

骄傲。"①

（二）冷战时期市场社会主义在东西方的大发展

尽管市场社会主义早在20世纪二三十年代就已经正式诞生，但是直到20世纪50年代以后，随着中央集权计划经济体制弊端的暴露，市场社会主义才得到高度重视。②

东西方一些经济学家在市场社会主义第一个完整理论模式——"兰格模式"的基础上，进一步探索了市场和社会主义的关系，提出了种类繁多的市场社会主义发展模式，为社会主义国家，尤其是南斯拉夫和匈牙利的经济体制改革提供了理论依据。而苏东国家市场取向的改革，又为市场社会主义理论的进一步发展创造了条件。在理论探讨和实践演进的交互作用中，冷战期间的市场社会主义东西方国家在理论和实践两个层面都获得了大发展。

1. 市场社会主义理论在东西方的重大发展

在西方，美国著名经济学家本杰明·沃德（Benjamin Ward）在研究南斯拉夫经济体制的基础上，于1958年提出了"伊利里亚"经济模式。③ 该模式主张生产资料所有权属国家、使用权归企业；市场作为经济决策和资源配置的基础，国家通过适当的方式和手段调节经济活动，影响和规范企业行为等。

沃德的研究激发了西方其他学者对市场社会主义的研究兴趣。美国康奈尔大学经济学教授杰罗斯拉夫·范尼克（Jaroslav Vanek）提出并论证了以工人参加管理和工人自治为特征的"工人自治经济模式"④、瑞典社会民主主义者阿萨尔·林德贝克（Assar Lindbeck）设计了带有鲜明社会民主主义色彩的"自由—社会民主主义的混合经济模式"、美国

① 余文烈主编：《当代国外社会主义流派》，安徽人民出版社2000年版，第205页。

② 社会主义各国在成立之初，都把中央高度集权的指令性计划经济体制视为社会主义制度的基本特征，而把"市场社会主义"斥为"修正主义的社会主义"。其间虽然亦有一些市场社会主义的理论萌芽和实践趋势，但都被作为资产阶级和小资产阶级的经济理论遭到了抨击和抵制。

③ Ward, B.（1958）, "The Firm in Illyria: Market Syndicalism", in *American Economic Review*. June.

④ Vanek, J.（1970）, "The General theory of Labor – Managed Market Economies", N. Y. Cornell University Press.

著名经济学家阿布拉姆·伯格森（Abram Bergson）的“竞争解决法计划经济模式”、约翰·加尔布雷思（John Kenneth Galbraith）的“新社会主义经济模式”、英国经济学家阿里克·诺夫（Alec Nove）的“可行的社会主义经济模式”等其他一些西方市场社会主义理论模式，也相继在20世纪60—80年代问世。

虽然市场社会主义在西方得到了重大发展，但这一时期市场社会主义的主阵地仍然在苏东国家。针对中央集权计划经济体制的弊端，苏东国家一些学者纷纷提出了他们倡导的市场社会主义模式。

在苏联，著名经济学家和统计学家利别尔曼提出了“利润刺激或物质刺激经济模式”，该模式抓住苏联经济管理中长期存在的中央集中过多、管得过死、物质鼓励缺乏等弊病，主张简化指令性计划指标、让企业拥有更多的经营自由，并提出了以利润为核心的计划以及评价和奖励企业的一套新办法。[①] 在波兰，著名经济学家弗·布鲁斯（Wtodzimier Brus）提出了“导入市场机制的计划经济模式”；在捷克，著名经济学家和政治活动家，被誉为“捷克经济改革之父”的奥塔·锡克（Ota Sik）提出了“社会主义的计划性市场经济模式”、著名经济学教授吉里·考斯塔提出了“计划—市场经济模式”；在匈牙利，以短缺经济学研究享誉于世的亚诺什·科尔内（Janos Kornai）提出了“在计划经济内导入市场机制的模式”，著名经济学家、政治活动家雷热·涅尔什（Nyers Rerso）提出了“中央计划经济和市场机制有机结合经济模式”，里斯卡提出了“计划竞争市场经济模式”；在南斯拉夫，有以著名经济学家勃朗科·霍尔瓦特（Horvat Branko）为代表的市场学派以及著名政治家和思想家爱德华·卡德尔（Edvard Kardelj）提出的“自治社会主义经济模式”，等等。

这些理论模式，在“兰格模式”基础上，基于当时苏东国家的现实，从不同角度，强调了市场和企业的作用，论证了社会主义国家通过可控市场引导企业决策、实现计划和市场、劳动者自主管理与宏观经济计划结合的社会主义运行模式，回答了社会主义是否可以引入市场机制、计划和市场如何协调等一系列问题。在这些理论探讨中，以“计划

---

① 参见余大章《苏联东欧经济学名著提要》，江西人民出版社1993年版，第331—333页。

与市场并存”为特征的“分权模式”得到了详细论证和充分认定。

2. 市场社会主义在苏东国家的实践

除在理论方面取得了长足发展外，冷战时期的市场社会主义在苏东国家的经济体制改革中也被付诸实施。正如科尔内所指出的：“市场社会主义和计划与市场结合的观点并不是简单地停留在政治与经济的思想领域，它们有一个显著的影响，即说服了一系列掌权的社会主义国家在实践上采取了巨大的变化。”①

作为对命令体制的挑战，市场社会主义在南斯拉夫首次被付诸“实验”。以铁托（Josip Broy Tito，1892—1980）为首的南斯拉夫共产党人，于20世纪50年代率先突破传统计划经济体制，走上了“自治社会主义道路”。自治体制改革的实质，是不断批判和变革僵化的中央集权体制，实行国家职能非国家集权化和分散管理。改变国家经济权力过分集中的状况，扩大民主管理的范围和地位以及企业的自主权，加强劳动者在经济生活中的地位和权利。对自治制度而言，“唯一的抉择就是探索计划和市场两个经营原则和方法的最优结合”以及“找到这些原则的最优解决方法。”②

经过充分的酝酿准备后，匈牙利等国也陆续走上了市场取向的经济改革道路。同南斯拉夫强调企业民主、工人自治，主张劳动者参与企业管理和国家经济管理的模式不同，匈牙利在其经济改革中，将重点放在探索计划和市场两种经济机制的结合方面，对计划体制、价格体制以及所有制和收入分配体制进行了比较大的改革。“它坚持中央计划的原则，而实现计划的方法又有所改变，不仅在国家与居民的经济关系方面，而且在国家生产部门本身，都让市场发挥一种积极作用。”③

市场社会主义实践在扩大企业权限、鼓励企业参与市场竞争等方面取得了较大成效，并在一定时期内使南斯拉夫和匈牙利等国取得了政治上的稳定发展和经济上的高度增长。但是，由于其赖以实践的市场社会主义理论模式不完善，加之受到诸多复杂经济政治因素的制约，进入

① Janos Kornai（1992），*The Socialist System*：*The Political Economy of Communism*. Oxford：Clarendon Press. p. 479.

② ［南］伊万·马克西莫维奇：《公有制的理论基础》，陈长源译，中国社会科学出版社1982年版，第91页。

③ 《新帕尔格雷夫经济学大辞典》第3卷，经济科学出版社1996年版，第366页。

20 世纪 80 年代以后，苏东国家的市场社会主义实践暴露出了一系列问题，并最终引发了全面危机。苏东国家经济改革的失败、政治体制的转轨，标志着这一时期市场社会主义在理论与实践上步入了一个“死胡同”。

（三）托派社会主义在冷战时期的发展新高潮

二战一结束，当代托派社会主义的国际性组织——第四国际，便以恢复组织、扩大队伍为己任，分别于 1946 年、1948 年、1951 年召开了三次代表大会，明确提出战后托派社会主义的主要任务是：恢复和发展第四国际，将之建设成为群众性的政党。围绕这一任务，第四国际采取了一些比较务实的战略策略，包括利用各种集会加强同群众联系，广泛发行图书和宣传品、出版报纸杂志等，借以扩大自己的影响。短短几年，托派成员就发展到了几千人，超过二战前的规模。随后，托派根据世界形势的新变化，不断修正自己的理论、调整自己的战略，并取得了比较明显的发展。

1. 20 世纪五六十年代托派的战略调整及其在亚非拉地区的发展

战后民族殖民地解放运动的蓬勃发展和欧洲工人运动的暂时低落，使托派改变了过去一直视欧洲为世界革命中心的观点。1957 年召开的托派第五次代表大会公开宣布：“殖民地革命是世界社会主义革命的一个主要组成部分，是世界革命最重要的因素”①，1961 年召开的第六次代表大会更是明确提出将其活动重心转移到殖民地半殖民地国家，并号召在亚非拉地区建立和发展托派组织。1963 年第四国际第七次代表大会通过的文件指出：“世界革命”包括三条战线，分别是发达资本主义国家正统的无产阶级革命、不发达资本主义国家的殖民地革命、工人国家的反对官僚主义的政治革命，这三个部分是各有特点又相互影响的整体，需要根据形势的变化进行调整。1965 年召开的第八次代表大会继续将战略中心放在殖民地国家，特别是对非洲革命的进展问题给予高度关注。在上述战略思想指导下，这一时期托派分子在亚非拉地区的活动相当活跃。譬如拉美的托派分子在古巴革命的鼓舞下，在这个地区开展了游击战争，其中影响最大的是秘鲁托派领袖布兰科普于 1962 年发动的大规模农民夺地运动。有的托

① 转引自徐觉哉《社会主义流派史》，上海人民出版社 1999 年版，第 351 页。

派组织还和格瓦拉创建的玻利维亚民族解放军建立了联系，采取联合行动。另外，托派这一时期也加强了在东欧的活动，利用东欧国家人民对苏联干涉的不满，煽动其对共产党的不满。①

2. 20 世纪 70 年代以来托派在发达国家发展的新高潮

20 世纪 60 年代末 70 年代初，欧美发达国家出现了新的革命浪潮，爆发了西方新社会运动。基于此，托派及时将其活动重心重新转移到了欧美发达国家，积极参加各种社会运动尤其是青年学生运动，以独立政党的身份参加欧美一些国家的总统竞选和市政选举。

这一时期，托派第四国际的力量在欧美国家尤其是在西欧地区得到了迅速发展，托派组织在许多资本主义国家中的破坏活动也得到了加强。一些过去从不与托派往来的国家，也纷纷建立起了托派组织，使当时托派成员猛增至 6 万多人，遍及世界 40 多个国家和地区。此外，西方国家还出版了大量关于托洛茨基的著作和传记。“19 世纪 70 年代以来，托派社会主义者在国际思想界颇为活跃。据报道，全世界托派报刊的总发行量约达 25 万份。1977 年，当十月革命 60 周年纪念日时，西方一些报刊掀起了一股托洛茨基的‘回忆’浪潮，不少学者和托派人士写了许多有关托洛茨基的传记、回忆录以及论述托洛茨基主义的书籍，如托派社会主义历史学家多伊彻的《托洛茨基传》、美国教授P. 阿列克山德尔的《拉丁美洲的托洛茨基主义》，对马忠行写的《托洛茨基主义》一书在日本畅销，连续出了 6 版。”②

托派的两个重要代表曼德尔（Ernest Mandel）和多伊彻（Issac Duetscher）更是在宣传和发展托派社会主义思想方面发挥了重要作用。其中被誉为“国际知名马克思主义经济学家”的托派著名理论家曼德尔，在其《晚期资本主义》、《马克思主义经济学理论》、《论欧洲共产主义》等著述中，结合资本主义的发展变化，提出了许多与传统托派不同的观点，丰富了托派思想。多伊彻在潜心研究托洛茨基档案的基础上，发表了一系列关于托洛茨基以及苏联问题的著述，包括《莫斯科审判》、《异端与叛徒》、《共产主义的三个潮流》，等等。其中最为著名的《托

① 参见赵明义主编《当代国外社会主义问题纲要》，山东人民出版社 1987 年版，第 422—432 页。

② 徐觉哉：《社会主义流派史》，上海人民出版社 1999 年版，第 365 页。

洛茨基传》一书，以《全副武装的先知》、《被解除武装的先知》、《被放逐的先知》三部曲的形式出版，先后被译为多种文字，推广了托洛茨基和托派思想。

冷战期间的托派尽管取得了重大发展，但随着规模的不断发展，也先后发生了几次分裂并造成第四国际内部派别集团林立（自 1953 年始，统一的第四国际就不存在了）。可以说，托派社会主义是一个缺乏严整、周密的组织的理论派别。

但是，冷战期间的托派在恪守老托派“暴力革命”、“输出革命”信条的基础上，也有结合现代特点的新认识。一是主张“积极罢工”，认为通过一场总罢工导致两个政权并存的局面，是高度工业化国家任何一场革命危机都将遵循的模式。二是坚持“社会主义世界联邦”是世界社会主义胜利的必由之路，认为“在国际范围内国与国之间力量的社会—政治均势不平衡发展条件下，可以在一国范围内开始建设……社会主义社会。然而，只有在世界范围内，社会主义才能充分实现。也就是说，它必须在世界主要国家内实现”①。

二　冷战时期发达国家新型社会主义流派的发展

冷战时期，发达国家涌现出了各种各样的社会主义流派，有产生于绿色运动的“生态社会主义”（eco - socialism），该流派声称“人们在一个成熟的工业社会中，精神和生命正濒于崩溃和毁灭的边缘”②，并将这种全球生态危机归因于资本主义制度，主张建立一个符合生态环境的、没有剥削的社会，实现一种历史上从未有过的社会主义；有宣称要“使革命的马克思主义同西欧各国具体实践相结合，走一条既不同于欧洲社会民主党所走的道路，也不同于苏联东欧已有的社会主义模式的革新路线”③、在欧洲一些国家（意大利、西班牙、法国等）风行一时的

---

① ［南］米洛斯·尼科利奇编：《处在 21 世纪前夜的社会主义》，赵培杰等译，重庆出版社 1985 年版，第 192 页。

② ［美］弗·卡普拉、查·斯普雷纳克：《绿色政治：全球的希望》，石音译，东方出版社 1988 年版，第 329 页。

③ 陈林、侯玉兰：《激进、温和还是僭越——当代欧洲左翼政治现象》，中央编译出版社 1998 年版，第 201 页。

"欧洲共产主义"；有认为"新的时代破坏了工业社会主义的价值，而使得更一般的、与工业化没有联系的社会主义范式具有现实意义"① 的"后工业社会主义"；还有在第二次女权运动②中产生，主张"彻底变革社会制度，为妇女解放创造必要条件"的女权社会主义③，等等。这里重点介绍和分析在世界社会主义发展史上影响较大的欧洲共产主义和生态社会主义两个流派。

（一）欧洲共产主义的形成与发展

欧洲共产主义是20世纪70年代中期，为适应资本主义的发展变化和当时欧洲国家的现实要求，在国际共产主义运动中出现的一种社会主义思潮和政治力量。尽管早在二战时期甚至更早，欧洲共产主义就有了其思想萌芽，葛兰西在1924年写给陶里亚蒂的信中就曾明确提出："欧洲的政治上层建筑不同于沙俄国家，中欧、西欧必须有一个不同于俄国的战略策略，要求革命政党的全部战略策略比1917年布尔什维克的战略策略更加复杂，要做长期打算。"这一思想对后来欧洲共产主义的形成造成了很大影响，可以说，"葛兰西思想、人民阵线思想和陶里亚蒂的结构改革论对于欧洲共产主义的形成都提供了重要的理论依据"。④但是，欧洲共产主义思想的正式形成⑤则是在20世纪70年代。

1. 欧洲共产主义形成的社会历史背景和条件

欧洲共产主义之所以能够在20世纪70年代成为一种思潮和流派，是由当时世界形势的发展和西欧国家的社会状况决定的。

---

① ［俄］萨马尔斯卡娅：《从工业社会主义到后工业社会主义》，《当代世界与社会主义》1997年第1期。

② 新社会运动中的一个重要运动，于20世纪60年代中期在美国爆发，而后波及西欧以及整个资本主义世界，在这次女权运动中出现了许多不同的理论流派，如自由主义女权主义、激进主义女权主义、马克思主义女权主义和社会主义女权主义等。

③ 该流派抨击资本主义制度对妇女的压迫，号召妇女为获得真正的解放起来进行斗争。代表人物有美国的舒拉米斯·费尔斯通（Shulamith Firestone）、南希·哈索克（Nacy Hartsock）、海第·哈特曼（Heidi Hartmann）以及法国的克里斯蒂娜·德尔菲等。

④ 参见赵明义主编：《当代国外社会主义问题纲要》，山东人民出版社1987年版，第239页。

⑤ 1976年在东柏林举行的欧洲"共产党和工人党代表会议"、1977年在马德里举行的意共、西共和法共会谈以及1978年4月—1979年5月西共、意共和法共相继召开的代表大会，一般被视为欧洲共产主义正式形成的标志。

当时的西欧，资本主义经济结构和阶级结构发生了很大变化，正如时任西班牙共产党领袖的卡里略（S. Carrillo）所说："在现阶段，生产力的国际化，迫使资本主义国家采取了象共同市场那样的地区化的作法，也就是超越了一国范围的社会形式。……所有这些措施都是资本主义国家为了避免不平衡的出现，避免由于不重视而可能引起严重社会冲突而被迫采取的；还可以用这些措施在'神通广大的国家'的表象下保持垄断寡头的统治地位，但是这些措施却同时在加重国家和社会的矛盾。……正象资本主义社会孕育在封建制度中一样，社会主义社会已在发达的资本主义社会里达到成熟了。"① 卡里略等人不仅看到："貌似不可变更也不会受到任何革命威胁的发达的西方资本主义制度，目前实际上面临着危机。""现代社会已经成熟到可以实行社会主义了。"② 而且根据当时西欧已经建立的以代议制为基础的政治制度进一步提出："从根本上说，这种制度是有效的，如果它有一个社会主义的而不是资本主义的经济基础的话，它会更加有效。"③ 主张通过民主实现社会主义。欧洲共产主义的三个核心成员，意共、西共和法共都提出了类似的观点。意法两国共产党在 1975 年 11 月发表的共同声明中明确指出：社会主义"应该在经济、社会和政治生活的不断民主化的过程中加以实现"；西共九大决议也提出："政治民主和社会民主是走向社会主义和共产主义的一个阶段"；法共二十三大决议规定："为了实现民主的社会主义，我们愿意走一条本身也是民主的道路。目的和手段是协调一致的。"④

欧洲共产主义的产生，还与苏联模式消极面的暴露有着直接关系。"1968 年发生的'布拉格之春'和苏联侵捷事件，促进了欧洲共产主义的形成。"苏联侵捷事件"激起了西欧各国的强烈义愤，欧洲 17 国共产党公开表态支持'布拉格之春'，并发表联合声明进行抗议。这是欧洲共产党第一次联合抗苏，并成为欧洲共产主义独立自主路线形成的标志"⑤。

上述表明，欧洲共产主义的出现不是偶然的，它是西欧历史、社会

---

① ［西］圣地亚哥·卡里略：《"欧洲共产主义"与国家》，钟琦译，商务印书馆 1982 年版，第 39—40 页。

② 同上书，第 16、18 页。

③ 同上书，第 94—95 页。

④ 参见赵明义主编《当代国外社会主义问题纲要》，山东人民出版社 1987 年版，第 254—255 页。

⑤ 徐觉哉：《社会主义流派史》，上海人民出版社 1999 年版，第 454 页。

经济、政治发展的产物。“欧洲共产主义的出现首先是马克思主义者对西欧资本主义国家的新现实的反应；其次也是对苏联社会、尤其是其消极方面——它没有资格充当使社会主义在全世界获得进步的典型——进行马克思主义的批判的反应。”①

2. 欧洲共产主义的基本理论和政策主张

欧洲共产主义的核心是在发达资本主义国家探寻走向社会主义的道路。正如曾任意大利共产党总书记的贝林格（E. Berlingwer）所说：“所谓‘欧洲共产主义’就是从欧洲资本主义的特殊条件出发，寻求社会主义的道路。它不同于欧洲社会民主党所走的道路，也不同于苏联东欧已有的模式。”它是“在欧洲发达的工业国家通过民主途径、寻求所有社会主义工人力量、进步力量和民主力量的团结，实现社会主义的变革”②。

欧洲共产主义并不是一个地区性的组织，自称奉行欧洲共产主义的各国共产党也并非全部来自欧洲，而是遍及四大洲（其中最有代表性的、力量最强、影响最大的是西共、意共和法共三个欧洲政党，三党党员人数占西欧共产党党员人数的六分之五，在主张欧洲共产主义的325个议会席位中，三党占有249个。此外，还包括亚太和拉美地区的澳大利亚共产党、日本共产党、墨西哥统一社会党、委内瑞拉争取社会主义运动等政党组织），这表明欧洲共产主义曾是一支在世界范围内具有较强政治影响的力量。

欧洲共产主义的理论主张很多，包括以暴力为后盾和平走向社会主义道路、实行议会内斗争和议会外群众运动相结合的斗争形式、从“历史性妥协”到“民主替代”的联盟政策、用“结构改革”代替打碎旧的国家机器、无产阶级专政是一个历史性概念、“新型的群众性政党”和多党制原则、反对大党中心主义的“多中心论”，等等。③

归纳起来，欧洲共产主义主要包括两个层面的内容：一是对走向社

① ［意］乔·乌尔班主编：《欧洲共产主义——它在意大利等国的渊源及前途》，石益仁译，新华出版社1980年版，第11页。

② 1980年贝林格在北京记者招待会上的讲话，《人民日报》1980年4月23日。

③ 徐觉哉：《社会主义流派史》，上海人民出版社1999年版，第462—472页；孙殿义、周亚贤：《“欧洲共产主义”的情况和几个探讨的问题》，《科学社会主义参考资料》1981年第1期，第5—7页。

会主义道路的探寻。对于实现社会主义的道路和途径，欧洲共产主义的基本主张是，通过和平夺权、彻底改造国家机器的方式逐步确立工人阶级的统治地位。当然，欧洲共产主义并没有否定暴力革命的历史作用和使用暴力的可能性，卡里略就明确提出："如果统治阶级封闭民主的道路，……必须用暴力去压制暴力的反抗，"① 主张实行议会内外群众斗争相结合的政策；二是对未来社会主义社会的设想。尽管奉行欧洲共产主义的各国共产党对未来社会主义模式的构想不一，意共提出要建立"在政治民主基础上的社会主义"，法共提出要建立"法国色彩的社会主义"，西共提出要建立"民主的、多元化的社会主义"，但其目标都是要"建立一个独立于苏联和美国的欧洲，一个走向社会主义的人民的欧洲"②，如卡里略所说："在欧洲共产主义潮流的行列里的党一致认为需要走向这样一个社会主义：它实行民主，实行多党制、议会和代议制机构。它通过普选定期行使人民的最高权力。"③ 总之，欧洲共产主义所主张的社会主义"是一种享有自由的社会主义，一种民主的社会主义"④。

欧洲共产主义自形成后，在欧洲乃至在世界社会主义运动中都发挥着不容忽视的作用。但由于处在资本主义心脏地带加之成员庞杂，该流派在 20 世纪 80 年代中期开始走向衰落。

（二）生态社会主义的产生与影响

二战结束后，伴随着新科技革命的兴起和资本主义生产关系的调整，西方发达国家进入了资本主义发展史上第二个经济增长的"黄金时期"。然而由于这种增长基于对自然的征服和掠夺，基于欲壑难填的物质享受的追求，因而造成了大量不可再生资源的枯竭，致使自然界的动态平衡遭到严重破坏，自然界原有的自我调节机制在人类排放的大量废弃物面前失去效用，面对日趋恶化的生存条件，人们不得不去思考问题

---

① ［西］圣地亚哥·卡里略：《今日革命的马克思主义》，载《欧洲共产主义问题资料选编》，中国人民大学出版社 1983 年版，第 278 页。

② ［西］圣地亚哥·卡里略：《"欧洲共产主义"与国家》，钟琦译，商务印书馆 1982 年版，第 94 页。

③ 同上书，第 99 页。

④ ［意］乔·乌尔班主编：《欧洲共产主义——它在意大利等国的渊源及前途》，石益仁译，新华出版社 1980 年版，第 12 页。

的根源并寻找解决的办法。由此，便萌生了以保护生态环境为主旨的生态社会主义思潮。生态社会主义在发达国家与欧洲共产主义几乎同期产生，该流派发端于20世纪六七十年代蓬勃开展的绿色运动，又被称为“绿党社会主义”，其目标是把维护全球性的生态平衡与实现社会主义结合起来。

1. 生态社会主义产生的社会历史条件

20世纪60年代末70年代初，随着各种全球性生态矛盾的不断尖锐，生态灾难和生态环境问题成为西方国家民众关注的热点，一大批与系统论、生态学等有关的著作在西方相继问世［包括E. 舒马赫的《小即为美》（1973年）；罗马俱乐部的《增长的极限》（1974年）；威廉·莱易斯的《自然的统治》（1972年）、《满足的极限》（1976年）；本·阿格尔的《论幸福和被毁的生活》（1975年）；H. 格鲁尔的《被掠夺的星球》（1978年），等等］。这些著述的出版和发表，使生态学、系统论得以广泛传播并日益深入人心，从而为绿色政治学说的产生提供了强有力的理论依据。

同时，为了确保子孙后代的生存，一场旨在防止生态灾难，维护人类生存环境的群众性运动在西方社会也蓬勃兴起，人们不断走上街头游行、示威、抗议，要求政府当局采取有力措施控制和治理环境污染。这就促使绿色公民组织和政党纷纷成立，第一个绿党（新价值党）成立于1972年的新西兰；但此后西欧成了绿党发展的中心，欧洲第一个绿党是1973年成立的英国人民党（该党1975年改名为生态党）；世界上规模最大、成绩最显著、影响最深远的是1980年成立的联邦德国绿党。此后欧洲、大洋洲大多数国家以及加拿大、日本都有了统一的绿党，这些组织和政党的成立，为生态社会主义流派的产生和发展提供了组织条件。

2. 生态社会主义的发展及影响

早期生态运动的目的相对比较简单，常常是围绕某一具体生态环境问题而展开活动。该阶段的主要代表人物是前东德共产党人、被誉为西方“社会主义生态运动代言人”的鲁道夫·巴罗和前波兰统一工人党的意识形态负责人亚当·沙夫（Adam Schaff）。

随着生态运动的深入开展，人类对生态环境问题的危害性有了更为强烈和清醒的认识，人们对生态环境问题的思索超越了生态学范围，生态运动成为集环境保护、和平运动和女权运动等为一体的全球群众性的政治运动，在整个西欧迅速崛起，并呈现出“红”、“绿”交融的景观。

除了绿党中出现了激进的社会主义“左”派以外，共产党、社会民主党也从最初对绿党的拒斥开始转向谋求与绿党结盟。社会主义“左”派与绿色生态运动的结合，使 20 世纪 80 年代世界范围的反战、反核、和平、裁军、环境保护等运动显现出空前的规模。德国绿党公开打出“生态社会主义”的旗号，澳大利亚共产党首先提出了“红绿联盟”的纲领。这一阶段生态社会主义在理论上批判资本主义经济制度，同时不满于现实存在的社会主义制度模式，试图寻求一条能够吸引发达资本主义国家人民参与的生态激进主义的革命道路。该阶段的主要代表人物是加拿大学者威廉·莱易斯（William Leiss）和本·阿格尔（Ben Agger）。

由于生态社会主义所要解决的生态、和平、人口、科技负效应以及南北经济差距扩大等问题，大都切中时弊，因而得以在短期内迅速发展。随着生态社会主义的广泛传播，许多政治家也开始打起了生态牌。美国第 39 届总统吉米·卡特（Jimmy Carter）在 1976 年竞选总统时，就对环保作出了承诺，表示力争做“环保总统”。另外，随着生态社会主义的发展，绿党还成立了包括“生态欧洲”①、“欧洲绿党”② 在内的许多国际性机构；绿党的政治地位也日渐提高，1983 年在联邦德国议院选举中，绿党赢得了 5.6% 的选票，获得 27 个席位，从而正式走上了政治舞台。

由于本书第七章将专门对生态社会主义进行介绍评析，这里不再具体探讨其主要理论观点和政策主张。

可以说，作为当代社会主义派别，生态社会主义试图以马克思主义补充生态主义，对资本主义生态环境等诸多问题作出社会主义的理论阐释，从而为人类寻求一条能克服生态失衡生存危机的新的社会主义道路。生态社会主义的迅速发展和广泛传播，不仅使主要以这种思想为指导的欧洲许多国家的绿党在政治舞台上的地位日渐提高，也迫使许多执政党在自己的施政纲领中逐步吸纳生态社会主义的观点，以符合选民的愿望。比如，德国社会民主党在 1983 年大选失败后，就立即着手修改

---

① 1976 年成立的一个国际性的绿色组织，目的是加强欧洲各国绿党的联系，论述生态社会的特点，说明依据生态规律协调欧洲发展的重要性。

② 1984 年成立，最近目标是在欧洲议会中至少赢得 10 个席位组成议会党团，长期目标是“全球思想，地方行动，促进绿色的欧洲”。

党纲，新党纲强烈要求保护生态环境，反对经济无限制增长；主张认真对待科技的副作用；反对核武器，维护世界和平；消除南北经济差距；为人类未来创造良好的生存环境等，所有这些都无不显示生态社会主义对其的影响。这也在客观上促使各国政府更加重视生态问题、南北问题、和平问题，从而有利于世界的和平与共同发展。

三 冷战时期第三世界民族社会主义的勃兴

早在19世纪后半期，“民族社会主义”就开始在亚非拉第三世界破土萌芽，当时，从欧洲漂洋过海的社会主义思想曾在亚非拉一些国家落地，并催生了智利激进党（1863年）和阿根廷社会党（1896年）。俄国十月革命胜利后，包括突尼斯、墨西哥、巴勒斯坦、印尼、印度、阿尔及利亚等在内的亚非拉地区一些国家成立了共产党，一些民族社会主义的先驱也出现在了20世纪上半叶的非洲和中东地区，包括我们熟知的恩克鲁玛（加纳）、桑戈尔（塞内加尔）、穆萨（埃及）、阿弗莱克（叙利亚）以及印度的甘地、尼赫鲁，印尼的苏加诺，等等。但是，作为一种完整的社会主义思潮和流派，民族社会主义是冷战时期，在亚非拉各国民族解放运动中，正式产生和蓬勃发展起来的。20世纪70年代前后，民族社会主义达到了其鼎盛时期。

（一）冷战时期第三世界民族社会主义发展的总体情况

二战前，亚非拉地区除少数国家外，大多处于殖民主义的统治之下，经济社会发展十分落后。反法西斯战争的胜利和欧亚一些社会主义国家的建立，极大地鼓舞和推动了战后亚非拉民族解放运动的蓬勃兴起和发展。二战结束后，亚非拉地区先后出现了90多个民族独立国家，其中有57个[①]在民族解放斗争中获得独立（亦有49个[②]之说）的国家

---

① 包括印度、柬埔寨、缅甸等11个亚洲国家，埃及、加纳、坦桑尼亚等31个非洲国家，秘鲁、委内瑞拉、智利等15个拉美国家。参见江流、徐崇温主编《20—21世纪：社会主义的回顾与瞻望》，中国社会科学出版社1995年版，第423页。

② 其中亚洲10国，非洲24国，拉丁美洲15国。参见高放主编：《当代世界社会主义新论》（修订本），云南人民出版社2002年版，第93页。参见黄宗良、孔寒冰主编《世界社会主义史论》，北京大学出版社2004年版，第358页。

宣布走“社会主义”发展道路。“民族社会主义”就是在这一历史背景下兴起并发展起来的。正如埃及民族社会主义领导人加麦尔·阿卜杜勒·纳赛尔（Gamal Abdul Nasser）在论及民族独立国家选择社会主义的历史必然性时所强调指出的：“这种必然性是由现实和群众的普遍愿望，并由20世纪后半个世纪正在发生的世界形势所决定的。”①

1. 冷战时期民族社会主义发展的三个阶段

民族社会主义思潮从亚洲兴起，然后在亚非拉广大地区扩展，在非洲达到了高潮。冷战时期民族社会主义的发展，可以划分为以下三个阶段。

（1）民族社会主义的兴起（1945—1955年）。20世纪40年代中期到50年代中期，一系列亚洲国家相继获得独立和解放并纷纷公开宣称奉行社会主义，拉开了民族社会主义发展的历史序幕。譬如，1945年8月印度尼西亚宣布独立后，苏加诺总统明确主张建设一个“印度尼西亚式的社会主义”。1948年1月缅甸宣布独立后，苏瑞泰总统宣布缅甸联邦所遵循的基本政策是要把缅甸建成一个社会主义国家。1948年3月巴基斯坦创建者穆罕默德·阿里·真纳（Mohammed Ali Jinnah，1876—1948）提出：“巴基斯坦应当建立在伊斯兰社会主义基础之上。”1954年底，印度总理贾瓦哈拉尔·尼赫鲁（Javāharlāl Nehrū，1889—1964）正式表示要通过实行土地合作化和工业化，在印度建立一个“社会主义式的社会”。此外，这一时期还涌现出包括斯里兰卡自由党和新加坡人民行动党在内的一批自称以社会主义为奋斗目标的民族主义政党，推动了民族社会主义在亚洲的发展。

（2）民族社会主义的高涨（1955—1965年）。非洲民族独立运动在这一阶段达到高潮，大多数非洲国家纷纷宣布独立并实行社会主义，从北非的埃及、突尼斯、阿尔及利亚到撒哈拉以南非洲的加纳、几内亚、马里、塞内加尔、刚果、坦桑尼亚、赞比亚和马达加斯加等国，竞相宣布奉行带有鲜明民族特色的“阿拉伯社会主义”或“非洲社会主义”，使民族社会主义的发展也进入到了辉煌阶段。譬如，埃及总统纳赛尔提出要在本国建设社会主义的口号；加纳领导人克瓦米·恩克鲁玛

① 转引自张志军主编《20世纪国外社会主义理论、思潮与流派》，当代世界出版社2008年版，第364页。

（Francis Nwia Kwame Nkrumah，1909—1972）宣布新独立国家需要建设“一种社会主义社会”。同时，新独立的亚洲国家也宣告奉行民族社会主义，譬如1965年新加坡宣布奉行带有民族特色的民主社会主义。

（3）民族社会主义的曲折发展（1965—1989年）。从20世纪60年代中期，民族社会主义国家在经济社会发展进程中遇到了种种问题，加之西方国家的干预和原苏东国家对外政策的冲击，亚非拉地区的民族社会主义在实践中遭到了严重挫败。印尼、加纳、马里等国发生政权更迭。然而，这一阶段的民族社会主义虽不断遭到挫折，但仍保持着前进的势头。在西亚和非洲出现了一批自称信奉科学社会主义的国家，在拉丁美洲和非洲也涌现出了各种各样的民族社会主义，如秘鲁的军事社会主义、委内瑞拉的基督教社会主义、圭亚那的“合作社会主义”、智利阿连德的社会主义和尼加拉瓜桑地诺民族解放阵线的社会主义，等等。

2. 民族社会主义的三种类型

民族社会主义的名目繁多，据其理论观点、政治主张以及内外政策，可以分为三大类型：第一类是自称信仰科学社会主义、以马列主义为指导的民族社会主义（主要集中在非洲和西亚地区）；第二类是社会民主主义色彩比较浓厚的民族社会主义（主要集中在拉美和部分非洲国家）；第三类是民族宗教特色比较鲜明的民族社会主义（包括非洲社会主义、阿拉伯社会主义、印度国大党的社会主义、拉丁美洲的宗教社会主义以及圭亚那的合作社会主义，等等）。①

尽管以上三种类型民族社会主义各种流派都各具特色，但它们也存在一些相同的特征，包括意识形态多样化、多元化；宗教和民族特色比较鲜明；平均主义色彩比较明显；除少数（纳赛尔、卡扎菲的社会主义）外，各种民族社会主义都不同程度地受马克思主义的影响，等等。

总体上看，亚非拉地区的民族社会主义不仅仅是一种社会主义思潮和流派，也是民族主义国家选择的一种社会制度和发展道路，这些流派和思潮与世界社会主义的发展存在着密切关系，都曾以特定的方式影响过某些地区的发展。由于篇幅所限，这里仅选取民族特色比较鲜明的几

① 参见张志军主编《20世纪国外社会主义理论、思潮与流派》，当代世界出版社2008年版，第23页；苏绍智、蔡声宁主编：《社会主义在当代世界上》，光明日报出版社1985年版，第206—207页；江流、徐崇温主编：《20—21世纪：社会主义的回顾与瞻望》，中国社会科学出版社1995年版，第418— 423页。

种民族社会主义流派进行介绍和分析。

（二）阿拉伯社会主义

阿拉伯社会主义是一种以阿拉伯民族主义和伊斯兰教传统为基础的社会主义流派，20 世纪 50 年代中期起源于西亚，在北非地区的阿拉伯国家曾盛行一时，先后有 7 个阿拉伯国家[①]将其奉为国家意识形态和奋斗目标。其中最为典型的是埃及、阿尔及利亚和利比亚。[②]

1. 阿拉伯社会主义的思想来源和典型模式

最早提出阿拉伯社会主义并初步形成思想理论观点的是阿拉伯民族主义的重要思想家米歇尔·阿弗拉克及其复兴社会党。早在 1944 年与萨拉赫丁·比塔尔合著的《阿拉伯民族主义对共产主义的态度》一书中，阿弗拉克就提出了阿拉伯社会主义的概念，并在随后撰写的《为统一命运而战》、《民族主义和社会主义》等著作中，初步提出了阿拉伯社会主义的思想理论。阿弗拉克认为，阿拉伯社会主义应该继承起源于伊斯兰教的阿拉伯民族精神和文化传统，他明确指出：复兴社会党是"一个旨在复兴阿拉伯的政党"，其目标是"建立一个公正的、理智的经济制度"，"消除一个阶级对另一个阶级的剥削及由此产生的贫穷和愚昧。"[③] 他将伊斯兰教视为阿拉伯社会主义的基础组成部分，认为"伊斯兰教可以被认为（甚至被阿拉伯基督教徒认为）是民族文化"[④]。

对于阿拉伯社会主义的类型，有人按照思想理论和社会实践等诸多方面的特征，将其划分为以泛阿拉伯主义为特征的复兴社会党的社会主义、以国家民族主义为特征的纳赛尔社会主义、以工人自管为特征的阿尔及利亚的社会主义等三种类型[⑤]；亦有人将之划分为复兴社会党的阿拉伯社会主义（叙利亚和伊拉克，又称复兴社会主义）、纳赛尔社会主

---

① 7 个国家分别是埃及（1961 年）、叙利亚（1963 年）、阿尔及利亚（1963 年）、突尼斯（1964 年）、伊拉克（1968 年）、利比亚（1969 年）、苏丹（1972 年）。

② 唐大盾主编：《非洲社会主义新论》，教育科学出版社 1994 年版，第 83 页。

③ 苏绍智、蔡声宁主编：《社会主义在当代世界上》，光明日报出版社 1985 年版，第 234 页。

④ ［美］凯马尔·卡尔帕特主编：《当代中东的政治和社会思想》，陈和丰等译，中国社会科学出版社 1992 年版，第 191 页。

⑤ 苏绍智、蔡声宁主编：《社会主义在当代世界上》，光明日报出版社 1985 年版，第 232—250 页。

义（埃及、苏丹、利比亚）、阿尔及利亚的自管社会主义、宪政社会主义（突尼斯，又称布尔吉巴社会主义）以及穆斯林兄弟会推行的穆斯林兄弟会等五种类型。①

2. 阿拉伯社会主义的主要特征

阿拉伯社会主义并不是一个严密的思想体系，它没有完整的理论和统一的纲领，也没有可供各国普遍接受的样板，在阿拉伯社会主义的倡导者——例如阿弗拉克和纳赛尔之间，并没有思想和组织上的继承性。但是，尽管阿拉伯社会主义派别庞杂，但基本理论和政治主张还是比较一致的，阿拉伯社会主义各派依然具有以下几个共同的特点。

一是以伊斯兰教义为理论基础，宣称“伊斯兰教是第一个包含有社会主义的宗教”，拒绝无神论和马克思主义；二是把社会主义看作平等和公正的同义语，看作复兴阿拉伯的必由之路。明确指出“社会主义是阿拉伯民族复兴的工具，是使阿拉伯民族重新进入历史的大门”，以消灭“剥削”和“贫困”，实现“平等”、“正义”和“富裕”的社会主义为最终奋斗目标；三是将中产阶级作为其社会基础和领导力量，主张建立工人、农民、知识分子、士兵和民族资本家的联盟，有的甚至明确将建立一个中产阶级社会作为其目标；四是把国有化视为社会主义的主要措施，强调国家在经济建设中的主导地位和作用②，主张建立公、私并存的经济基础，并在这个经济基础上实行国民经济的“计划化”；五是以阿拉伯民族统一为主要目标，奉行不结盟、反帝、反殖、反对种族主义和以色列犹太复国主义。③

（三）非洲社会主义

非洲社会主义是一种松散的、没有统一指导思想和理论纲领的社会主义流派，最早由塞内加尔的桑格尔在 1945 年召开的第五届泛非大会上提出，后来非洲一些国家的领导人也对该流派的内容加以阐释。该流

① 赵明义主编：《当代国外社会主义问题纲要》，山东人民出版社 1987 年版，第 305—307 页。

② 苏绍智、蔡声宁主编：《社会主义在当代世界上》，光明日报出版社 1985 年版，第 251 页。

③ 中共中央党校科学社会主义教研室编：《当代国外社会主义的理论和实践》，中共中央党校出版社 1987 年版，第 503—504 页。

派自称是非洲地区“土生土长”的意识形态，主要流行于撒哈拉以南的非洲。

1. 非洲社会主义的产生发展与典型模式

作为一种理论思潮，早在19世纪末20世纪初，非洲社会主义就在西非有了萌芽。非洲民族主义的先驱布莱登（Edward Wilmot Blyden，1832—1912）在其1908年撰写的《非洲的生活与风俗》一书中，第一次明确提出非洲未来的社会结构将是“共产主义的，或合作制的”。凯斯里—歇弗尔德在1911年撰写的《埃塞俄比亚的解放：种族的解放》一书中也声称：“过去的文明所产生的社会制度将让位于共产主义和社会主义。”上述观点可视为非洲社会主义的早期萌芽。[①]

作为一种完整的理论流派和国家建设的目标模式，非洲社会主义正式产生于二战后的非洲。自15世纪以来一直饱受西方国家掠夺和奴役的非洲国家，利用二战后的有利国际形势，在反对西方殖民主义的斗争中取胜，获得了独立的地位。仅在被称为“非洲独立年”的1960年，就有17个非洲国家取得独立。独立后的非洲国家，有的选择走自由资本主义道路；有的则声称走“不左不右”的中间道路，即有计划的自由主义；更多的非洲国家则是在社会主义国家的鼓舞和激励下，选择了实行“非洲社会主义”。

二战后自称信奉非洲社会主义的有加纳（1959—1966年克瓦米·恩格鲁玛执政时期）、马里（1960—1968年莫迪博·凯塔执政时期）、几内亚、赞比亚、坦桑尼亚以及塞内加尔等国家。

由于这些国家的经济、政治和文化社会传统各不相同，内部问题错综复杂，加之各自社会主义的理论来源、思想体系、社会实践也千差万别，因而非洲社会主义也呈现出千姿百态的特点。其中最为典型的模式有：以坦桑尼亚为代表、主张以“乌贾马”（一种无阶级的农民村社制度）为非洲社会主义基础的“乌贾马社会主义”[②]；以赞比亚为代表、主张把“人道主义”作为其理论核心的“人道社会主义”；以马达加斯

① 中共中央党校科学社会主义教研室编：《当代国外社会主义的理论和实践》，中共中央党校出版社1987年版，第541—542页。

② 因坦桑尼亚总统朱利叶斯·尼雷尔提出，又称尼雷尔社会主义。1967年2月尼雷尔在其发表的著名的《阿鲁沙宣言》中，正式宣告要把坦桑尼亚建成“真正的社会主义国家”，即生产资料掌握在农民和工人手中的、没有剥削、奉行不结盟政策的国家。

加为代表的“福科诺纳社会主义”以及以毛里求斯为代表的“温和与适用的社会主义”等。①

2. 非洲社会主义的主要特征

尽管奉行非洲社会主义的国家，在理论思想和现实实践方面存在极大的差异，但它们之间亦存在一些共同的特征。其中最为显著的一个共同特点是，这些模式都崇尚并弘扬非洲传统文化与精神价值，包括村社制度及若干宗教教义，强调非洲是一个有“共同利益”的整体，需要“团结”和“统一”。具体说来，该流派的基本特点主要包括如下几个方面。

在思想来源上，非洲社会主义自称是非洲“土生土长”的意识形态，强调社会主义早已存在于非洲的历史传统之中；在理论基础上，非洲社会主义强调把非洲村社制度作为其理论根基，认为“非洲从本质上来说是个公社体社会”，明确提出“我们的社会联合，社会利益优于个人利益的观念，共同的责任感，规定并支配村落生活的真正民主主义传统——所有这些都成了我们社会生活的基础，并构成了我们所说的公社体社会主义的观点”②；在最终目标和基本任务的确定上，非洲社会主义宣称要在全非实现社会主义，建立一个“非洲社会主义共和国联盟”，明确提出非洲社会主义的基本任务并不是消灭人剥削人的制度，而是要防止这种现象的产生；在道路方式和对外政策的选择上，主张通过实行国家政治的民主化、生产资料的公有化、社会经济的计划化等方式，实现其所主张的社会主义；对外奉行以泛非主义为基础的、同东西都不结盟的政策，谋求非洲大陆的彻底解放、团结和统一，不同东西方结盟，维护国家独立和世界和平。③

总之，“非洲社会主义”是赤道非洲在民族民主革命时期产生的一种社会主义流派，它具有反帝反殖的意义，但同时，由于历史和阶级的局限性以及现实情况的制约，它不可避免地产生了一系列消极后果。并在20世纪80年代后开始日渐衰落。

① 参见蓝瑛、吴耀辉《非洲社会主义小辞典》，华东师范大学出版社1992年版。

② 上海科学社会主义学会、上海社会科学院情报所合编：《当代亚非拉社会主义思潮资料选译》，上海社会科学院出版社1982年版，第23页。

③ 参见中共中央党校科学社会主义教研室编《当代国外社会主义的理论和实践》，中共中央党校出版社1987年版，第545—548页。

（四）拉美民族社会主义思潮

与亚洲和非洲各国相比，拉美许多国家在经济上相对比较发达，经济水平与南欧接近。但是，由于冷战期间美苏之间的长期争霸，造成拉美地区各国长期处于政治动荡、社会停滞、经济依附的被动局面。这迫使拉美一些国家的领导人开始积极探索一种与资本主义不同的社会主义方向的政治改革方案，拉美民族社会主义就是在这一背景下产生发展起来的。它是拉美民族主义传统与形形色色的社会主义相糅合的社会主义思潮。其中最为典型的是在圭亚那各种族中有深远传统的、"主张以合作社作为实现社会主义的途径"的"合作社会主义"，以阿连德领导的智利"人民联盟"提出并推行的社会主义。

1. 合作社会主义的产生和发展

合作社会主义是由圭亚那人民全国大会党创建人、时任圭亚那人民全国大会党领袖、政府总理的林登·福布斯·桑普森·伯纳姆（Linden Forbes Sampson Burnham，1923—1985）提出的一种社会主义理论流派。该流派主张以合作社作为实现社会主义的条件，主张"通过实行合作社保证和维护圭亚那人民的利益、福利和繁荣"。

伯纳姆于1970年参加不结盟运动后，即自称为"社会主义者"，提出要在圭亚那实行合作社会主义，并将国名改为"圭亚那合作共和国"。在1974年公布的《萨法亚宣言》中，伯纳姆第一次明确提出党的性质是"社会主义政党"，党的目标是建设"合作社会主义"，即把各行各业组织起来，通过合作社的形式进行经营和生产活动。按照伯纳姆的观点，合作社会主义包含以下两个方面基本含义：第一，相信社会主义这一意识形态，并且争取建立这样一种制度；第二，将合作制作为主要渠道或者工具，利用其来达到社会主义目标。在伯纳姆看来，合作社是一种团体，在这个团体中，每个劳动者都能直接或间接地贡献他的劳动力、技术和思想，最大限度地发挥智慧，有权参与决策和其他经济活动，从而使得每个人能在收入和管理等方面处于平等地位。因此，合作制比公有制更为先进和公正。第三，主张通过和平方式取得政权，并以和平的方式继续革命，即以教育和劝导的方式进行社会和经济改造。此外，该流派还主张独立自主的不结盟政策。

伯纳姆主政期间（1980年10月6日至1985年8月6日任圭亚那总

统），积极实践了其倡导的“合作社会主义”，在政治上实行了一系列民族主义措施，包括加强对军队的领导，排除国外的势力影响，促进种族之间的团结，等等。在经济上首先对外国企业实行国有化，发展国营企业，其次发展合作经济；在外交上坚持不结盟原则，是不结盟运动的成员国。①

2. 阿连德社会主义的提出和推行

阿连德社会主义又称智利“人民联盟”② 的社会主义，其主张包括：通过选举取得政权，和平过渡到社会主义，在此基础上进行社会经济的改革，建立多党制的政府，由各政党各革命派别组成人民政府，建立世界上“第一个以民主、多元化和自由为样式的社会主义”，并认为这符合智利多党制的传统以及智利革命的特点。20 世纪 70 年代初，人民联盟候选人萨尔瓦多·阿连德（Salvador Allende）就任总统后，开始推行其倡导的这一社会主义模式，包括进行大型工业（铜矿、银行等）的国有化，彻底改造医疗卫生系统，改革教育系统，给儿童提供免费牛奶，深化智利前总统弗雷的土地改革，等等。

阿连德社会主义的基本特点包括：在获取权力的途径方面，主要依靠政党结盟参加竞选的方式取得总统宝座，从而获得行政权力；关于社会主义建设事业的指导思想问题，并不强调各个政党必须信仰马克思主义；涉及通往“社会主义道路”的政治体制，主张通过选举取得行政权力后，借助于议会选举得到多数席位，再谋求改变国家的政体；在社会主义建设事业的领导力量问题上，主张采取左翼政党的集体领导制度而不是坚持由某一个党派领导；关于社会主义经济的构成，坚持以公有制经济为主体、私营经济和混合经济为补充，共同构建社会主义的经济体制；涉及社会主义建设事业的依托阶级，强调在发挥工人阶级主导地位的同时，呼吁全社会的所有阶级都参与进来，共同建设“社会主义道路”。③

① 参见王玫《拉丁美洲的 4 种社会主义思潮简介》，《当代世界社会主义问题》1990 年第 4 期；吴耀辉：《拉丁美洲的社会主义思潮和流派》，《科社研究》1982 年第 3 期。

② 人民联盟是一个多党的、思想多元化的统一战线组织。它由 6 个政党组合而成，其中以共产党和社会党为主，还包括激进党、社会民主党、统一人民行动运动和对立人民行动等 4 个小党。联盟内一直存在力量大致相当的两股势力，一股认为只有和平变革才能走向社会主义，另一股则对和平过渡持怀疑态度。

③ 李扬：《智利阿连德的社会主义》，《当代世界与社会主义》1993 年第 2 期。

但是，由于阿连德社会主义在实践中步子迈得过快，改革的措施过于激进，造成了工业产量急剧下降、通货膨胀严重、人民中受打击的面也过宽等不良社会影响，再加上国内外反对派的反对和美国施加的压力，很快便遇到了危机。1973 年 9 月，阿连德政府被其相信具有“民主传统”和“政治上中立”的、以奥古斯托·皮诺切特（Augusto José Ramón Pinochet Ugarte，1915—2006）为首的智利军方推翻。智利进行的经济政治改革宣告结束，人民联盟推行的“社会主义”试验也以失败告终。但“阿连德通过选举上台，在多党制的环境下进行和平过渡到社会主义的试验，这在世界历史上是第一次。这一试验对拉丁美洲和西欧都发生过相当大的影响。”①

除了上述种种社会主义流派，冷战期间在亚非拉国家和地区出现的社会主义思潮，还包括拉丁美洲的“解放神学社会主义”② 等。这些流派在内容上非常庞杂，在形式上又存在很大差异，没有统一的理论观点和实践模式。但是这些流派都以民族主义为核心，强调民族利益、民族传统、民族统一和民族复兴，并把这些原则作为实行社会主义的基础。因此，尽管这些流派并没有形成科学的理论体系且与马克思主义的科学社会主义有着本质迥异，但它们从本国实际出发提出的改革社会关系、解决社会矛盾的许多主张和纲领，是在本国进行社会革命的一种探索，是这些国家推动社会进步中的必经过程，也可视为整个世界社会主义发展进程中的有机组成部分。

四　简短评论

与之前各时期的国外社会主义流派相比，冷战时期国外社会主义流派的发展呈现出了以下两大鲜明特点。

其一，冷战时期的国外社会主义流派突破了地域界线，与之前主要

① 参见中共中央党校科学社会主义教研室编《当代国外社会主义的理论和实践》，中共中央党校出版社 1987 年版，第 651 页。

② 解放神学社会主义是 20 世纪 70 年代初在拉美形成的一种基督教社会主义思潮和运动。它反映了 20 世纪 60 年代末出现的解放神学中以古斯塔夫·古铁雷兹（Gustavo Gutiérrez）和休戈·阿斯曼（Hugo Assmann）等为代表的，主张用马克思主义理论分析资本主义社会，支持阶级斗争，赞成社会主义替代的激进流派的思想。参见杨煌《解放神学：当代基督教社会主义思潮》，中国社会科学出版社 2008 年版。

在西方国家尤其是在欧洲国家谋求发展不同，冷战时期国外社会主义不少流派都将其影响扩展到了整个世界范围内，包括积极到亚非拉第三世界国家推广其理论思想、扩大其社会影响。

其二，冷战时期的国外社会主义流派突破了自身存在的状态，由之前主要或者说大都停留在思想理论层面，发展成为在理论探讨和实践演进的相互作用中不断推进，不少社会主义流派，无论是发达国家的还是发展中国家的，无论是原有的还是新兴的，都力图通过各种方式，将自己的理论主张付诸实践，从而使这一时期的世界社会主义运动取得了辉煌成就。

第四章

苏东剧变后国外社会主义流派发展的新动向

发生在20世纪80年代末90年代初、犹如一场强烈“政治地震”的苏东剧变，打破了二战以来近半个世纪的世界格局，宣告了以美苏争霸“两极主义”为特征的冷战时期结束，对世界社会主义运动乃至整个世界历史发展的进程都产生了巨大影响。“苏联、经互会和华约的解体不仅仅是一种地区现象。在世界的一部分地区经济体制和社会制度的颠覆，苏联的社会、政治和文化结构的崩塌，种族、民族和国家的毁灭等等，都直接影响到世界的各种关系和结构的平衡，而且在很大程度上引起全世界各社会和文化阶层的错位。”① 苏东剧变后形成了一股世界性的否定和攻击马克思主义和社会主义、共产主义的逆流。时至今日，在资本主义金融危机爆发蔓延7年有余的情况下，世界社会主义运动虽然亮点不断但是仍未完全走出低谷，依然处于“在低潮中奋进”之中。伴随着世界社会主义这一发展态势，国外社会主义流派亦发生了复杂而深刻的变化。苏东剧变后，有的社会主义流派已经退出了历史舞台（如欧洲共产主义等）；有的社会主义流派已经淡化了其社会主义传统和观点（如民主社会主义流派等），但仍有众多社会主义流派富有很强的生命力，仍有不少新的社会主义流派在不断涌现。尤其是，包括市场社会主义、生态社会主义、民主社会主义、拉美“21世纪社会主义”、原苏东地区新社会主义思潮等在内的诸多社会主义流派，在对苏东模式失败

① ［澳］科伊乔·佩特罗夫：《戈尔巴乔夫现象——改革年代：苏联与中国》，葛志强、马细谱等译，社会科学文献出版社2001年版，第381页。

原因和教训的深刻反思中，在对当今时代各种社会经济问题的积极回应中，在对自己理论和政策的大幅调整中，都得到了不同程度的发展。英国著名马克思主义研究者戴维·麦克莱伦（David Mclellan）在形容苏东剧变后马克思主义的发展状况时提出：苏东剧变证明马克思主义中既有“死去的”部分也有“活着的”部分，用“死去的”部分指导社会主义就没有前途，而用“活着的”部分指导社会主义就有前途。苏东剧变后国外社会主义流派中既有“沉寂的”也有“发展的”，从“沉寂的”流派中汲取教训，从“发展的”流派中寻求借鉴，对于我们更好地推动世界社会主义的发展具有非常重要的意义。

一 苏东剧变后原苏东地区的社会主义流派

美国前总统尼克松（Richard Milhous Nixon，1913—1994）曾对苏东解体给予了这样的评价：“俄罗斯并未在冷战中失败。失败的是共产主义。美国及其盟国反对苏联向欧洲扩张寸步不让，斩断苏联向第三世界伸出的触角，这是值得赞许的。”“我们不应把俄罗斯人看作被击败的敌人来看待，而是应作为盟友来对待，他们同我们一道在苏联的心脏地带——俄罗斯——打败了苏联共产主义。”① 这段话不仅道出了苏东剧变的后果，而且也解读了苏东剧变的原因。美国及其盟国的“和平演变”战略以及苏东国家内部的腐化变质是苏东剧变的重要原因，苏东剧变的严重后果是阻止了世界社会主义运动的发展和社会主义思想的传播，改变了苏东国家的社会制度和国家性质，使东西方政治力量的对比出现严重失衡，进而对世界和平、对人类进步事业都造成了消极影响。

（一）苏东剧变对原苏东地区经济社会的影响

苏东剧变使该地区的社会主义国家像多米诺骨牌一样，一个接着一个倒塌，使世界范围内社会主义与资本主义的力量对比发生了重大变化。该地区原属社会主义阵营的9个国家，裂变为了27个至少在价值

---

① ［美］理查德·M. 尼克松：《超越和平》，范建民译，世界知识出版社1995年版，第45、46页。

取向上已不是社会主义的国家，这些国家相继走上了私有制和多党议会民主制的资本主义道路，普遍抛弃了占主导地位的马克思主义科学社会主义，在经济政治制度和意识形态方面开始倒向西方，并使世界社会主义遭遇了前所未有的挫折。

苏联解体后，随着政治经济体制的全面转轨，尤其是随着经济私有化运动的迅速展开，俄罗斯经济社会发生了根本性的变化。私有化不但引发了国民经济的长期衰退和社会两极分化的不断加剧，而且还导致了国有资产的大量流失，造成了国内生产总值和人民生活水平的普遍急剧下降，形成了控制国家重要经济命脉和染指政治的金融寡头。“在叶利钦总统任职期间，寡头成为新社会制度的构成性因素。”“俄罗斯寡头不是一个经济现象，而是一个政治现象。这些寡头通过从事商业活动接近政权或对国家决策施加影响。”① 此外，私有化还最终造成了国有大中型企业破产倒闭，生产全面滑坡，社会供应状况进一步恶化，各种犯罪现象不断滋生，等等。有学者形象地指出：“私有化是落在坚硬干燥的土壤上的一粒种子”②，的确，私有化造成了贫富差距的不断扩大和社会阶层的严重分化，并进而导致了社会矛盾和各阶级阶层之间矛盾的日益尖锐化。看似“和平”的演变，其实并没有远离战乱和流血，由于转轨引发的矛盾和冲突，以及民族分离分子的迅速发展，一些国家发生了不同程度的内战和流血冲突。如前南斯拉夫地区的波斯尼亚和黑塞哥维那（简称波黑）发生了连年的内战；苏联外高加索地区的阿塞拜疆与亚美尼亚为争夺“纳—卡”而发生了武装冲突；俄罗斯也曾因车臣独立而引发了流血并最终以俄军阵亡官兵上千人的代价，才恢复了对车臣地区的控制。上述硝烟弥漫的战火和流血事件，不仅给当地带来了政局不稳、居民苦难的恶果，而且还影响到地区乃至世界局势的稳定。2014 年初爆发的乌克兰危机，就是缘于苏联解体后西方（欧盟国家）和俄罗斯对乌克兰的争夺。

苏东剧变给该地区经济、政治和社会文化等诸多方面带来的灾难性后果，引发了当地人民对以往社会主义制度下生活的“怀旧情绪”以

---

① ［俄］亚·维·菲利波夫：《俄罗斯现代史（1945—2006）》，吴恩远等译，中国社会科学出版社 2009 年版，第 341 页。

② ［美］约瑟夫·布拉西等：《克里姆林宫的经济私有化》，乔宇译，上海远东出版社 1999 年版，第 188 页。

及对社会主义新社会的期盼。据莫斯科民调机构 Wziom 的调研结果显示，随着苏联解体 20 周年纪念日的临近，俄罗斯人的怀旧情绪进一步上升了。[①] 德新社报道认为，20 年后，在苏联最大加盟国俄罗斯内，人民仍然深深缅怀那段作为全球强国的日子。[②] 其实，早几年前俄罗斯极具权威的社会调查机构——全俄民意调查中心发布的调查结果就表明：俄罗斯七成国民为苏联解体惋惜，其中 38% 的青少年、52% 的中年人和接近 80% 的老年人都对苏联解体感到遗憾。[③] 在苏东剧变 20 周年之际由中国社会科学院世界社会主义研究中心制作的电视片《苏联亡党亡国 20 年祭：俄罗斯人在诉说》，更是从苏东剧变亲历者和普通民众对苏东剧变过程和原因后果的诉说中，对苏东剧变的根本原因和惨痛教训进行了认真的追问和深入的反思[④]，再现了原苏东地区人民对其发展模式和发展道路的深刻思考。

正是在这种历史背景下，原苏东地区的左翼政党和组织得到了恢复和发展，它们以及左翼人士在深刻反思苏东剧变原因教训的基础上，对未来发展道路进行了积极探索，提出了各种各样关于社会主义的新观点新学说（有的将之称为“新社会主义”，也有的命名为“21 世纪的新社会主义”），从而使该地区社会主义思想流派得到了较大发展。

（二）各种新社会主义思潮在俄罗斯的涌现

苏联解体后，尽管各加盟共和国的共产党均遭遇了与苏联共产党相同的厄运（有的被取缔，有的被解散，有的被迫更名），但在共产党人的不懈努力和顽强斗争下，俄罗斯迅速出现了名目繁多的共产党和其他左翼组织。其中俄罗斯联邦共产党（以下简称俄共，成立于 1990 年 6 月）是目前在俄罗斯坚持社会主义的力量中，规模最大、组织最健全的一支左翼政党。近年来，俄共一直致力于探讨社会主义在苏东国家的历史经验和教训，努力寻求马克思主义与俄罗斯现实结合的方式和途径，试图找到能被

---

① 《俄罗斯在苏联地区打造“准欧盟” 民众怀旧情绪上升》（http：//news. xinhuanet. com/world/2011 - 08/18/c_ 121876756. htm）。

② 《8 · 19 事件 20 周年　越来越多俄罗斯人盼回超级大国》（http：//www. caijing. com. cn/2011 - 08 - 19/110818971. html）。

③ 《俄罗斯弥漫怀旧情绪》（http：//news. sohu. com/20051227/n241176595. shtml）。

④ 李慎明主编：《苏联亡党亡国 20 年祭：俄罗斯人在诉说》，社会科学文献出版社 2013 年版。

广大群众普遍接受的意识形态，重振社会主义在俄罗斯人民心目中的地位。在苏东剧变以来20余年的时间里，俄共经历了被禁、重建、转型等不同寻常的发展历程。在异常艰难的条件下迅速恢复了组织，并一度成为全俄最大的政党，在俄罗斯社会政治生活中占据了举足轻重的地位。

除俄共外，苏东剧变后在俄罗斯境内还相继出现了20多个共产党和左翼政党。其中影响较大的有：俄罗斯劳动人民社会党[①]（1991年10月）、全联盟布尔什维克共产党（1991年11月）、共产党人联盟（1991年11月）、共产主义工人党（1991年11月）、俄罗斯共产党人党（1991年12月）、俄罗斯农业党（1993年）等。虽然这些政党在理论政策方面存在着不同之处甚至有着明显分歧，但是，作为社会主义政党，它们的根本目标一致，都坚持马克思主义原理（其中一些比较温和的左翼政党宣称自己信奉"革新的马克思主义"）、坚持社会主义方向并致力于社会主义在俄罗斯的复兴。1996年12月，俄罗斯现实社会主义者联盟、劳动人民社会党、俄罗斯社会主义青年联合会，还有"雪松"生态党、社会主义人民党、社会主义党等，共同组建了争取新社会主义运动联合会[②]。

总体上说，俄罗斯各共产党和左翼政党都肯定苏联时期社会主义建设的成就，主张走社会主义道路。但是这些左翼政党也面临许多不利于其进一步发展的因素：一是左派各政党政见不一、分歧严重，难以联合建立统一的共产党组织，削弱了左翼力量作为一个整体开展政治斗争的能力；二是许多共产党和左翼政党的声誉不断下降，有的处在自生自灭状态；三是包括俄共在内的俄罗斯左派政党尚没有健全的理论和明确的行动纲领，也没有制定出能吸引群众的经济纲领，因而缺乏号召力。

进入21世纪，俄罗斯共产主义运动再度遭遇挫折，派别分歧加剧、组织规模锐减，俄共更是在外部打压和内部分裂以及高龄党员自然减员等因素的共同作用下，由建党初期的50万党员锐减至不足16万党员[③]。但是，尽管如此，这些政党并没有放弃社会主义的口号，仍将自己的最终目标定位于在俄罗斯实现社会主义和共产主义。

---

① 该政党宣称自己是"以社会主义为方向的、以人道的社会主义原则为思想纲领的新型政党"，参见［美］约翰·乌尔班、［俄］瓦列里·索洛韦伊：《苏联解体后俄罗斯的共产主义运动》，范建中译，《当代世界与社会主义》1998年第1期，第70页。

② 联合会主席是前总统办公厅主任尤里·彼得罗夫。

③ 刘淑春等：《欧洲社会主义研究》，中国社会科学出版社2013年版，第3—4页。

近年来，建设“新的21世纪社会主义”成为了俄罗斯各左翼党派的共识。但是，因其理论基础和具体方案各不相同，由此便形成了内容观点各异的社会主义流派。譬如，俄共在其2008年的纲领中，依然把“建设更新的社会主义即21世纪社会主义”作为其战略目标。对于社会主义的含义，俄共在充分考虑新时代特征和俄罗斯国情的基础上作出了以下界定：社会主义是一种生产力高度发展，真正民主、文明，劳动者自治的社会，是消灭了一切剥削和阶级的社会。俄共这一社会主义观同传统意义上的社会主义显然是有所区别的。正如俄共主席久加诺夫曾经强调的：俄共主张国家回到社会主义的发展道路，但不是要向过去的社会主义倒退，而是要向前迈向社会主义，“我们主张建立革新的社会主义，即不被扭曲、没有致命错误、集中当代人类社会一切精华的社会主义。”① “随着社会主义的发展，人类历史的未来——共产主义确立的必要前提将不断形成和发展。”公正俄罗斯党在其2009年的纲领中，也强调把实现“21世纪新社会主义”作为其奋斗目标：“无论从整个世界的发展趋势考虑，还是从俄罗斯民族精神传统出发，未来俄罗斯只能选择社会主义方案，即新的21世纪社会主义。”当然，纲领在强调“不放弃本国历史”，依靠苏联的经验继续前进的同时，也明确表示“我们要向前看，而不是向后看。”② 公正俄罗斯党第一任领导人谢尔盖·米罗诺夫在2007年10月发表的《21世纪社会主义——十月提纲》一文中曾明确指出：“我们建设的社会主义是为了人的社会主义，是以人为目的的社会主义。而共产党人建设的是人为之服务的共产主义，以抽象的光明未来为目的的共产主义。”③

（三）中东欧地区的社会主义流派

在苏东剧变和“反共改制”的浪潮中，原东欧地区执政40多年的各国共产党，先是不约而同地、非强制性地完成了从共产党向“社会党”和“社会民主党”的改建，从固守马克思主义的理论转而信奉民

① 王正泉：《独联体各国共产党对社会主义的新探索》，《当代世界与社会主义》1998年第4期，第93页。

② 参见刘淑春《俄罗斯社会主义流派当前境况》，《人民论坛》2012年9月20日。

③ 李兴耕：《公正俄罗斯党的“21世纪新社会主义”》，《当代世界与社会主义》2008年第3期，第66页。

主社会主义的价值纲领。但是，紧接着这些国家又恢复和重建了坚持社会主义方向的共产党和左翼组织。如匈牙利工人党、波兰共产主义者联盟“无产者”、捷克—摩拉维亚共产党、“91”——斯洛伐克共产党、南斯拉夫新共产主义运动党、重建的罗马尼亚共产党、保加利亚共产党、阿尔巴尼亚共产党，等等。这些共产党和左翼政党在对东欧剧变进行历史反思的同时，重新举起马克思列宁主义的旗帜，强调为实现社会主义理想而继续奋斗。

重建或改建后的共产党和左翼组织大都表示要同过去“划清界限”，与以前的“极权主义”、“斯大林主义”划清界限，认为原有的社会主义在经济上忽视了市场、在上层建筑方面忽视了民主和宗教，并据此认定原有的社会主义在政治上是反社会主义原则的。在此基础上，中东欧“新社会主义”无论是在其指导思想、执政方式，还是在其政治纲领、经济政策等方面，都同原共产党的理论政策和纲领主张有较大不同。在指导思想和意识形态方面：这些政党和组织大都自称是不同于原来党的“新型共产党”，并在理论纲领中吸收了许多社会民主主义成分的内容；在政治纲领方面，它们普遍放弃了暴力革命、阶级斗争、无产阶级专政等思想，加上了自由、民主、人权、人道主义等内容；在经济体制方面，把重点放在强调国家调节、社会福利与劳动者利益上，认为应当实行市场经济与国家干预相结合的社会市场经济，更多地保留国有经济，建立以社会所有制为主体的多种所有制并存的所有制形式，以减轻实行市场经济给人民带来的各种经济负担和压力；在斗争策略上，采取了在他们看来更加灵活务实的斗争策略，包括淡化意识形态、积极团结和联合其他左翼政党和组织等。

此外，还有一些左翼学者也积极著书立说，论证自己的“新社会主义”理论，并从一定程度上推动了“新社会主义”流派在中东欧地区的发展。其中最具代表性的是波兰思想家亚当·沙夫（Adam Schaff），他在《创造性的马克思主义——新型社会主义》、《关于未来社会主义的思考——〈困惑者纪事二〉》、《需要一种新的左派》等一系列著述中，全面系统地阐释了他的新社会主义思想。[①] 沙夫明确提出：“未来

① 蒲国良主编：《当代国外社会主义概论》，中国人民大学出版社2006年版，第267—272页。

的社会主义，即一种新的社会主义，它必须适应新的条件和需要，必须适应社会生活的新的时代，而这个时代主要是由当前的工业革命决定的。这一现实将导致改变和在某些情况下取消社会主义的旧的表现形式。”①

总体上看，中东欧国家前身为共产党的左翼力量，在 1992—1998 年间大都成为过执政党。特别是摩尔多瓦共产党人党②曾连续在 2001 年、2005 年的议会选举中取胜并成为执政党，引起了国际社会的高度关注。2013 年，中东欧国家以左翼社会民主党为主流的左翼政党，在本国政治舞台上大多有不俗表现，包括捷克、斯洛伐克、罗马尼亚、保加利亚、阿尔巴尼亚、斯洛文尼亚、塞尔维亚等多国的社会（民主）党在议会大选或总统选举中获胜，成功组成政党联盟，重新执掌政权，左翼政治力量呈现出整体回升势头。这种状况也将助推“新社会主义”流派在中东欧地区大放异彩。

二　苏东剧变后发达国家各种社会主义流派的发展

发达国家是社会主义思潮的发祥地，世界上多数社会主义流派在发达国家都有过非凡表现。冷战时期，欧洲共产主义得以盛行，民主社会主义、市场社会主义、托派社会主义也都获得扩张，生态社会主义、女权社会主义等也相继成立并得到发展。社会主义流派在冷战时期的发达国家，可谓一路凯歌前行。苏东剧变后，发达国家社会主义流派的发展发生了分化，一些社会主义流派随着苏东剧变也走向衰落或日渐式微，一些社会主义流派得到了一定的发展甚至获得了大的发展，还有一些流派则在反思苏东剧变原因和教训、预设未来社会主义发展模式的过程中得以诞生。

① ［波］亚当·沙夫：《共产法西斯主义》，载戈尔巴乔夫、勃兰特等《未来的社会主义》，中央编译局国际发展与合作研究所编译，中央编译出版社 1994 年版，第 333 页。

② 原苏东地区第一个通过议会斗争道路走上执政舞台的共产党组织，在 2009 年 7 月底提前举行的大选中得票率虽然仍居首位，但终因未能获得绝对多数而失去了单独组阁的机会。参见吕薇洲：《资本主义国家共产党关于社会主义实现形式的论争》，《马克思主义研究》2014 年第 11 期。

（一）苏东剧变后发达国家日渐式微和衰落的社会主义流派

发达国家共产党一直都将批判资本主义作为己任，将“超越资本主义”、实现共产主义作为目标，在对资本主义弊端的揭露批判中，在对通往社会主义道路的积极探索中，酝酿并提出了各种各样的社会主义流派。苏东剧变不仅对发达国家共产党造成了严重冲击，而且对其信奉的社会主义流派也产生了巨大影响。正如英国诺丁汉大学政治学教授克里斯托弗·皮尔森（Christopher Pierson）指出的：苏东剧变使西方一些政治家和理论家断言：“社会主义在东方轰然倾覆，在西方则在无声的啜泣中消失了。”①

曾因一度把欧洲发达资本主义国家共产党推向政治舞台亮处而盛极一时、成为当时世界非常强大的一股政治思潮和力量的“欧洲共产主义”，随着苏东剧变后发达国家共产党尤其是意大利等国共产党的衰落，淡出了世界社会主义运动的历史舞台。

虽然“欧洲共产主义”自20世纪80年代初以后，就因种种原因开始日渐式微（20世纪80年代以来，信奉“欧洲共产主义”的共产党员人数不断下降，共产党的得票率也随之急剧降低，1981年到1983年，“欧洲共产主义”的支柱力量意共、法共和西共在大选中均遭失败，未能实现它们的预期目标；相反，这些国家的社会党均在选举中获胜，建立了自己的政权），但是其最终的衰落还要归因于苏东剧变后其核心构成政党——意共、西共和法共——的演变。正如有学者提出的：“苏东剧变直接导致了‘欧洲共产主义’的解体。”②

苏东剧变后，“欧洲共产主义”一些成员党纷纷更姓易名，变为非共产党的左翼党。苏东剧变“给资本主义国家的共产党以沉重打击，而信奉‘欧洲共产主义’路线的共产党尤为严重。它们思绪混乱，组织涣散，大部分党纷纷放弃共产党的名称，迅速向社会民主党靠拢，从名称到内容都已转变为典型的民主社会主义政党。”③ 1991年1月，“欧洲

---

① Christopher Pierson（1995），*New Socialism After Communism*，Oxford United Kingdom Polity Press，p. 2.

② 靳辉明、谷源洋主编：《当代资本主义与世界社会主义》（下卷），海南出版社2004年版。

③ 徐觉哉：《社会主义流派史》，上海人民出版社2007年版，第473页。

共产主义”重要的发起者、“欧洲共产主义”的核心成员意大利共产党，在其第二十次代表大会上（亦是其最后一次代表大会），正式宣布放弃共产党的称号，将意大利共产党改建为“左翼民主党”。“欧洲共产主义”的创始人之一，西班牙劳动党前书记卡里略也宣称，欧洲发生的事情说明共产主义运动已经消亡，他所领导的西班牙劳动党加入西班牙工人社会党。

尽管包括法国共产党在内的“欧洲共产主义”中的一些成员，坚持共产主义的奋斗目标和共产党的名称不更改，但亦受到了巨大冲击，遭到了严重削弱。这样，苏东剧变后，“欧洲共产主义”作为一种完整的理论体系和政治力量，已不复存在。

（二）苏东剧变后发达国家得以发展的社会主义流派

在没有随苏东剧变而销声匿迹的各种社会主义流派中，既有通过转型或另辟蹊径的方式获得发展的民主社会主义、市场社会主义、生态社会主义等流派，也有依赖于对苏联模式和资本主义制度的继续批判而赢得民心、得到发展的托派社会主义等流派。

1. 苏东剧变后欧美三大社会主义流派的转型发展

作为当代欧美三大社会主义流派，民主社会主义、市场社会主义和生态社会主义在苏东剧变后，都经历了转型发展和创新突破并获得较大发展。①

民主社会主义的不断转型。苏东剧变对民主社会主义也造成很大冲击。1991 年瑞典社民党在执政 50 年后落选下马。1992 年英国工党仍未赢得议会选举。1993 年举行的议会选举中法国社民党选票减少近半。德国社民党在东西德统一后的首次选举中也再次败北，甚至在长期执政的黑森州地方选举中选票也明显下降。意大利社会党更由于总书记克拉西的受贿丑闻而一蹶不振。苏东剧变之初，欧共体 15 个社会民主政党在大选中的得票率多数下降（7 个上升，8 个下降），为应对这种颓势，同时也是为应对新自由主义的猛烈攻势，各国社会（民主）党人反思其价值观念，调整其理论政策，提出了一套全方位、多层次、多角度的

① 吕薇洲：《当代欧美三大社会主义流派辨析》，《毛泽东邓小平理论研究》2012 年第 3 期。

改革方案，内容囊括从微观公司改革到宏观福利改制等各个层面、涵盖从公民社会到世界主义的民族国家等不同领域。① 但这些措施使其失去了原有特性，遭到了其传统支持群体特别是党内左翼人士的强烈反对。国际金融危机爆发后，社会（民主）党人重新举起“社会公正”这一旗帜，以彰显社会民主主义的传统特色。总之，苏东剧变以来奉行民主社会主义的社会党国际反复强调：“今日社会民主主义仍以它形成时的价值观念为基础。但是，对这些价值观念必须进行批判性的阐述，既吸取过去的经验，又展望未来”②，并依据这一思想不断进行转型，因而得到了较大发展。2012 年社会党国际二十四大召开时，已拥有正式成员党 102 个、咨询成员党 22 个、观察员党 31 个、3 个兄弟组织和 11 个联系组织，遍布世界五大洲的 120 多个国家和地区，并有 40 多个成员党处于执政地位，已成为当今世界力量和影响最大的政党组织，具有一定的全球政治影响力。③

生态社会主义创新发展。苏东剧变后，面对欧美政治风向急剧右转、经济全球化趋势日渐加强、全球生态危机更趋严重的态势，生态社会主义试图将生态运动引向社会主义，积极运用马克思主义来解决现实中的生态问题，从而使生态社会主义在 20 世纪 90 年代发展到了其“红绿交融”的阶段。奉行生态社会主义的绿党在苏东剧变后也发展成为一支举足轻重的力量。还有不少国家的共产党和社会（民主）党直接与绿色运动结成联盟，从而使“红色绿化”现象在当代西方国家相当普遍。近年来，生态社会主义适应互联网发展的新形势，积极运用网络开展各种活动，从而在全球范围内得到了新发展。

市场社会主义另辟蹊径。苏东剧变后，针对市场社会主义在苏东国家实践中的挫败，欧美左翼人士另辟蹊径，掀起了“重构社会主义理论模式”的浪潮。他们在全面、客观总结苏东模式历史教训的基础上，强调按照“效率与平等相结合”的原则，重新构建社会主义的崭新蓝图。在这一思想主导下，他们提出并论证了多种与苏联模式不同的未来社会

---

① ［英］安东尼·吉登斯：《超越左与右：激进政治的未来》，李惠斌、王雪冬译，社会科学文献出版社 2000 年版，第 12—19 页。

② 中共中央对外联络部编译小组编：《社会党国际重要文献选编》，当代世界出版社 2005 年版，第 14 页。

③ 周余云：《全球化时代的社会党国际与革新》，《中国社会科学报》2014 年 5 月 28 日。

主义发展模式，要求把市场作为经济运行中主要的交换机制，作为实现社会主义的主要手段，但在具体方案的设计中，有的强调经济效率，有的偏重社会公平，还有的提倡更多地关注劳动者的经济自主，从而使市场社会主义得到了多样化发展。

2. 托派社会主义在苏东剧变后的发展状况

作为当今世界一支重要的反资本主义力量，苏东剧变后的托派社会主义，不但没有受到反马克思主义、反社会主义潮流的影响和冲击，而且还获得了一定的发展。

苏东剧变后，托派第四国际先后召开了四次代表大会①。2003 年召开的托派第四国际第十五次世界代表大会，来自 40 个国家的托派组织参加会议，讨论了西方工人运动、原社会主义国家的资本主义复辟、同性恋、生态危机等诸多世界政治议题，并通过一系列文件声明和决议。国际金融危机背景下召开的托派第四国际第十六次世界代表大会，来自世界各大洲大约 60 个国家的代表参加，还有许多非成员组织的代表也应邀参加了会议。会议提出要积极参加世界上左派的多元政治讨论，继而在拯救资本主义世界“文明危机”的旗帜下，建立反对资本主义的左翼党派。

通过对苏东社会主义国家弊端缺陷和苏东剧变原因的剖析，托派社会主义解读了社会主义危机的原因和结果：“社会主义的危机实质上是社会主义者的实践的危机，这是我们的第一个中心观点。社会主义的危机一方面是斯大林主义和后斯大林主义的历史性失败的结果；另一方面是包括改良主义渐进论的各个变种（欧洲共产主义和第三世界的小资产阶级民族主义）在内的社会民主主义失败的结果。”② 通过对资本主义弊端和危机的揭示，托派社会主义论证了社会主义的必要性和可能性：“因为资本主义导致了并将继续导致一系列的危机，这些危机提出了废除资本主义的问题。社会主义之所以是可能的，是因为正是这种资本主义业已创造出了战胜资本主义所必不可少的经济和文化前提：能够在世

① 托派第四国际在苏东剧变后，分别于 1991 年、1995 年、2003 年、2010 年召开了第十三次、第十四次、第十五次、第十六次世界代表大会。

② ［比］欧内斯特·芒德尔：《社会主义的状况和未来》，载戈尔巴乔夫、勃兰特等《未来的社会主义》，中央编译局国际发展与合作研究所编译，中央编译出版社 1994 年版，第 134 页。

界范围建设生产者自由联合制度的人的和物质的生产力。"① "要么是社会主义在全世界的建立，要么是死亡。要避免威胁着我们的灾难，社会主义世界联邦是唯一可能的未来解决办法。"②

托派社会主义在尖锐批判资本主义基本制度给人类带来灾难，积极构建其社会主义思想理论的同时，也对现实的社会主义国家尤其是斯大林社会主义模式进行了猛烈抨击。在某种意义上来说，正是因为其许多批判切中时弊和要害，赢得了不少选民和组织的支持，才使得托派社会主义的规模和影响都有所扩大。苏东剧变后，托派第四国际的组织扩展到了世界约 50 个国家和地区，成员也增至 5 万人，一些国家托派组织的影响力甚至超过了共产党。③

（三）苏东剧变后发达国家新涌现的社会主义流派

苏东剧变后，面对西方一些资产阶级政客和右翼学者的攻击，发达国家共产党和其他左翼组织，以及一些左翼学者，开始重新思考马克思主义和社会主义的理论与实践，并在认真总结苏东国家失败教训的基础上，对发达资本主义国家如何实现社会主义的问题进行了探讨，掀起了"复兴社会主义"、"重构社会主义理论模式" 的浪潮。

1. 发达国家共产党提出的社会主义流派

苏东剧变后，世界社会主义陷入低潮，如何巩固和发展自身力量是各国共产党面临的重大问题。为此，发达国家共产党继续对社会主义进行探讨，并在探讨中形成了形式各样的社会主义流派，其中比较引人注目的当属法国共产党提出的"新共产主义"以及美国共产党提出的"权利方案社会主义"。

"新共产主义"是法国共产党继 20 世纪 80 年代的"超越资本主义"理论之后提出的又一种理论，是法共根据当代资本主义政治、经济、社会结构等方面发生的深刻变化，从自身的理论传统和斗争实践出发，对社会主义发展道路进行的新探索。1995 年 11 月时任法共全国书

---

① ［比］欧内斯特·芒德尔：《社会主义的状况和未来》，载戈尔巴乔夫、勃兰特等《未来的社会主义》，中央编译局国际发展与合作研究所编译，中央编译出版社 1994 年版，第 158 页。

② 同上书，第 166 页。

③ 蒲国良主编：《当代国外社会主义概论》，中国人民大学出版社 2006 年版，第 263 页。

记的罗贝尔·于在其《共产主义的变革》一书中，首次提出并论述了“新共产主义”的政治主张，对苏东剧变后发达国家社会主义运动面临的重大理论和实践问题做了阐述。在1999年出版的《共产主义新规划》一书中，他又对该理论做了补充和进一步说明。随后召开的法共30大（2000年）深入论述了“新共产主义”的主要观点。进入新世纪以来的法共历次代表大会，都重申继续实行“新共产主义”，强调为“超越资本主义”、实现“新共产主义”，必须革新共产党，探讨21世纪的共产党组织形式。同“欧洲共产主义”相比，“新共产主义”还没有造成更大的理论影响和实践效应，但是它代表着目前欧洲发达国家共产党理论战略的一个总体变化趋势，是世界社会主义运动发展多样性的生动体现。西共、意大利重建共等对“新共产主义”也有自己的表述。

“权利法案社会主义”是美共前主席格斯·霍尔（Gus Hall）在美共第二十六次代表大会上首次提出的。该流派认为，美国社会主义的核心是民主，美共无论是开展民主斗争还是阶级斗争都必须高举民主的旗帜，为维护和扩大人民的民主权利而斗争。对内将致力于维护和扩大“权利法案”所规定的各项民主权利，对外将实行和平的对外政策。以山姆·韦伯（Sam Webb）为首的美共中央在二十七大上对这一理论作了进一步阐述。美共二十八大，通过了题为“美国的社会主义道路：团结起来争取和平、民主、就业和平等”的新党纲草案，进一步深化了美共始于苏东剧变后的理论与战略调整。① 认为“权利法案社会主义”旨在把人民和自然置于利润之上，其目标是建立一个民主、平等、和平的国家，强调要按照美国的情况制定符合自己的纲领、政策，建设具有美国特色的社会主义，这其实也代表了发达国家共产党当前的发展趋势。2014年召开的美共30大完成了党主席的新旧交替。继任的约翰·巴切特尔（John Bachtell）在继承韦伯思想的基础上，提出了“以低薪运动为切入点，促进劳工运动复兴与壮大的新战略”。②

2. 发达国家左翼学者倡导的社会主义流派

除了发达国家共产党和左翼政党组织外，一些左翼学者也在苏东剧变后开始思考社会主义的发展问题，并将其研究的重点放在了分析苏东

① 姜琳：《美共28大全力推进“权利法案社会主义”》，《当代世界》2005年第11期。
② 刘雅贤：《美国共产党第三十次全国代表大会观察》，《人民论坛》2015年第35期。

国家剧变的原因、设计未来社会主义的发展方案上。

苏东剧变后短短几年，发达国家左翼学者出版了数十部预测社会主义未来的专著，提出了各种各样的关于未来社会主义发展的理论模式。与此同时，一些关于未来社会主义的国际性论坛和会议也陆续创办，譬如1990年，西班牙工人社会党副总书记阿丰索·盖拉和德国社会民主党副主席奥斯卡·拉封丹倡议创办了名为“未来社会主义”的国际论坛。论坛成立后发表了《纲领性声明》，并于1990年夏和1991年夏以德国社会民主党《新社会——法兰克福杂志》的名义出版了两期《未来的社会主义》特刊。1995年9月在巴黎召开的“国际马克思大会”上，专门就“社会主义选择”和“社会主义新模式”进行讨论。上述著述的出版和论坛的召开，都直接推动了发达国家社会主义流派的发展，使一些新的社会主义流派在苏东剧变后的发达国家得以产生。苏东剧变后发达国家左翼学者倡导的社会主义新模式中，多数属于市场社会主义在当代的新发展模式，我们将在本书第六章进行探讨，这里简要介绍和分析仍在发展中的一种社会主义流派——“后工业社会主义”①。

后工业社会主义的酝酿和提出。早在1959年，美国哈佛大学社会学教授丹尼尔·贝尔（Daniel Bell）就根据科技革命背景下第三产业在发达国家经济中逐渐占据主导地位的现实，提出了“后工业社会”这一概念。在其后出版的《后工业社会的来临——对社会预测的一项探索》② 一书中，贝尔进一步论证了后工业社会论，认为人类社会都将经由工业化而陆续进入后工业社会。苏东剧变后，包括法国学者安德烈·高兹（André Gorz）在内的西方左翼学者，开始运用“后工业”这一概念来设计和规划他们心目中的未来社会，后工业社会主义流派由此开始酝酿和兴起③。该流派力图在新科技革命造成的工业社会危机中重新诠释社会主义的历史必然性，它吸收了生态社会主义许多观点，但不是从生态危机问题出发构建理论，而是从新科技革命引发的社会质变出发，探讨社会主义的未来发展和命运问题。

---

① 姜辉：《“后工业社会主义”述评——一种酝酿中的社会主义思潮》，《当代世界社会主义问题》1998年第3期。

② Daniel Bell（1973），The Coming of Post-Industrial Society：A Venture in Social Forecasting. Basic Books，Inc.，Publishers. New York.

③ 徐崇温：《“后工业社会主义”的社会主义观》，《理论视野》2001年第4期。

后工业社会主义认为，新的科技革命将加速劳动过程的民主化，削弱资本对劳动的监控，提高劳动者在生产过程中的作用。这将最终使雇佣劳动和资本的关系发生质变，彻底地改变人们的生产关系和社会关系。由于工业社会主义理论建立在消灭雇佣劳动基础上，雇佣劳动的消失也就使工业社会主义过时。由资本主义向后工业社会主义或共产主义的过渡是非线性的过程，并非要经过工业资本主义阶段。正如莫斯科大学经济系教授布兹加林指出的："我们应当放弃这样的公式：资本主义——过渡时期——作为共产主义初级阶段的共产主义。由资本主义向共产主义过渡是一个统一的、整体性的世界历史过程。"① 按照后工业社会主义者的观点，新科技革命已经使世界由工业社会时代向后工业社会时代过渡，工业社会时代产生的工业资本主义和工业社会主义都已经发展到自己的极限，势将被一种适应后工业社会的新型社会制度所取代。"后工业社会的临近要求深刻改变社会主义者的基本原则。它使社会主义者关于工业进步是人类走向物质丰富和普遍幸福的道路、关于社会保障政策、关于无产阶级的历史使命的信仰成为问题"。"现在可以更明确地说，新的时代破坏了工业社会主义的价值，而使得更一般的、与工业化没有联系的社会主义范式具有现实意义。"②

后工业社会主义对资本主义的批判有其独到之处，它从新科技革命已使世界工业社会向后工业社会时代过渡的判断出发，论证工业社会主义的理论缺陷和面临的挑战，论证未来社会主义的社会形态和经济、政治组织形式，以及社会主义的实现主体，从一个全新的角度探讨和揭示了社会主义行将代替资本主义的必然性，对丰富世界社会主义思想和拓展社会主义发展事业有积极意义。

三　苏东剧变后发展中国家社会主义流派的低落与转型

苏东剧变在亚非拉国家和地区也引起了强烈的震荡。尽管奉行民

① ［俄］布兹加林：《社会主义：危机的教训》，《走向21世纪的社会主义》，中央编译出版社1996年版，第157页。

② ［俄］叶莲娜·萨马尔斯卡娅：《从工业社会主义到后工业社会主义》，顾家庆译，《当代世界与社会主义》1997年第1期。

族社会主义的一些国家早在20世纪60年代中期以后，就因在经济社会发展中遭遇挫折开始日渐式微，但在苏东剧变前，发展中国家的社会主义总体上依然处于“曲折中发展”的状态。苏东剧变后，不少奉行民族社会主义的发展中国家对社会主义的前途和发展方向产生了怀疑，并导致一些国家或主动或被迫地宣布放弃社会主义，尤其是一些原来按苏联模式进行建设的民族独立国家大都改旗易帜，实行私有制、多党制；一些共产党放弃了共产主义纲领而蜕化变质甚至解散。然而，苏东剧变以来亚非拉民族社会主义整体上衰落的同时，也有一些流派却得以产生并大放异彩，甚至成为了世界社会主义运动中一道亮丽的风景线。

（一）苏东剧变对发展中国家各社会主义流派造成巨大冲击

苏东剧变给原本就已经陷入困境中的亚非拉发展中国家各种民族社会主义流派造成了巨大冲击。在多种因素的综合作用下，亚非拉大多数国家在经济、政治和对外关系等领域进行了一系列大幅度的政策调整。包括在经济领域缩小国有化规模，实行多元混合经济；在政治领域加快推进所谓的民主化进程，出现了多党制风潮；在对外关系领域，开始突破意识形态的制约，推行全方位外交。一些奉行民族社会主义的国家甚至发生了根本性、方向性的变化，最终停止了其推进40余年的社会主义试验。

1. 亚非拉国家掀起多党制风潮，民族社会主义的主导力量遭严重削弱

苏东剧变对亚非拉国家和地区奉行民族社会主义的政党产生了很大冲击，加之西方国家趁机向这些国家加强渗透，该地区原来一些实行一党制的执政党政策失误频发等，致使这些国家和地区掀起了多党制风潮。

苏东剧变后，亚非拉国家不少共产党相继改名“社会民主党”，普遍改行多党制，并在大选中失去执政地位。“伴随苏东剧变，民族社会主义国家出现多党制风潮，许多政党失去执政地位。”特别是之前受苏共影响大的西亚北非地区的共产党，更是受到了严重的震动。“从1990年上半年至1994年，几乎所有过去实行一党制的非洲国家都宣布放弃一党统治形式而改行多党制，许多国家先后举行了首次多党选举和总统

选举。"[①]如莫桑比克解放阵线党、贝宁人民党、刚果劳动党、赞比亚联合民族独立党等，都改名为社会民主党并参加了"非洲社会民主党联盟"；有些长期执政的党，在苏东剧变后的多党制风潮中丢掉了执政地位，譬如，在尼加拉瓜，桑地诺民族解放阵线在1990年2月的大选中败北，以查莫罗夫人为首的全国反对派联盟竞选获胜，上台组阁；在赞比亚，卡翁达及其领导的联合民族独立党在1991年10月总统和议会选举中也遭遇了失败，人道主义的社会主义失去了影响；在埃塞俄比亚，1991年5月总统门格斯图被迫辞职，他领导的工人党宣告瓦解，所奉行的社会主义也随之以失败告终。苏东剧变对拉美各国共产党造成了巨大冲击，致使包括巴西共产党、乌拉圭共产党、玻利维亚共产党、哥斯达黎加人民先锋党等在内的不少国家共产党内部发生了分化甚至分裂，力量遭到了严重削弱。

总体上看，自苏东剧变以来，亚非拉国家和地区共产党力量的急剧萎缩成为了这些国家和地区政治生态变化的一个突出现象，共产党的规模无论从组织数量还是人员数量方面，都出现了严重弱化。黎巴嫩共产党1992年有党员1.5万人，现在只有3000多人。以色列共产党在20世纪90年代曾达1.5万人，而今只有2000人左右。墨西哥社会主义人民党由20世纪80年代的30多万人减少到了现在的几千人。阿根廷共产党也由20世纪70年代的15万人萎缩至3万人。智利共产党1990年有党员6万多人降至4.7万人。[②] 尽管在亚非拉地区仍有60多个共产主义政党，但多数共产党在国家政治生活中的地位进一步下降，有的影响力已极其微弱。[③]

2. 多数民族社会主义流派式微乃至沉寂

与发展中国家多党制风潮相伴随的，是亚非拉国家和地区各种民族社会主义流派的衰落乃至沉寂。

① 张志军主编：《20世纪国外社会主义理论、思潮及流派》，当代世界出版社2008年版，第369页。

② 参见中联部编《当代国外政党概览》，当代世界出版社2008年版。

③ 谈娅、唐海军：《亚非拉共产党近期发展、调整探索与前景》，《当代世界社会主义问题》2013年第4期。

苏东剧变后，受苏联模式影响较大①的那些奉行科学社会主义的亚非拉国家中，有的（贝宁、埃塞俄比亚等国）宣布放弃社会主义，有的（安哥拉、刚果、莫桑比克等国）则宣布改行民主社会主义，还有的（津巴布韦等）虽然没有明确提出放弃社会主义，但亦在其理论和政策主张等诸方面进行了很大调整。“至此，非洲科学社会主义这一流派在非洲逐渐走向沉寂。”②

起源于西亚并在北非地区盛行一时的阿拉伯社会主义，在苏东剧变的冲击下，也开始淡化甚至放弃其社会主义色彩。埃及③、突尼斯等国明确提出放弃阿拉伯社会主义，转而奉行民主社会主义。虽然叙利亚、伊拉克和利比亚等国仍坚持社会主义，但为了适应国际形势的发展，它们加大了对其理论政策的调整力度，在政治上推行“民主改革”，进一步放宽了民主和新闻自由；在经济上实行改革和开放，进一步发挥私营经济在经济建设中的作用，鼓励私营企业和国营企业开展竞争。总之，“苏东剧变之后，社会主义对阿拉伯国家的吸引力进一步下降，阿拉伯社会主义更加衰弱了。许多阿拉伯国家提倡社会主义的热情大大降低，有的逐步放弃了阿拉伯社会主义。2003 年，美伊战争推翻了萨达姆的统治，伊拉克复兴社会党的复兴社会主义宣告终结。目前，叙利亚复兴社会党仍坚持阿拉伯复兴社会主义，但已经不像过去那样热衷了。利比亚也逐步降低了社会主义调门，加大了市场化、私有化的改革力度。”④

早在苏东剧变前，奉行村社社会主义的国家就因在实践中受挫开始调整其经济政策，但改革措施并未取得明显成效，困境也没有得到根本改观。苏东剧变后，在多党制风潮的影响下，赞比亚、马达加斯加等国也举行多党制选举，结果倡导村社社会主义的领导人在大选中失败，其提倡的

---

① 奉行科学社会主义的非洲国家，在冷战期间都同苏联缔结了“友好合作条约”，强调同苏东国家的“特殊关系”，认为苏联是“天然盟友”。参见张志军主编《20 世纪国外社会主义理论、思潮及流派》，当代世界出版社 2008 年版，第 377 页。

② 肖枫主编：《社会主义向何处去——冷战后世界社会主义运动大扫描》，当代世界出版社 1999 年版，第 942 页。

③ 埃及民族民主党 1989 年加入社会党国际，由纳赛尔开创的阿拉伯社会主义，经由萨达特和穆巴拉克的继承发展，最终演变为“民主社会主义”。政治上实行多党制，经济上推行“有限度的自由经济”，对外关系上强调同西方的合作。

④ 张志军主编：《20 世纪国外社会主义理论、思潮及流派》，当代世界出版社 2008 年版，第 375 页。

村社社会主义也随之衰落。目前除坦桑尼亚[①]外，大多宣布放弃原来奉行的村社社会主义。村社社会主义“从思潮到实践基本上步入沉寂”[②]。

（二）苏东剧变给民族社会主义带来重大发展机遇

正如有学者所指出的：“苏东剧变对广大发展中国家的冲击可以用六个字来概括：猛烈、深刻、广泛。虽然这三个词的内涵所包括的主要是负面的东西，但值得庆幸的是，……在南亚、南非、拉美等地，一些国家的共产党不但保持了原有队伍，有的还有所扩大。”[③] 亚非拉国家共产党和社会主义流派发展的状况表明，尽管苏东剧变对亚非拉地区发展中国家的共产党造成了深刻而广泛的冲击，但也给其提供了前所未有的发展契机，使一些民族社会主义流派打破了原来严重依赖苏共、全盘模仿苏联模式的局面，得以在独立探索中获得了发展乃至勃兴。

1. 亚非拉地区奉行民族社会主义的政党在反思中得到发展

苏东剧变给亚非拉发展中国家奉行民族社会主义的政党造成了巨大冲击的同时，也为其走向新生提供了契机。苏东剧变后，亚非拉国家共产党在总体衰弱的大背景下，呈现了两极分化的发展态势，其中一些共产党在总结和反思苏东剧变教训的基础上，从理论和实践两个层面得到了“解放”，并从数量到质量两个层面得到了恢复和发展。这里拟就苏东剧变后共产党力量获得蓬勃发展的“三南”地区——南亚、南非和南美共产党发展的情况做一探讨。

在南亚：世界第二人口大国、经济实力排名世界第 10 位的印度，包括印度共产党（马克思主义）和印度共产党在内的共产党组织，党员人数已从冷战结束时的 80 多万人增加到现在的 140 万人以上。印度共产党还联合其他左翼力量，结成以印共（马）为首的左翼阵线，在西孟加拉邦、特里普拉邦和喀拉拉邦都组织过自己的邦政府。尼泊尔共产党曾于 1994 年作为执政党执政 9 个月，目前，尼共是其国内最大的

① 1995 年坦桑尼亚举行宣布实行多党制后的首次大选，在十几个政党参加角逐的情况下，革命党获胜并得以继续执政。新一届政府继续贯彻革命党的既定方针，同时加快了改革步伐。

② 肖枫主编：《社会主义向何处去——冷战后世界社会主义运动大扫描》，当代世界出版社 1999 年版，第 939 页。

③ 于洪君：《关于后冷战时代世界社会主义问题的几点认识和思考》，《当代世界与社会主义》2005 年第 3 期。

政党。

在南非：南非共产党是苏东剧变后少有的获得真正大发展的共产党，该党 1990 年重获合法地位后，一直致力于反种族主义统治、争取黑人解放的斗争，并在 1994 年以来的历次南非全国大选中，与非国大和工会大会结成“三方联盟”并连续参与执政。作为执政联盟的成员，南非共产党始终坚持独立自主的原则和“社会主义的工人阶级政党”性质，将实现共产主义作为最终奋斗目标，努力使南非社会朝有利于工人阶级和贫苦人民的方向发展，为南非社会加进社会主义的内容，从而使自己的力量不断壮大，影响力不断增强。2012 年南非共十三大通过的新党章强调要继续坚持马克思列宁主义的指导方针以及党的战略目标，同时对其党章进行了大幅度修改和完善，目的是要在党员数量迅速增加的条件下，巩固党的团结统一，增强党的战斗力。

在拉美：各国共产党在苏东剧变的冲击下，虽然程度不同地发生了分化，但冲击波基本过去并处于相对稳定阶段，巴西、智利、哥伦比亚、秘鲁、阿根廷、乌拉圭、委内瑞拉等国共产党不仅坚持了下来而且还得到了一定程度的发展。譬如，巴西共产党近年来一直坚持共产主义信念，坚持捍卫工人、农民和下层劳动者的利益，大大增强了其吸引力，党员数量由苏东剧变之初的 9 万人，发展到了 32 万多人，影响力也得到了大幅提升，成为拉美地区仅次于古巴共产党的第二大共产党组织。智利共产党（约有 4.7 万党员）、阿根廷共产党、秘鲁共产党、秘鲁红色祖国共产党、玻利维亚共产党、哥伦比亚共产党、委内瑞拉共产党、墨西哥共产主义者党等也相对活跃。总的看来，“进入 21 世纪的拉美共产党，机遇与挑战并存。拉美政坛向左转的事实或许能给徘徊中的拉美共产党带来一丝生机，坚守 21 世纪社会主义理想、增进地区发展和人民福祉、不断反思和调整斗争策略、批判帝国主义成为拉美共产党在曲折中前行的共同选择”。①

2. 亚非拉地区社会主义流派在对苏联模式的批判中得以勃兴

苏东剧变冲击下亚非拉发展中国家和地区的民族社会主义流派中，只有民主社会主义不但没有衰落反而获得了发展，其他流派都遭到了不

① 贺钦：《拉美共产党》（http://theory.people.com.cn/GB/179412/188032/11430592.html）。

同程度的削弱，有的甚至淡出了历史舞台。但是，民族社会主义在亚非拉发展中国家并没有沉寂，一些政党仍在积极探索发展中国家走向社会主义的新道路，相应地，社会主义流派的发展在亚非拉国家也呈现出了亮点不断闪现的态势。

20 世纪 80 年代末 90 年代初，受苏东剧变影响的亚非拉发展中国家，在经济发展过程中，曾盲目推行新自由主义政策照搬西方发展模式，这种以垄断资本的利益为核心的发展模式，给原本就存在明显二元经济、严重两极分化的发展中国家带来了巨大灾难，使这些地区的民族工业丧失了国际竞争力，贫富分化更为严重，社会矛盾日趋激化，使 20 世纪 80 年代成为非洲“非工业化的 10 年”和拉美“失去的 10 年”。在饱尝新自由主义发展方式的苦果之后，发展中国家和地区的共产党和左翼政党开始对社会主义发展道路进行新的探索，拉美“21 世纪社会主义”等流派就是在这一历史背景下产生的。21 世纪头 10 年，左派或中左派通过选举上台掌权的拉美国家已有 10 多个[①]。拉美左派的“异军突起”充分表明，社会主义在发展中国家和地区不仅没有死亡，而且正在复兴并成为世界社会主义发展的一个新动向。

总体上看，苏东剧变后亚非拉多数共产党都认识到社会主义并没有固定统一的模式，强调要从本国国情出发，结合本国的实际情况，独立自主地探索符合本国实际的社会主义发展道路，实行带有民族特色和本土色彩的社会主义。譬如：黎巴嫩共产党提出要建设“具有黎巴嫩特色的社会主义”，智利共产党提出要建设“有拉美特色的社会主义”和“参与性的社会主义”，巴西共产党提出要建设“有巴西特色的社会主义”，南非共产党提出争取“建设具有南非模式的社会主义”，尽管上述各种社会主义模式尚在探索中，还没有形成统一的理论，但其中不乏进步的思想和创新的火花。对于其中的拉美“21 世纪社会主义”，将在本书第九章进行考察和分析。

四　简短评论

从苏东剧变后国外社会主义流派发展的新动向（无论是一些社会主

① 由于对左派定义的不同，对拉美究竟哪些是左派掌权的国家，看法也不尽相同，这里所提到的是普遍认为由左派掌权的拉美国家。

义流派的衰落沉寂，还是一些流派经过转型后的突破性发展，抑或是各种新的社会主义流派的应运而生）可以看出，各种社会主义流派虽然程度不同地受到了苏东剧变的冲击，但仍在转型中得到了一定的发展并呈现出一些新的特点。

其一，苏东剧变后国外各种社会主义流派的理论重点，由批判转向反思和构建。即各种社会主义流派的理论重点不是揭露和抨击资本主义的弊端，而是反思和总结苏联模式遭受挫折的经验教训。其目标取向并不在于从根本上推翻资本主义制度，而是从两种社会制度长期共存的实际出发，探索未来社会主义的发展道路。

其二，苏东剧变后国外社会主义流派的发展呈现出多元并存的态势或者说多样性发展的特征。无论是发达国家还是发展中国家，抑或是转型国家，在对苏东剧变世界社会主义受挫的深刻反思中，充分认识到，由于各国的历史传统、经济水平、政治结构、文化特性各不相同，各国社会主义应当带有与之相适应的特征。因此，各国应从本国实际出发、结合本国国情构建社会主义发展模式，提出建设社会主义的政策主张，而不是照搬别国现成的模式。并基于此提出了种种各具本国鲜明特色的社会主义理论模式和流派。

其三，苏东剧变后国外社会主义流派之间相容并存、沟通交流的特征更加突出。苏东剧变后，世界范围内的社会主义力量打破了冷战期间那种封闭的状态，各种社会主义力量和流派积极主动加强彼此间的沟通协调与合作交流，建立了多层面、多类型的“左翼联合阵线”（如 2004 年成立的“欧洲左翼党”、2013 年组建的“欧洲共产党工人党倡议组织”等），或力图通过组织各种层面的交流与合作平台（如每年召开的世界共产党工人党国际会议、国际共产主义者研讨会、世界社会主义论坛、全球左翼论坛以及由拉美国家发起的世界社会论坛、圣保罗论坛，等等），打破地区疆域的限制，努力实现自身力量的壮大以及世界社会主义运动的发展复兴。

其四，国外各种社会主义流派都对世界社会主义的发展前景充满了信心，认为 21 世纪将是社会主义的世纪。苏东剧变后国外共产党和其他左翼政党以及左翼人士，把苏东剧变视为一种契机，看作尝试建立一个更加美好的社会主义的机会。在世界社会主义处于低谷的形势下，它们都将社会主义视为资本主义的替代物，认为资本主义是一个充满矛盾和罪恶的历史阶段，正在不可避免地走向衰亡和崩溃，而且还根据新的历史条件，对人类未来的美好替代方案进行了积极有益的探索，有力回击了各种“社会主义失败论”、“历史终结论”。正如有些左翼学者强调提出的，“把苏联的进退维谷看作社会主义整体的失败，或否定社会主义的现实可能性，这无论在理论上和现实上都是不准确的。”[①]有的学者明确指出“社会主义在21世纪会有前途”[②]。尤其是国际金融危机爆发后，国外社会主义流派将其锋芒直指资本主义制度，认为资本主义的“最终瓦解是不可避免的”。譬如英国左翼学者希勒尔·蒂克庭（Hillel Ticktin）所说：“资本主义作为一种制度已经危机重重，……社会主义相对于资本主义已成为更有前途的选择：它可以用代价更小的方式发展社会，并且不会导致长期萧条和危机。”[③] 美国生态马克思主义的代表约翰·贝拉米·福斯特（John Bellamy Foster）指出：此次金融危机和经济衰退正好验证了资本主义正在走向衰落。[④] 印度共产党指出：“在资本主义制度下，没有社会公正，人民群众也不能奢望有更美好的未来。人民斗争正在朝着推翻资本主义、迎接社会主义的目标前进。21世纪将会是社会主义的天下。”[⑤] 所有这些思想论点，无疑增强了人们对社会主义的信念，唤起了人们对“社会主义”的憧憬。

---

① 伊藤诚：《现代社会主义问题》，鲁永学译，社会科学文献出版社1996年版，第5页。

② Yunker, J.（1992）, *Socialism Revised and Modernized: the Case for Pragmatic Market Socialism*, NY: Praeger Pub., p. 14.

③ ［英］希勒尔·蒂克庭：《今日的危机与资本主义制度》，《国外理论动态》2010年第11期。

④ ［美］约翰·贝拉·福斯特：《失败的制度——资本主义全球化的世界危机及其对中国的影响》，《马克思主义与现实》2009年第3期。

⑤ Intervention by S. Sudhakar Reddy, Communist Party of India. http://11imcwp.in/content/presentation – cp india.

第五章

民主社会主义

在当代诸多国外流派中，民主社会主义是历史比较悠久，也是最具影响力的全球性政治思潮之一。在其100多年的历史发展中，民主社会主义适应形势的需要多次调整转型，最终形成了系统完整而又独具特色的政治、经济、文化、社会、全球治理等政策纲领。奉行民主社会主义的各国社会民主主义政党，常以社会广大民众政治代表的身份进行活动，是欧洲政治舞台上与右翼、极右翼势力相抗衡的一支左翼政治力量，对欧洲乃至整个世界历史的进程都产生了深远影响。目前，社会党国际已发展成为遍布世界五大洲、拥有近160个成员党和4000多万党员的重要政治力量。作为一种改良主义社会思潮，民主社会主义虽对资本主义进行了揭露和批判，但毕竟是试图在资本主义体系框架内部进行简单修补，不能从根本上解决资本主义社会的基本矛盾，对世界社会主义运动也存在较大的消极影响。

一　民主社会主义的发展脉络

民主社会主义萌发于19世纪中叶，在不同的历史时期有着不同的理论内容和表现形式。在第二国际晚期之前，民主社会主义与科学社会主义有着共同的思想内容和目标战略，几乎是科学社会主义的同义语，马克思、恩格斯一度自称为社会民主主义者或社会民主党人，列宁也曾直接把民主社会主义与科学社会主义等同起来，指出“俄国社会民主党人的社会主义工作，就是在工人中间宣传科学社会主义学说……"[①] 随着19世纪末20世纪初欧洲工人运动和社会主义运动中以伯恩施坦等人为代表的修正主义思潮的出现和扩大，民主社会主义开始与科学社会主义分道扬镳，并在日后的发展演进中逐步拉大了距离。当代民主社会主义的基本理论是在伯恩施坦修正主义出现后最终确立起来的。从1899年伯恩施坦在《社会主义的前提与社会民主党的任务》一书中，明确提出用社会改良主义取代马克思主义，积极鼓吹通过合法的、改良的、阶级合作的途径实现社会主义至今，在一百多年的时间内，民主社会主义经历了四大阶段的发展。

（一）民主社会主义改良主义基本理论的构建时期（19世纪末期到20世纪中叶）

19世纪末20世纪初，伯恩施坦等人全面修正了马克思主义理论，公然反对根据客观的历史必然性论证社会主义，提出要把社会民主党变成"民主社会主义的改良的党"，主张用"民主改良和经济改良"对资本主义社会进行"社会主义"改造，以实现社会平等和分配公正。民主社会主义逐步演变为一种在资本主义范围内通过议会道路来改良资本主义的思想主张，成为一股与科学社会主义有着明显区别的社会思潮。相应地，奉行民主社会主义的社会民主主义政党也普遍放弃了暴力革命理论，确立了"和平长入社会主义"的观念，寄希望于"能够促成和保证现代社会制度在不发生痉挛性爆发的情况下转移为一个更高级的制度。"[②] 在这种情况下，列宁号召各国社会民主党的左派"脱掉那件'穿惯了的'、'可爱的'脏衬衫"，"穿上整洁的衣服"[③]，把社会民主党改名为共产党。在他的号召下，各国社会民主党中的左派普遍成立了共产党并于1919年3月组建了共产党的世界组织——共产国际（也即第三国际），原第二国际各党的右派和中派，则继续用社会民主主义的概念明确表述自己的改良主义观点。

这一时期民主社会主义与科学社会主义的差异主要表现在对实现社会主义的道路和方式问题的认识方面：科学社会主义强调要通过无产阶

① 《列宁选集》第1卷，人民出版社2012年版，第140—141页。

② ［德］伯恩施坦：《社会主义的前提与社会民主党的任务》，殷叙彝译，生活·读书·新知三联书店1965年版，第195页。

③ 《列宁选集》第3卷，人民出版社2012年版，第68页。

级反对资产阶级的阶级斗争，废除资产阶级国家机器，建立无产阶级专政，而民主社会主义则主张通过和平、民主和改良的方式对资本主义逐步进行改造，反对暴力革命和无产阶级专政。

从总体上说，这一时期民主社会主义与科学社会主义在建立公有制，推行国有化以及实现社会主义对资本主义的替代等方面并没有太大分歧，各国社会民主主义政党仍秉持“国有化”纲领和“推翻资本主义代之以社会主义”的目标，认为生产资料的公有制或社会所有制是社会主义的主要标志。譬如德国社会民主党在1925年《海德堡纲领》中，就对垄断资本的发展进行了批判，明确指出“剥削者与被剥削者之间的矛盾越来越尖锐，资本主义经济的统治者和被统治者之间的阶级斗争越来越残酷”，认为“只有通过把资产阶级生产资料私有制转变为社会主义所有制才能实现。”① 甚至在二战结束之初，英国工党等许多执政的社会民主主义政党还在努力地推进国有化。

（二）民主社会主义进一步放弃传统马克思主义，倡导改良主义时期（20世纪中叶到冷战结束）

二战结束尤其是20世纪50年代以后，民主社会主义指导下的社会民主主义政党对其基本理论和政策纲领进行了新一轮调整，并在调整中进一步放弃了传统马克思主义。

1951年6月30日至7月9日，在英国工党和德国社会民主党的积极推动下，社会党国际成立并在德国法兰克福召开了第一次代表大会，会议通过了《民主社会主义的目标和任务》（通称《法兰克福声明》），该声明第一次以“民主社会主义”表述了社会党国际的思想体系，正式将实现“民主社会主义”，即“为一个社会公正、生活美好自由与世界和平的制度而奋斗”确定为自己的奋斗目标，并对共产党及其领导下的共产主义进行了批判，认为共产党人“只是为了建立一党专政”，共产主义“是建立了一种僵化的、同马克思主义的批判精神不相符合的神学。”

1959年11月13—15日德国社会民主党在哥德斯堡通过了《德国社会民主党基本纲领》即著名的《哥德斯堡纲领》，首次提出自由、

① 转引自殷叙彝《民主社会主义论》，中央编译出版社2007年版，第75页。

公正、互助三项社会主义的基本价值，明确宣称“社会主义是一项持久的任务，即争取、捍卫自由和公正，而且它本身在自由和公正中经受检验”。[①] 同时指出民主社会主义“在欧洲根植于基督教伦理学、人道主义和古典哲学”，把马克思主义排除在其“三大理论来源”之外。

以上两个纲领构成了民主社会主义战后几十年的基本理论框架，并逐步衍生为各国社会民主主义政党的思想体系和政治纲领。“从此以后，民主社会主义成为当代各国（主要是欧洲发达资本主义国家）的社会民主党、社会党和工党（三者也可以通称为社会党或社会民主党）的思想理论体系的总称。”[②]

这一时期，奉行民主社会主义的社会民主主义政党在其纲领中，明确放弃了对社会主义的制度追求，转而追求伦理社会主义，并日渐放弃了实现生产资料社会化的目标，致力于建立社会福利国家。同时，为了凸显民主社会主义的“民主”，社会民主党人将其思想体系的名称由“社会民主主义”改为“民主社会主义”，以此区别于当时苏联等社会主义国家实行的无产阶级专政。

（三）“第三条道路”兴起，也即民主社会主义的转型时期（冷战结束至21世纪初）

冷战结束后，社会（民主）党为应对西方社会在政治、经济、文化领域发生的剧烈变化以及新自由主义的强烈攻势，对其理论政策进行了一系列重大调整，提出了一套全方位（包括政治、经济、文化、社会等）、多层次（即从微观公司改革到宏观福利改制）、多角度（即从公民社会到世界主义的民族国家）的改革方案和政治策略，即“超越左与右”的新激进政治框架[③]，也即介于传统自由主义和传统社会民主主义之间的“新的第三条道路”。正如德国社民党的理论家托马斯·迈尔（Thomas Meyer）指出的：“该词或多或少的是一个新名词，即指在全球

---

① 转引自［德］苏姗·米勒等《德国社会民主党简史》，刘敬钦等译，求实出版社1984年版，第344页。

② 殷叙彝：《民主社会主义论》，中央编译出版社2007年版，第17页。

③ ［英］安东尼·吉登斯：《超越左与右——激进政治的未来》，李惠斌、杨雪冬译，社会科学文献出版社2000年版，第12—19页。

化时代使社会民主主义现代化的盎格鲁—萨克森式方案。”① 在政治上，“第三条道路”突破了长期以来政党政治和阶级政治在西方政坛一统天下的局面，明确以“中左”身份标明自己的政治立场，以一种超越阶级、“超然左右”的姿态出现在世人的面前。在经济方面，“第三条道路”超越了民主社会主义和新自由主义关于“计划与市场”、“公有与私有”问题上的争论，主张建立一种新的混合经济。在福利制度问题上，“第三条道路”的主导思想是要彻底改革福利国家，变“消极的福利制度为积极的福利制度”，力图建立一个“社会投资国家”，以便有效地消除旧福利制度所存在的负面作用。

尽管“第三条道路”的鼓吹者反复表明自己“超越于旧的左派和右派之上”，但是从其基本理论观点可以看出，它仍只不过是想运用传统右派的一些政策手段，借以实行传统民主社会主义的基本价值观念。因此，它并没有摆脱民主社会主义所固有的改良主义基本特点。②

值得注意的是，这一时期，社会民主党人在意识形态上进一步放弃了对社会主义制度的目标追求，为了与苏联东欧的“现实社会主义划清界限”，他们又把其思想体系的名称重新改成了“社会民主主义”，意在表明它并不是一种“社会主义”。也即是说，他们不再把社会主义视为一种社会制度，而只是把它看作通过对现存社会的不断调整，以实现自由、公正、互助等价值。正如法国社会党领袖若斯潘（Lionel Jospin）指出的：“本世纪的一个教训是：毫无疑问，已不再能把社会民主主义作为一种‘制度’。我认为，现在再按照制度的概念——资本主义制度、计划经济制度——来行动已不是绝对必要的了。我们也没有必要来界定一种制度。我不知道作为制度的社会主义将会是什么样的。但是我知道作为价值总和、作为社会运动、作为政治实践的社会主义是什么样的。它是一种思想启示，一种生活方式，一种行动方法，它要坚定不移地参照那些既是民主的、又是社会的价值。”③ 1989 年召开的社会党国际十八大和 2003 年召开的社会党国际二十二大上，分别把“和平”以

① ［德］托马斯·迈尔：《现代社会民主主义：共同的基础和争论的问题》，《当代世界社会主义问题》2003 年第 1 期。

② 吕薇洲：《中左派及其第三条道路评析》，《郑州大学学报》2000 年第 3 期。

③ ［法］列昂内尔·若斯潘：《现代社会主义》，法国饶勒斯基金会丛刊第 15 册，转引自殷叙彝：《民主社会主义论》，中央编译出版社 2007 年版，第 68 页。

及“民主、人权、可持续发展”纳入到了社会民主主义的基本价值之中，这就进一步凸显了民主社会主义放弃对社会主义制度的目标追求，把伦理社会主义作为自己奋斗目标的特点。

（四）摒弃“第三条道路”，重新回归或“左转”时期（国际金融危机爆发至今）

“第三条道路”提出和推行的最初几年是颇具成效的，对于推动欧洲经济的发展起到了一定的作用，也一度使欧洲出现了短暂的“粉红色欧洲”的盛况。但是，它并没有能够有效应对西方社会民主主义政党所面临的困境，实现复兴民主社会主义的初衷。正如美国学者罗伯特·泰勒所分析的：“以私有化和解除管制为特征的现代化将中左翼带进了死胡同。”① 国际金融危机和欧债危机爆发后，社会民主主义政党理论家预想的复兴并没有如期而至，相反却陷入了困境。西方国家社会民主主义政党只有少数继续和重新执政，多数在本国大选中挫败沦为危机的“牺牲品”。

当前，社会民主主义政党致力于探求新的改革和治理模式以应对金融危机之后的困境。自金融危机爆发以来，社会党国际对这一国际性问题给予了高度关注，建立了常设机构全球金融问题委员会，不定期地对全球金融危机进行分析和探讨。2012 年 8 月 30 日至 9 月 2 日，社会党国际在南非开普敦召开了第 24 次代表大会，大会就如何应对危机提出了相应策略。在西方国家思想界为民主社会主义复兴提供的种种改革方案中，最为首要的一条就是他们对“第三条道路”进行了反思和批判，认为社会民主主义政党应该突出左翼特色，摒弃“第三条道路”，重新回归民主社会主义的传统，更多地强调国家干预、发展中小企业、改善民生、保障劳动者权益等主张，继续把自己定位在产业工人、失业者和一般职员，即社会中下层人群。围绕这一改革方向，西方思想界尤其是西方左翼人士设计了一系列回归民主社会主义传统的政策主张。

其一，更加重视“社会公正”。西方思想界在对金融危机的思考中，进一步强调了“社会公正”的重要性，主张重新举起“社会公正”

① ［美］罗伯特·泰勒：《欧洲社会民主党还有出路吗?》，《世界社会主义研究动态》2008 年第 11 期。

的旗帜，以彰显民主社会主义的传统特色。其二，强调致力于实现可持续发展。危机爆发后，作为摆脱经济危机和实现政党振兴的战略选择和目标任务，“建设一个公正而可持续的经济”获得了越来越多的支持和认可。其三，主张加强对国际金融资本的监管，实现全球治理。西方国家思想界在对金融危机的思考中，提出了民主社会主义要致力于实现全球治理，尤其是加强国际金融监管的战略主张。其四，加强社会民主主义政党内部团结及同其他左翼政党的合作。西方国家思想界在思考欧洲社会民主主义政党陷入困境的原因、展望欧洲社会民主主义政党未来发展的前景时，认为左翼内部的矛盾和分裂是一条主要原因，与之相应，“加强社会民主主义政党内部及其同其他左翼政党的团结与合作”就成为了社会民主主义政党未来发展的一项重要举措。

客观地讲，危机以来，西方左翼人士对国际金融危机中民主社会主义的困境及其原因的认识和剖析有一定道理，他们提出的包括“重新左翼化”的改革方向以及强调“社会公正”、“可持续发展”以及“左翼联合”的具体策略也有一定的可行性。但国际金融危机爆发的根源并不是所谓金融监管不力、信心不足等因素，而是根源于资本主义社会的基本矛盾，只是资本主义经济是国际金融垄断资本主导的新自由主义模式，因而矛盾主要以金融危机的形式迸发。民主社会主义提出的应对危机策略虽能缓解危机，但不能从根本上消除危机，仅仅是在资本主义体系框架内的简单修补而已。

总之，民主社会主义在近一个半世纪的发展演进中不断自我修正，并在演进中离社会主义越来越远，它已经完全放弃了社会主义的理想和目标。正如德国社会民主党理论家托马斯·迈尔所说：“各种原因都表明，现在已不适宜使用‘社会主义’的概念了……150 年来我们为民主社会主义而奋斗，而现在我们在社会民主主义旗帜下继续奋斗。”①

二　民主社会主义的主要理论观点

作为一种思潮、运动以及在欧洲等资本主义国家实施的具体的制度

① 何秉孟、姜辉、张顺洪：《托马斯·迈尔谈社会民主主义的理念与实践》，《国外理论动态》2008 年第 2 期。

实践，民主社会主义在百余年的历史发展中，结合时代和形势的变化，不断进行着调整和转型，形成了完整系统的理论体系和制度主张。

（一）指导思想：民主社会主义宣称指导思想多元化，反对把马克思主义作为唯一指导思想

民主社会主义一贯强调自身思想来源的多元性和指导思想的多元化，认为社会主义不应当以某一种固定的思想为其理论基础，反对把马克思主义作为唯一的指导思想，主张世界观和指导思想的多元化，提倡社会主义思想构成和来源的多样性，认为“基督教教义、法国大革命的口号、康德的伦理学与新康德主义、黑格尔的辩证历史哲学、马克思的批判分析方法、E. 伯恩施坦的修正主义和工人运动的经验等都可以作为自己的理论基础。同时，它还广泛吸取资产阶级的经济学和政治学理论，如凯恩斯主义、福利经济学、自由市场经济等等”①。从其理论纲领的发展演进情况看，民主社会主义的思想来源确实是多元化的。《哥德斯堡纲领》就非常明确地声明：社会民主党是一个思想自由的党，它是不同信仰和不同理想的人们的共同组织。2007 年的《汉堡纲领》重申：“社会民主党从一开始就是民主的政党……自 1959 年《哥德斯堡纲领》以来，它认为自己是左翼人民党，它植根于犹太教和基督教、人道主义和启蒙运动、马克思主义的社会分析和工人运动的经验。”② 迈尔也指出：“欧洲的民主社会主义根植于基督教道德、人道主义和古典哲学，它不宣扬任何终极的真理。”③

民主社会主义多元化指导思想的形成是自伯恩施坦修正主义出现以来长期酝酿的产物，特别是二战后，社会民主主义政党为了争取各阶层的广大选民，也为了表明与共产党的区别，纷纷宣布多元主义的指导思想。民主社会主义奉行多元化的指导思想，彻底放弃了马克思主义的核心思想——历史唯物主义、阶级斗争理论和无产阶级革命学说，实质上

---

① 徐觉哉：《社会主义流派史》，上海人民出版社 2007 年版，第 340—341 页。

② 《德国社会民主党基本纲领——〈汉堡纲领〉》，《当代世界社会主义问题》2007 年第 4 期。

③ ［德］托马斯·迈尔：《论民主社会主义》，刘云影等译，东方出版社 1987 年版，第 90 页。

是否定了马克思主义，这是民主社会主义与自由主义在政治争锋中出于实用主义而作出的调整，这些理论融合的大杂烩只能导致思想上的折中主义，不但无法对社会现实作出合理的解释，反而会使社会民主主义政党愈来愈失去左翼特色，由“纲领党”蜕变为功利的“选举党”。

（二）奋斗目标：民主社会主义主张把社会主义看成是一种道德需要，追求抽象价值目标的实现

为了避免多元化的指导思想使社会民主主义政党演变为松散的宗派集团，民主社会主义从抽象的“人”出发寻找所谓的人类基本价值，以期使拥有不同文化背景、哲学观念、意识形态和宗教信仰的人群能够从基本价值层面维系在一起，增强社会民主主义政党的凝聚力。因而，民主社会主义在后来的发展演进中，逐步放弃了社会主义的制度目标，转而强调一些基本的伦理价值，声称社会主义是一种道德价值要求，是某些基本原则或基本价值的实现，他们坚持把“自由、民主、公正、互助”等伦理道德原则看作社会主义的基本特点，提出民主社会主义的目标是为一个社会公正、自由民主、世界和平的制度而奋斗，认为资本主义社会各种弊病和矛盾产生的根源不在于资本主义根本经济和政治制度本身，也不在于阶级剥削和压迫的存在，而是违背了所谓人类一般的理性、伦理原则，只要按照上述原则不断对其改良就能够解决资本主义的问题。“民主社会主义把社会主义看成是一种道德需要、道德抗议，否认其历史必然性。社会民主党人认为社会主义的本质不是政治、社会和经济的联系，而是一种道德价值，这种道德价值旨在消除资本主义社会关系中的矛盾，实现人和人之间的超阶级团结。”①

民主社会主义把社会主义的发展过程看成是由道德原则所支配的，并从伦理道德观念中引申出社会主义的本质。而且，民主社会主义所标榜的“评价政治现实的标准、衡量更美好的社会制度的尺度和社会民主党人行动的指南”的自由、公正和互助等人类共同的基本价值，由于脱离了历史唯物主义的根基，把人看成是独立于具体的社会关系和现实的

---

①　徐理：《正确认识民主社会主义　坚定不移地走中国特色社会主义道路》，《光明日报》2007 年 5 月 11 日。

物质生活之外的单个的、抽象的人，最后只能是陷入主观唯心主义窠臼的抽象价值，是绝对无法实现的。既然这种抽象的基本价值无法实现，民主社会主义又把社会主义说成是不断实现自由、平等和团结互助等基本价值的过程，那么社会主义也永远无法最终实现，只能一点一点接近，这实际上完全继承了伯恩施坦“目的是微不足道的，运动才是一切”思想的衣钵，主张把资本主义制度永远固定下来，社会主义只能在资本主义制度框架内逐步实行改良。

（三）经济纲领：民主社会主义主张实行“混合所有制”，倡导工人参与决策和管理的经济民主

民主社会主义最初也主张废除私有制、实行公有制，许多国家的社会民主主义政党在建党之初，就把国有化既看作是促使经济发展的改良措施，又看作是实现其“社会主义目标”的重要手段，甚至把它当作社会主义目的本身。但在后来的发展演进中，民主社会主义开始放弃对公有制所持的传统立场，转向主张实行“混合所有制”。当代民主社会主义认为，公有制与社会主义之间并无必然联系，生产资料社会化仅仅是实现社会主义的手段而非社会主义的基础。他们声称生产资料主体结构不是衡量社会性质的标准，社会主义可以在不改变生产资料资本主义私有制的条件下实现。他们主张实行国有企业、私人企业和其他经济成分并存的“混合经济”制度。

在实践中，各国社会民主主义政党也逐步放弃了有关公有制的主张。在欧洲社会民主党中，较早倡导淡化公有制色彩政策的是瑞典社会民主党，该党的理论家尼尔斯·卡莱比在1926年发表的专著《面对现实的社会主义》中，就主张以“自由、公平、团结互助”的功能社会主义替代以生产资料公有制为基本特征的经济社会制度意义上的社会主义。二战后，这种倾向更加明显，直至蜕变为倡导多种所有制并存的混合所有制。英国工党在1995年4月29日通过的新党章中，取消了体现英国工党国有化思想的1918年通过的党章第四条款规定，放弃对生产、分配、交换手段实行公有制，主张在国有企业和私有企业之间建立一种合作伙伴关系，当国有化能够促进经济发展、改善财富不均时，就采用国有化；反之，则可以实行私人所有。2001年通过的《瑞典社会民主工人党党纲》更是明确指出：“夺取生产资料的所有权不再是决定性的

因素”“决定性的因素是民主控制而不是所有权”[①]。德国社会民主党也认为：“在我们的新党纲中，不再坚持那种在生产资料社会化意义上的社会主义了。我们的原则与方法的基础就是基本的经济社会权利。我们倡导的社会民主主义，就是以实现社会、经济基本权利为基础的民主。”[②]

民主社会主义经济纲领的另一个方面是建立和发展工人参与决策和管理的经济民主。如上所述，民主社会主义否定所有制的决定作用，认为当代社会具有决定意义的是经济权利问题，为防止权力集中，使之服从于公众利益，主张对经济权利进行有效的民主监督。战后，许多国家的社会民主主义政党在执政和参政后开始把公民参与经济生活的思想付诸实践，探索符合本国实际情况的民主监督和参与模式。比较有代表性的是英国工党的共同协商模式、德国的共同决定模式等。进入 21 世纪以来，民主社会主义把这种经济民主扩大到国际范围，特别是金融危机爆发后，社会民主主义政党更关注如何治理和规范世界经济，使全球经济发展摆脱任由金融和商业寡头操纵的局面，实现全球范围内的经济民主。

（四）政治主张：民主社会主义认同资产阶级的民主宪政，鼓吹改良主义的国家政党观

无论名称如何变化，崇尚民主是民主社会主义的一贯立场，民主观在其政治主张中占有非常重要的地位。民主社会主义认为，民主制是社会主义的前提和基础，社会主义只有通过民主制才能实现。譬如，《法兰克福声明》明确指出：“社会主义只有通过民主制才能完成，而民主制也只有通过社会主义才能完全得到实现。”《哥德斯堡纲领》也强调指出：“社会主义只有通过民主制才能实现”，社会党国际第十八次代表大会再次申明，“民主不仅仅是实现社会主义目的的政治手段，而且是社会主义目的（建立民主的经济和民主的社会）的根本实质”[③]。

---

① 《瑞典社会民主工人党党纲——2001 年 11 月 6 日威斯特罗代表大会通过》，《当代世界社会主义问题》2003 年第 1 期。

② 何秉孟、姜辉、张洪顺编著：《欧洲社会民主主义的转型——与德国、瑞典学者对话实录》，社会科学文献出版社 2010 年版，第 2 页。

③ 转引自徐崇温《民主社会主义评析》，重庆出版社 1995 年版，第 67 页。

民主社会主义所谓的民主包括政治民主、经济民主、社会民主与文化进步以及国际民主。但是在如何实现民主的问题上，民主社会主义从抽象的、超阶级民主的视角出发，把无产阶级争取社会主义的斗争完全局限在资产阶级民主的框框内，鼓吹通过资产阶级民主来改变和超越资本主义。

民主社会主义认同资产阶级的民主宪政，鼓吹阶级调和，主张实行多党制、议会制、三权分立等西方式民主，把社会主义国家共产党执政看作是一党专制和极权统治，认为在资本主义社会条件下通过民主、改良的办法就可以实现社会主义，根本无须阶级斗争和社会主义革命。

民主社会主义之所以认同资产阶级宪政民主，主要源于其改良主义的国家观和政党观。民主社会主义认为国家是中立的，现存国家的性质取决于掌握政权的力量，社会民主主义政党是现存国家的维护者、捍卫者和创造者。至于政党的性质问题，社会民主主义政党摒弃阶级政治，淡化自己的传统阶级定位，抹杀党的工人阶级性质，公开宣称自己不是某一个阶级和集团的组织，而是由具有不同信仰和思想的人组成的一个共同体，社会党已经从一个工人阶级政党演变为左翼人民党。对于这一点，社会民主党并不讳言，德国社会民主党领袖恩格尔斯指出："我们党现在是开放的政党……我们并不要求都信奉我们党的理念和观念。我们党不是某个特定团体的政党，不是仅仅代表工人的，而是向每个人开放。这一点非常重要，因为不这样，我们就不能在德国执政。"① 正是在这种否认阶级性的国家观和政党观指导下，民主社会主义承认资产阶级民主宪政，维护资本主义政治统治秩序，主张在现有的体制框架内争夺执政权。

（五）社会政策：民主社会主义注重福利国家制度，积极探索新形势下的福利制度改革方案

民主社会主义所倡导的自由、平等、公正和团结互助等基本价值目标体现在社会纲领中，就是其覆盖全面的福利国家制度，社会民主主义政党是福利国家的积极倡导者和主要建设者，西方国家在福利制度方面

---

① 何秉孟、姜辉、张洪顺编著：《欧洲社会民主主义的转型——与德国、瑞典学者对话实录》，社会科学文献出版社 2010 年版，第 86 页。

取得的主要成就大多是在社会民主主义政党执政时期完成的。因而，在某种程度上，福利国家成为民主社会主义的同义语，社会民主主义政党在自己的纲领中，把社会福利问题摆在一个很高的位置上。德国社会民主党《汉堡纲领》指出："这一社会要求这样一种经济、国家和社会的制度：在其中，所有人的公民的、政治的、社会的和经济的基本权利都得到保障，所有的人都能够过上一种没有剥削、压迫和暴力的生活，即处于社会的保障和人的保障中的生活。"① 2013 年新通过的《瑞典社会民主党党纲》宣称："社会民主党人的福利政策是其三大原则的宣示：自由、平等和团结。福利为个人和社会创造了利益。它提供了权利，但也提出了要求福利的意义在于它为个人带来了自由和保障，为社会创造了团结。它包括所有人，不管其收入高低。"②

实践中，社会民主主义政党根据本国情况推行了各具特色的社会保障制度，尽管具体措施各有差异，侧重点也不同，但一般来说主要包括社会保险制度、社会补偿制度、社会补助制度和社会救济制度几大方面，保障措施覆盖全面、项目设置齐全。民主社会主义推崇的社会保障制度在缓解社会矛盾、缩小收入差距、彰显公民基本价值等方面发挥了巨大作用，但也使其进入两难境地。一方面，这些名目繁多的社会保障措施是各国通过高额税收建立起来的，福利支出已经远远超过国家的承受能力；另一方面，社会保障制度能上不能下的刚性特点，导致削减福利会引发民众不满，选民队伍萎缩。

近年来，社会民主主义政党致力于探索积极的福利政策以代替传统的福利模式。例如，德国社会民主党在借鉴斯堪的纳维亚国家福利政策的基础上，2007 年提出向"预防性福利国家"转变的政策主张，以修正施罗德领导的红绿政府推行的大幅削减福利开支的、带有新自由主义色彩的改革。这种方案突出事前的预防性保障以防患于未然，而不仅仅是事后的"补偿性福利"。在税收的征取方面，实行普遍的税收政策（general taxes）代替与劳动相关的税收政策（labor - related contributions），强调预防性福利国家必须更多地与公民身份相结合，而较少地

① 《德国社会民主党基本纲领——〈汉堡纲领〉》，《当代世界社会主义问题》2007 年第 4 期。

② 《瑞典社会民主党纲领（下）——2013 年 4 月 6 日社会民主党全国代表大会通过》，《当代世界与社会主义》2013 年第 5 期。

与就业状态相结合；在就业方面，主张人人都有好的工作并实现充分就业；在教育方面，强调教育对保障生活机会平等和社会整合的作用，主张政府更多地投资教育事业，强化职业培训，支持继续教育，建设教育型社会；在医疗卫生方面，实现预防性健康政策，要预防疾病、保持健康并消除健康机遇中的差别等。

尽管社会民主主义政党竭力调整社会福利制度并力图保住这项彰显自身政党特色的政策措施，但在当前资本主义经济复苏迟缓且时刻面临金融动荡风险的形势下，如何解决财政吃紧和加强社会保障之间的关系是社会民主主义政党面临的棘手问题。

（六）全球治理：民主社会主义关注全球性问题，致力于基本价值观指导下的有效全球治理

20 世纪末冷战的终结使人类真正进入了全球化时代。全球化是个矛盾重重的历史过程，“它既是加快经济增长速度、传播新技术和提高富国和穷国生活水平的有效途径，但也是一个侵犯国家主权、侵蚀当地文化和传统、威胁经济和社会稳定的一个有很大争议的过程。”① 为了有效应对全球化的负面效应，民主社会主义提出了一系列的全球治理理论，这些理论尽管在各国社会民主主义政党的党纲中均有涉及，但总的来说，主要体现于冷战后社会党国际的纲领性文件中。

1996 年社会党国际纽约二十大针对两极格局终结所带来的和平、发展和人权问题进行了讨论，通过了《世界经济宣言》、《创造和平、保卫和平宣言》、《21 世纪人权议程宣言》三个文件，明确提出国家合作和超国家治理的思想，此后社会党国际陆续召开了四次代表大会，对全球化问题的探讨不断向纵深发展，全球治理思想逐渐清晰、完善。民主社会主义的全球治理思想围绕治理主体、治理对象和治理模式三方面展开。首先，强调治理主体的多元化。主张民族国家、国际组织、跨国公司和市民社会等都应是全球治理的主体，各主体应协调发挥作用，其中联合国应发挥重要作用。其次，治理对象涵盖世界范围内的民主、可持续发展和环境保护、全球经济三大方面。对于世界范围内民主的实现，坚持在自由、平等、民主等基本价值指导下的政治优先原则，使各

① ［美］罗伯特·塞缪尔逊：《全球化的利弊》，《国际先驱论坛报》2000 年 1 月 4 日。

国人民都有机会生活在民主的环境里，施展他们的自由权利，消除压迫、腐败和滥用权力；对于可持续发展和环境保护问题，呼吁发达国家和发展中国家团结合作，缔结具有约束力的协议，减少环境污染；对于全球经济问题，主张强化对全球经济的监管。最后，谋求国际组织和民族国家间的多边合作以创新治理模式。社会民主主义政党呼吁对联合国、世贸组织等国际组织进行改革，倡导世界各大国政府和社会民主主义政党、地区政治实体共同参与解决全球事务，以改变不合理的国际政治、经济规则，建立多层次、多边的全球治理模式。

客观地讲，社会党国际的全球治理思想对于缓解全球化带来的一系列矛盾和危机发挥了一定的积极作用，但是在主权国家仍是国际关系主体的前提下，各国制定国内外政策的出发点是自身的国家利益，因而社会党国际所设想的全球共同发展目标只是一种理想的应然状态，只要资本主义体系不崩溃，民主社会主义对其做的局部修补并不能使全球治理的理想变为现实。

三　民主社会主义在国际上的推广及现实境况

自 20 世纪 50 年代起，民主社会主义逐渐由西欧向世界传播，经过半个多世纪的发展，其影响已遍布全球，社会党国际成为真正意义上的全球性国际组织。民主社会主义制度模式的践行大大促进了资本主义社会各项事业的发展，其许多施政方针被西方政坛的右翼及中左派广泛接受，成为普遍性的政策选择。然而进入 21 世纪以来，特别是国际金融危机爆发后，民主社会主义的发展也陷入了困境，能否重整旗鼓，再现曾经的辉煌，关键取决于其自身的努力。

（一）民主社会主义在国际上的推广历程

欧洲是民主社会主义思潮的发源地，西欧国家更是民主社会主义制度模式的最初践行地，正是因为西欧的民主社会主义取得了成功，才使其全球推广的步伐大大加快，先是向东欧推进，接着一步步扩散到亚非拉国家，直至成为具有全球影响力的社会思潮。民主社会主义在国际上的传播历程可以划分为三个时期。

20 世纪 50 年代至 70 年代中期是民主社会主义在亚非拉国家初步发

展阶段。这一时期由于社会党国际刚刚重建且囿于冷战思维的制约，社会党国际的影响主要局限于西欧，但是随着福利制度的推行，特别是瑞典模式的成功，民主社会主义的影响逐渐扩大到东欧及亚非拉国家。在东欧，自我标榜为“人道主义马克思主义”的“东欧新马克思主义”产生，主要代表有前南斯拉夫的“实践派”、波兰的“哲学人文学派”、匈牙利的“布达佩斯学派”等。在亚非拉国家，随着殖民地独立运动的高涨，社会党国际开始尝试调整战略，将目光投向这些国家，尽管在两极对立的国际格局下，社会党国际对亚非拉国家社会党的政策立场摇摆不定，其全球发展的战略也没有取得预想的效果，但这一时期社会党国际的亚非拉国家成员党的数量还是呈现缓慢增加的趋势。20 世纪 50 年代，社会党国际吸收了 2 个亚非拉成员党，60 年代 4 个、70 年代前期 6 个。①

20 世纪 70 年代中期到冷战结束，这是民主社会主义摆脱欧洲中心主义，进一步向全球推广阶段。尽管 20 世纪 70 年代的经济滞胀结束了民主社会主义的黄金发展时期，使其步入衰退期，但民主社会主义全球扩张的步伐却大大加快。1977 年，社会党国际的《东京宣言》提出非欧化的目标，德国社会民主党领袖勃兰特提出“民主社会主义是国际性的”口号，竭力向西欧以外发展社会党国际成员。在欧洲民主社会主义橄榄枝的召唤下，东欧的社会主义国家加快了改革，政策取向也越来越民主社会主义化，“人道的民主的社会主义”的影响日益扩大。亚非拉等地的民主社会主义发展也呈现出燎原之势，1978 年，社会党国际在拉美设立了“社会党国际拉丁美洲和加勒比地区委员会”；1981 年，社会党国际在亚洲和非洲先后成立了“亚太地区社会党组织”和“非洲社会党联盟”。到冷战结束的 90 年代初，社会党国际的 47 个正式成员党中，亚非拉地区占 19 个；在 23 个咨询党中，亚非拉地区占 14 个，其中拉丁美洲 22 个、亚洲 9 个、非洲 2 个。在 28 个社会党国际副主席中属亚非拉地区的近 1/3。此外，亚非拉地区一大批自称以民主社会主义为指导思想的政党有 52 个，其中拉丁美洲 23 个、非洲 11 个、亚洲 13 个，其中有 10 个政党取得执政地位，3 个政党参政。②

① 邵鹏：《后冷战时代的民主社会主义研究》，知识产权出版社 2012 年版，第 40 页。
② 同上。

冷战结束至今，是民主社会主义力量重新整合，在全球影响力持续上升阶段。冷战结束20多年来，民主社会主义在欧洲的实践经历了一个复杂的过程，呈现出繁荣—衰落—回暖的曲折态势，但其在全球的影响力却是持续上升的。在亚洲、非洲和拉丁美洲的一些国家和地区，社会民主主义政党单独或联合执政，将民主社会主义理念渗透到施政纲领之中，影响不断扩大；在东欧、中欧国家，剧变后传统的共产党发生分裂，许多成员加入社会民主主义政党，壮大了东欧民主社会主义力量。据2015年10月社会党国际公布的最新数据表明，社会党国际共汇集了来自欧、亚、非、拉、北美各大洲的154个政党和组织，其中共有54个成员党获得了单独或联合执政的地位，由社会民主主义政党担任总统的18个；与其他政党联合执政并领导联合政府的有8个，仅参加联合政府的有20个；获取议会多数席位从而执政的有5个[①]。另外，还有的国家情况较特殊，如也门自2011年政局动荡后，现处于过渡政府状态，也门社会党同伊斯兰改革集团等反对党组成共同会晤政党联盟，参与联合执政。

（二）民主社会主义的现实境况分析

当前，民主社会主义的影响已经遍及各大洲，迈尔甚至把20世纪称为社会民主主义的世纪："社会民主主义的纲领和政治理念，它的改良政策和它的历史持久性，在所有的欧洲国家中，在民主制度容许的地方和时期内，都对政治产生了影响。"[②] 然而，由于各个国家和地区的具体情况不同，民主社会主义在这些地区所处的现实境况也各不相同。在传统欧洲地区，民主社会主义自21世纪初就进入转型期，金融危机的爆发给欧洲社会民主党带来新的挑战，转型和变革远未完成；在前苏东地区，民主社会主义经过冷战后20多年的历练，力量扩大，但在与右翼的竞争中仍处于低劣，处于艰难奋进阶段；在亚非拉地区，尽管广大发展中国家面临着复杂的政治和经济形势，但民主社会主义的发展呈现出困难中不乏生机的态势，在北美和大洋洲地区，民主社会主义近年

① http://www.socialistinternational.org/images/dynamicImages/files/Member_Parties_in_Govt%2022%20June%2015.pdf.

② ［德］托马斯·迈尔：《社会民主主义的转型：走向21世纪的社会民主党》，殷叙彝译，北京大学出版社2001年版，第2页。

来走势低迷，但其政治影响力并未沉寂。

1. 持续转型和变革中的西欧民主社会主义

进入21世纪以来，经济全球化的负面效应显现，生态环境危机、能源危机和金融危机交织在一起，资本主义进入持续危机的阶段。西欧民主社会主义顺应世界局势的变化走向转型，许多人期盼“第三条道路”模式会引领欧洲走入新的民主社会主义时代，然而在右翼新自由主义政策的强烈扩张态势下，西欧民主社会主义的发展面临多重挑战。如前所述，2008年金融危机的爆发虽暴露了新自由主义模式的弊端，但各国社会民主主义政党非但未能取得佳绩，趁机实现复兴，甚至有的还遭遇到了自二战以来最惨重的挫败，纵使危机已过七年，社会民主主义政党仍未摆脱颓势。

在北欧5国，丹麦、芬兰、冰岛和挪威4国均为中右翼政党执政，社会民主主义政党处于在野地位，仅瑞典社会民主党于2014年与环境党组成左翼少数联合政府，但其执政之路也颇为坎坷。2015年新政府就因年度财政预算未获议会通过而险陷重新大选危机，首相勒文多方斡旋，推动六大朝野政党就财政和社会等方面问题进行谈判，最终达成共识，才使新政府得以平稳执政。与北欧地区社会民主主义政党的惨淡局面相比，中西欧地区社会民主主义政党的发展态势较平稳，但也不容乐观。德国、法国、荷兰、奥地利和瑞士社会民主主义政党虽获联合执政地位，但难掩疲态，发展后劲不足。德国社会民主党自2005年后已遭遇三次大选失利，无缘总理宝座。法国社会党虽与左翼执政联盟掌控议会两院，但因国内经济增长乏力，失业率居高不下，社会党政府支持率长期在低位徘徊，在2014年3月底举行的市镇选举中，社会党更是痛失地方第一大党的地位。英国工党则在2015年5月大选中严重失利，仅获650个议席中的232席，埃德·米利班德也因此黯然辞去工党领袖职务。在南欧地区，仅马耳他工党和意大利民主党获得了执政或联合执政的地位，西班牙、葡萄牙、希腊、安道尔等国的社会民主主义政党均无缘政权，希腊泛希社运甚至在2015年1月的议会选举中沦为只占13席的小党。总的来说，当前西欧民主社会主义处于困境中徘徊、震荡中发展的态势，社会民主主义政党仍积极探索新的转型和变革之路，力求走出低谷，然而面临多重困难。

首先，民主社会主义应对危机的政策缺乏新意，与自由主义执政纲领趋同，使其在与自由主义政党的对峙中处于劣势地位。民主社会主义与自由主义的趋同现象在二战后就开始出现，如二者均对现存国家表示认同，在维护民族利益上是一致的，只有政策上的差别而无原则上的分歧；在所有制结构上，二者都主张混合所有制度；在基本价值层面，都认同民主、平等、自由等价值观念。金融危机爆发后，主张左转回归传统民主社会主义、强调国家作用、倡导加强市场监管和全球治理的左翼思潮逐渐占据上风。然而民主社会主义挽救危机的政策措施在很大程度上与右翼政党趋同，右翼政党借助自身的政治实力以及掌控传媒的优势地位，在应对此次金融危机中抢占先机，不断挤占左翼的理论阵地和政策空间。这一点从各国右翼政府采取的"救市"举措中就可以清楚地看到，发达国家右翼执政党在应对危机时，提出了一些与民主社会主义政党相似的主张，包括强调实体经济高于虚拟经济，强化国家对市场的调控，努力做到效率与公平、国家与市场、经济与社会的平衡发展等。譬如，德国总理默克尔就让其领导的保守派放弃了此前倡导的市场取向改革，逐步批准了一系列国家干预措施，这些措施从救助汽车生产商到向那些出口订单暴跌的企业提供用工补贴等等不一而足，而这些原本都是社会民主党长期以来一直宣扬的经济政策。况且民主社会主义的"救市政策方案"只是一种凯恩斯主义式的应急之策，只能暂时推迟和缓解有效需求不足，不可能消除危机爆发的根源，不可能阻止债务泡沫利滚利酿成更大规模的危机。正如福斯特（John Bellamy Foster）所说："目前我们拥有一个高度金融化的、当然也是全球化的资本主义体制，所以我们实际上拥有一个由垄断金融资本主义占主导地位的资本主义体制，在这种背景下，凯恩斯策略无法发挥其作用，因为凯恩斯策略与真正控制资本主义体制的金融界的利益背道而驰。"①

其次，社会民主主义政党在选民中的感召力和影响力日益削弱。金融危机之后，社会民主主义政党在欧洲大选中的屡次失利凸显其在选民中的感召力和影响力下降的事实。如英国前首相戈登·布朗执政初期，工党支持率为43%，领先保守党11个百分点，但是危机爆发后，2010年5月进行的一次民意调查显示，民众对于工党政府履行职责的情况非

① ［英］比尔·布莱克沃特：《资本主义危机和社会民主主义危机：对话约翰·贝拉米·福斯特》，《国外理论动态》2013年第11期。

常不满，有76%的选民认为，英国需要一支“新的领导团队”[①]，民众心中的天平倒向保守党，工党丧失民意，最终结束了对英国为期13年的统治，保守党领袖戴维·卡梅伦就任英国首相。又如2013年德国大选，以施泰因布吕克为代表的社民党仅获得25.5%的选票，默克尔领导的联盟党大获全胜，获得42.5%的选票，远远超过2009年大选33.8%的得票率。总的来说，除了金融危机爆发的这种不利的外部大环境外，欧洲社会民主主义政党从指导思想、基本理论到实际政策，均处于面临新的挑战和失去方向的危险状态，既没有创造出新的理论思想范式，又缺乏明确的政策方向，无法让民众感受到光明和希望是根本原因。

再次，社会民主主义政党内部矛盾冲突不断，面临组织危机。近年来，许多社会民主主义政党一直处于分裂和矛盾状态，这在相当程度上损害了党的团结。譬如，法国社会党中“党魁之争、新老派系之争”就非常严重，特别是党内在竞选策略和欧盟等问题上分歧严重，分散了左翼选票，这也是法国社会党多年来屡战屡败、很少赢得大选的重要原因。危机爆发后，出于对右派新自由主义的强烈反抗和对社会党无法招架右派攻势的极度不满，2008年2月法国又创立了新反资本主义党，这使社会党的力量进一步削弱。德国社会民主党亦是如此，原本在德国只有德国社会民主党一个左翼政党，然而20世纪80年代又组建了绿党、90年代新成立了德国左翼党。左翼政党的支持率与原来相比并没太大变化，不同的是左翼阵营由一个政党变成了三个政党，左翼力量的分化和裂变大大削弱了德国社会民主党的竞争力，也使党员大量流失。从20世纪90年代起，德国社会民主党党员开始大量流失，1998年党员总数降至77.5万人，2003年降至66.3万人，2005年11月只剩下59.1万人。从1990年至2008年，德国社会民主党党员数目减少40万人，现有党员不过50万人。[②] 因而，对于当前欧洲的社会民主主义政党来说，如何实现组织的扩展，突破思想束缚，与其他左翼力量形成有效的联合是亟待解决的难题。

---

① 张世鹏：《西欧社会民主主义政党指导思想的历史演变》，山东人民出版社2014年版，第409—410页。

② 同上书，第417页。

2. 转轨后艰难奋进的原苏东地区民主社会主义

冷战后，原苏东国家的民主社会主义迅速发展，力量不断壮大，许多国家的社会民主主义政党积极适应转轨后新形势的发展，遵循议会斗争的游戏规则，制定切实有效的社会政策，从而赢得了单独或联合执政的地位。目前，社会民主主义政党已经成为原苏东地区与右翼势力分庭抗争的一支重要的政治力量，左右翼轮流上台执政已经成为一种常态，然而，社会民主主义政党谋求执政之路并不平坦，处于艰难中奋进状态。

原东欧八国在剧变后变为十三个国家，这些国家的社会民主主义政党的现状不甚乐观。东中欧地区的波、匈、捷、斯四个国家中，捷克和斯洛伐克两国社会民主主义政党发展态势较好。捷克社会民主党历史悠久，曾于1998年和2002年两度上台执政，2006年沦为在野党。2013年10月，社会民主党在议会选举中获胜，并与ANO2011运动、基督教民主联盟—捷克斯洛伐克人民党组成中左三党联合政府，社会民主党主席博胡斯拉夫·索博特卡担任总理。斯洛伐克社会民主党是个老党，1990年重建，2005年与方向党、民主左翼党和民主选择党正式合并，更名为社会民主—方向党，该党目前是执政党。波兰和匈牙利均为右翼政党执政，属于社会民主主义政党的波兰民主左翼联盟党仅获众议院460个议席中的26席，匈牙利的199个国会议席中，社会党仅占28席。巴尔干半岛的三个国家中，罗马尼亚社会党目前是国内三党执政联盟之一，该党主席蓬塔担任总理，2014年蓬塔角逐总统宝座，首轮投票以10个百分点领先反对党候选人、锡比乌市长约翰尼斯，但在第二轮投票中局势出现惊天大逆转，蓬塔反以近10个百分点的差距惜败。阿尔巴尼亚社会党发展态势良好，2013年6月，阿举行议会选举，政权左右易位，以社会党为首的中左翼联盟上台执政，同争取一体化社会运动党等组成联合政府，社会党主席拉马出任总理。保加利亚社会党是剧变后由保加利亚共产党改制而来，曾于1994—1997年、2005—2009年执政。2014年5月举行的欧洲议会选举中，惨遭失败，社会党得票率为15.40%，获得39个席位，沦为反对党。原南斯拉夫的六个国家中，克罗地亚社民党领导的中左联盟于2011年获胜，成为执政党；塞尔维亚和黑山的社会民主主义政党分别与国内的左翼势力组成联合政府；马其顿、斯洛文尼亚和波黑三国的民主社会主义发展不强，目前无社会党国际成员党。

苏联解体后，原加盟共和国纷纷独立，探索转型之路，各国政坛分化严重，政党流派层出不穷，其中民主社会主义的政党和组织并不突出，基本保持了平缓甚至沉闷的发展格调。俄罗斯在苏联解体之初涌现出10多个民主社会主义性质的政党，前苏共中央总书记戈尔巴乔夫是领袖人物。20多年来，这些政党几经分合，比较大的整合有两次。一次是2001年11月，季托夫领导的俄罗斯社会民主党与戈尔巴乔夫领导的俄罗斯联合社会民主党实行联合，组建新"俄罗斯社会民主党"。另一次是2006年10月，俄罗斯生活党、祖国党和俄罗斯退休者党三党联合成立"公正俄罗斯党"。当前"公正俄罗斯党"是俄最具影响的社会民主主义政党，2008年6月加入社会党国际成为观察成员；2012年社会党国际第24次代表大会上，被正式接纳为成员党。目前"公正俄罗斯党"是议会第三大党，获得450个议席中的64个。白俄罗斯转轨后由于其政治制度的独特性，没有执政党，因而政党在社会政治生活中影响有限，目前白俄罗斯社会民主党是国内15个合法政党之一，但作为不大。2012年12月，乌克兰司法部登记注册的198个政党中，社会民主主义政党趋于式微，在议会中没有席位。在波罗的海三国中，爱沙尼亚社会民主党和改革党组成联合政府。立陶宛社会民主党在2012年10月与劳动党、秩序与正义党、波兰人选举运动三党共同组成执政联盟。拉脱维亚的"和谐"社会民主党和拉脱维亚社会党组成"和谐中心联盟"，在2014年10月议会选举之后，成为反对党。在高加索地区，亚美尼亚、格鲁吉亚和阿塞拜疆的民主社会主义发展低迷，虽有相应性质政党存在，但均不是执政党，在议会中影响微弱。在中亚五国中，吉尔吉斯斯坦社民党发展势头最好，2012年9月与"尊严党"和"祖国党"经协商组成执政联盟，而塔、土、乌、哈四国的社会民主主义政党在政坛上的波及力与之相比要逊色得多。

综上所述，原苏东地区社会民主主义政党经过二十几年的发展，力量不断增强，但也面临诸多问题。

首先，目标和纲领的局限性制约了社会民主主义政党的发展。苏东地区的社会民主主义政党由三类构成，一是改建党，即由原执政的共产党演变而来；二是重建党，即二战前后的老社会民主主义政党重新恢复活动；三是新建党，即在剧变前后作为各国共产党的反对党组建而成，这三类中前两类占多数。社会民主主义政党的复杂出身限制了其明确目标和纲领的制定，一方面，为了与民众心目中的传统“恐怖共产主义”划清界限，它们将“实现民主社会主义”作为奋斗目标，主张建立西欧式的民主社会和福利国家，完全抛弃传统社会主义的有益因素，这就大大降低了其政策的弹性和灵活性。另一方面，为了谋求联合执政，社会民主主义政党常常不得不与右翼和中派妥协，采取右移的方针政策，获得执政后，其经济和社会政策上右倾化和自身的腐败往往会使选民大失所望，从而支持率不断下降。

其次，原苏东各国右翼势力的强大和中派力量的崛起挤压了社会民主主义政党的生存空间。原苏东各国在剧变后相继走上资本主义道路，背后有很强的西方势力濡染和推动的因素，在西方自由主义的支持下，原苏东地区的右翼势力强大，形形色色的颜色革命就是借助右翼势力来推行的。转轨 20 多年来，左右翼力量的竞争激烈胶着，右翼势力经常拿社会民主主义政党的共产党改建出身进行攻击，将其说成是专制恐怖的，甚至与希特勒的法西斯主义相提并论，以此作为煽动社会舆论和民众情绪、争取选民的工具。另外，原苏东国家在转轨改制的过程中，中派力量的崛起是十分突出的政治现象。与左派执政过于谨慎和改革不力、右派掌权盲目“西化”和脱离实际相比，中派走的是温和路线，努力克服左右翼力量的不足，这恰恰准确地抓住了广大选民图稳定和谋发展的心态和愿望，成为苏东国家政坛中迅速成长起来的政治力量。在这种政治大气候下，社会民主主义政党的发展可谓步履维艰。

再次，党员人数的缩减和选民支持率的下降直接威胁到社会民主主义政党的生存。近年来，社会民主主义政党党员人数日趋缩减，与此相对应的是选民队伍的萎缩和支持率的走低，尤其是在青年人和知识分子中的影响力不断下降。这说明社会民主主义政党的政策纲领并没有切实关注和保护广大人民群众的利益需求，其民意基础不断瓦解。另外许多原苏东国家左翼政党名目繁多，大致是由原社会民主主义政党分裂重组而成，这直接导致了社会民主主义政党力量的分散和弱化，党组织也相应拆分，党员分流从而导致党员数量锐减。例如保加利亚社会党的党员人数从 1991 年的 100 万人降至近年的 20 多万人。党的后备力量匮乏对于一个政党的前途来说是非常危险的，是威胁到党的生存的攸关大事。

3. 困境中不乏生机的亚非拉地区民主社会主义

民主社会主义从欧洲向世界的传播首先是从拉美开始的，其次是亚洲，非洲最晚。在这三大地区，亚洲地区的社会民主主义政党数量不多，社会党国际成员也相对较少；非洲地区的民主社会主义冷战后发展迅速，目前已成为影响最大的社会主义流派；拉丁美洲则是第三世界中社会党基础最为深厚和最具影响力的地区。由于亚非拉地区大多是发展中国家，这些国家复杂的历史背景和现实形势是社会民主主义政党面临的难题，但民主社会主义在亚非拉虽处困境却不乏生机。

在亚洲为数不多的社会党国际正式成员中，目前境况较好的当属蒙古人民党、尼泊尔大会党、巴基斯坦人民党和也门社会党等。蒙古人民党是蒙古历史最悠久的政党，在蒙古政坛影响力强，现有党员约 16 万名。2012 年蒙古国家大呼拉尔选举中，人民党获得 76 个议席中的 26 个，为议会第二大党，人民党遂参与以议会第一大党民主党（获 34 个）为核心的联合政府，但联合政府内部龃龉不断，多次裂变。2014 年 12 月，人民党与民主党及“正义联盟”19 名成员组成新政府。尼泊尔大会党于 2013 年 11 月的第二届制宪会议选举中获胜，由尼第二大政党上升为第一大党、巴基斯坦人民党现为本国参议院第一大党、国民议会第二大党，在信德省执政。也门社会党在 2011 年国内政局动荡的特殊形势下，同伊斯兰改革集团等反对党组成共同会晤政党联盟，参与联合执政。亚洲其他的社会党国际成员党目前均未获执政地位，如以色列工党于 2015 年 1 月同运动党组成犹太复国主义联盟参加第 20 届议会选举，获得议会 120 个议席中的 24 个，成为以最大的反对党。日本社会民主党虽曾参加多党联合政权，但目前沦为在野党，现有党员约 1. 7 万人。黎巴嫩社会进步党为伊斯兰教德鲁兹派政党，也处于在野状态。印度国大党在 2014 年第 16 届人民院选举中严重受挫，仅获 545 个议席中的 44 个。马来西亚民主行动党是本届国会最大反对党。还有些亚洲国家的社会民主主义政党仅为社会党国际的咨询成员党或观察成员党，发展前景各不相同。东帝汶独立革命阵线是在野党，在 2012 年 7 月举行的第二届议会选举中成为第二大党。哈萨克斯坦全国社会民主党、阿塞拜疆社会民主党等亚洲社会民主主义政党的境况不乐观，在国内政坛鲜有发声。

冷战后，非洲的民主社会主义获得长足发展，许多信奉民主社会主义、村社社会主义和科学社会主义的政党纷纷转向民主社会主义，从而使民主社会主义政党数量大增。在非洲现有的社会党国际正式成员党中，超过半数以上的政党获得了单独或联合执政的地位。如安哥拉人民解放运动于1956年12月成立，安独立后一直为执政党，现有500余万名正式党员。佛得角非洲独立党于2011年获得议会选举胜利，成为执政党，现有党员1.1万余人。马里的两个社会民主主义政党马里联盟党和非洲团结正义党均曾上台执政，2013年12月，马里联盟获得议会多数席位成为执政党。纳米比亚西南非洲人民组织于2014年议会选举中再创佳绩，继续执政。莫桑比克解放阵线党是执政党，目前解阵党党员数量约400万人。尼日尔争取民主和社会主义党——塔雷亚是议会第一大党和执政党，党员120万人。南非非洲人国民大会是最大的黑人政党，也是国内主要执政党。还有塞内加尔、突尼斯、坦桑尼亚、加纳等国的社会民主主义政党发展势头良好，获得单独执政或联合执政的地位。其他的社会党国际正式成员党虽未获执政地位，但在本国政坛也颇有影响。如毛里求斯工党是毛第一个政党，曾为争取毛独立进行了积极斗争。独立后曾长期单独执政，1982年工党单独执政的历史被打破，但此后工党积极谋求与其他政党联合，多次获联合执政地位。喀麦隆社会民主阵线是本国最大反对党，摩洛哥人民力量社会主义联盟与独立党、真实性与现代党、宪政联盟等组成在野的反对派等等。非洲地区的社会党国际咨询成员党和观察成员党中，执政的博茨瓦纳民主党、赞比亚爱国阵线属凤毛麟角，大多处于在野反对党地位。埃及社会民主党、肯尼亚工党、尼日利亚全体进步大会、乍得争取发展与革新全国同盟等均无缘问鼎政权。

在拉美的20多个社会党国际正式成员党中，北美的墨西哥革命制度党力量强大，在国内政坛影响深远，1929年成立后连续执政71年，时隔12年后于2012年重新执政。中美洲各国的社会民主主义政党是国内举足轻重的政治力量。牙买加人民民族党和尼加拉瓜桑地诺民族解放阵线为本国执政党，海地社会民主融合党参与执政联盟，其余中美洲社会党国际正式成员党则无缘执政。如哥斯达黎加民族解放党、多米尼加革命党、危地马拉全国希望联盟、巴拿马民主革命党等均为反对党。南美洲的智利、巴西、乌拉圭三国社会民主主义政党获得了联合执政地位。其中智利的民主社会主义发展态势平稳，社会党和社会民主激进党均宣称发展目标为民主社会主义，它们与基督教民主党、争取民主党等中左翼政党组成的“争取民主联盟”连续执政20年，2013年12月中左翼“新多数派联盟”再次获得连任。巴西民主工党也是本国执政联盟成员之一。乌拉圭的社会民主主义政党广泛阵线是左翼政党执政联盟，也是议会第一大政治力量。南美其他国家的社会民主主义政党目前状况不理想，均没有获得执政资格。如阿根廷历史最悠久的政党激进公民联盟虽曾六次执政，但2001年底阿政治、经济危机导致该党严重分裂，相当数量党员与现执政的跨党派联盟“胜利阵线”结盟，目前激进党为阿最大在野党。秘鲁阿普拉党是最大传统政党，1985年至1990年首次执政，2006年至2011年再度执政。2011年7月28日，新兴左翼政党民族主义党主席乌马拉就任总统。委内瑞拉有两个影响比较大的社会民主主义政党，分别为民主行动党和争取社会主义运动党，两党均为反对党。哥伦比亚自由党现有党员400万人左右，哥独立以后，该党与保守党轮流执政。

综上所述，亚非拉的民主社会主义运动在困境中孕育着生机，特别是非洲的民主社会主义发展势头良好，但是这三大地区复杂的内外形势也掣肘着民主社会主义发展。非洲是世界上最不稳定的大陆之一，政局不稳、族群和宗教冲突频发、地区热点问题不时升温、恐怖主义和海盗活动泛滥、贫困化引起的社会矛盾激化等等问题，对包括社会民主主义政党在内的所有政治力量都是极为严峻的挑战，再加上大国的控制和干涉使矛盾更为尖锐突出。对于拉美国家社会民主主义政党来说，最为棘手的是如何挽救长期低迷的经济走势。受欧洲主权债务危机冲击和美国经济不景气影响，大多数拉美国家近年经济形势不佳。据联合国拉丁美洲和加勒比经济委员会（CEPAL）公布的最新数据，2014年拉丁美洲地区经济增长指数仅为1.1%。为近五年来最低，如此严峻的经济形势对社会民主主义政党来说是巨大的挑战。[①] 拉美国家的经济对美国及其国际组织依赖性很强，在开放经济之后选择发展道路难免具有被动性，而且拉美的民主社会主义带有很强的移植性色彩，原生于欧洲的民主社会主义嫁接到拉美国家，能否取得成功取决于多种因素，这就使拉美的民主社会主义发展呈现不稳定的隐患，另外拉美新左翼崛起的态势也在很大程度上抢占了社会民主主义政党等传统左翼政党的民意阵地。亚洲的民主社会主义发展相比非洲和拉美

① 黄琳惠：《2014拉美经济增长指数仅为1.1%为近五年最低》（http：//gb. cri. cn/42071/2014/12/03/7651s4789761. htm）。

要逊色许多，但同样的是这些信奉民主社会主义的政党也面临着诸多的国内经济政治问题，发展前景不容乐观。

4. 低迷但不沉寂的北美及大洋洲民主社会主义

在北美地区，美国的社会民主党和加拿大新民主党都是社会党国际正式成员，但盎格鲁—撒克逊文明主导的美国和加拿大具有天然的内生性自由主义倾向，缺乏民主社会主义繁衍和强大的土壤。众所周知，美国是实行两党民主制的国家，国内虽存在多个党派，但在国家政治生活中发挥作用的始终是民主党和共和党两党，包括社会民主党在内的其他政党根本没有发展空间。加拿大新民主党系 1961 年由“平民合作联盟”与“加拿大劳工大会”联合而成，虽在国内政坛具备一定的影响力，但从未获取执政权，当前仍处于反对党地位。在 2015 年 10 月 20 日举行的加拿大众议院选举中，新民党获 338 个议席中的 44 个，成为议会第三大党。

在大洋洲，澳大利亚和新西兰的社会民主主义政党均为本国历史悠久的政党，在国内政坛颇具影响力，两党关注社会公平、致力于可持续发展、增强社会保障等政策标识深入人心，都曾创造过长期执政的辉煌。澳大利亚工党是国内最大政党，成立于 1891 年，自 1940 年以来曾 11 次执政。2013 年 9 月 7 日，陆克文领导的工党在澳联邦大选中不敌自由党，丧失政权，结束了为期六年的执政。澳大利亚工党大选失利的原因是多方面的，但六年执政纲领不力及党内陆克文与吉拉德的讧斗是根本原因。当前对于澳大利亚工党来说，能否于 2016 年再次叩开大选胜利之门，关键在于是否能破解三大难题。即完善政策纲领以制衡阿博特政府、消除内耗以重塑党内团结、清除腐败以树立工党新形象。新西兰工党于 1916 年成立，自 1935 年起与国家党轮流执政。20 世纪末至 21 世纪初是新西兰工党的辉煌时期。新西兰工党在 1999 年执政后，采取了一系列改革措施，使新西兰经济走出低谷，在全球经济普遍疲软的情况下，实现了经济的高速增长，年均增长率在 3% 左右，全国失业率从两位数下降到 5% 左右，通货膨胀率也处于较低水平，人民生活不断改善，社会基本稳定。① 斐然的政绩使工党在 2002 年、2005 年三度执

① 向文华：《冷战后社会党民主社会主义的发展演变》，《聊城大学学报》2005 年第 2 期。

政，然而在2008年大选中，中右翼国家党击败工党，成为执政党，并将这种优势延续至2014年的大选之中，国家党领袖约翰·基蝉联总理。在大选后整理的检讨报告中，工党将落败的原因归于领导层关系紧张、资金不足和沟通失败三大因素。客观地讲，设计精良的竞选策略会增加胜选的几率，但对于一个政党而言，获取执政的关键在于纲领的科学性和可行性，新西兰工党之所以会在2008年的大选中败北，关键原因在于工党对当时全国信贷危机冲击下的经济衰退和失业率上升等问题的束手无策，民众企盼变革的愿望强烈，从而将选票投给了中右翼的国家党。因而对于澳大利亚和新西兰两国工党来说，政策纲领的完善和创新是走出低迷状态的关键。

四　民主社会主义的影响

从民主社会主义的嬗变可以清楚地看出，随着时代的变迁和形势的变化，民主社会主义思潮进行了由左向右、从社会民主主义到民主社会主义再到社会民主主义的不断自我修正，并在演进中离社会主义越来越远，成为了今天与科学社会主义完全不同的一种“永恒的修正主义”。[①]从民主社会主义的主要观点看，其抛弃了马克思主义的指导思想、放弃了社会主义的目标追求、认同了资本主义的经济政治制度，甘心充当“资本主义病床前的医生”的角色。因而，民主社会主义实质上是一种与科学社会主义完全不同的非马克思主义的社会改良主义思潮，是“以唯心主义的多元论和实用主义的方法论为指导，是为改良资本主义制度服务的。它与科学社会主义的性质和功能泾渭分明，根本不同”[②]。就连托尼·布莱尔也明确承认：“我们的方式是‘永恒的修正主义’，是在认清了发达工业国家社会所发生的变化的基础上，不断寻求实现我们目标的更好的途径。”[③]

① 吕薇洲：《民主社会主义的流变及其与中国特色社会主义的本质区别》，《红旗文稿》2010年第4期。

② 参见冯颜利等《国家兴衰与马克思主义研讨会综述》，《马克思主义研究》2007年第5期。

③ 陈林、林德山主编：《第三条道路——世纪之交的西方政治变革》，当代世界出版社2000年版，第10页。

尽管民主社会主义同科学社会主义有着本质的区别，并对世界社会主义运动造成过一定消极负面的影响。但该流派在批判资本主义、分析现实问题、预设社会主义的过程中，也提出过许多积极合理的思想观点，并在资本主义国家的社会主义运动中发挥着重要作用。

（一）民主社会主义对世界社会主义运动的积极正面影响

尽管在100多年的发展演变过程中，民主社会主义不断放弃社会主义的制度目标，但它却在理论和实践两个层面，对现代资本主义的发展演进，对世界社会主义的历史进程产生了一些积极正面的影响。

1. 揭露和批判了资本主义的弊端

尽管是一种改良主义思潮，但民主社会主义对资本主义的批判一直都没有停止和改变，尤其是对资本主义制度下的贫富不均、阶级对立、劳动者无权、失业、危机、战争等一系列不合理的状况进行了深刻揭露和批判。民主社会主义明确提出："不受约束的资本主义重新把人们划成阶级：无财产的阶级和有财产的阶级，社会广大基层上的处于依附状态和被剥夺权利的阶级与在金字塔狭窄间断的自由和有特权阶级"①，并宣布要按照社会主义原则来克服资本主义的弊端，达到改造资本主义的目的。民主社会主义把"自由、平等、互助"等一系列理想作为其试图建立的未来社会的基本原则和目标，就是其对资本主义的批判精神的一种反映。各国社会民主主义政党在执政和参政的过程中，一直把改造资本主义制度，矫正资本主义制度的弊病作为自己的工作重点，为改革资本主义采取了一系列重大措施，包括扩大政治民主和公民参与权，加强国家对经济发展的宏观调控，增加社会福利减少分配不公等，对发达资本主义国家的经济政治生活产生了重要的影响。

2. 在一定程度上维护了人民群众的利益

奉行民主社会主义的各国社会民主主义政党，无论是执政还是在野，都在其纲领中提出了改善劳动人民生活状况的主张。在实践中，各国社会民主主义政党在谋求私有经济发展的同时，力图减轻

---

① ［德］托马斯·迈尔：《社会民主主义的转型——走向21世纪的社会民主党》，殷叙彝译，北京大学出版社2001年版，第10页。

由此带来的工人失业、贫富分化、社会不公的消极后果，缓解效率与公平之间的矛盾等。尽管这些政策措施不能从根本上触动资本主义制度，无法从根本上改变资本主义的权力结构和阶级差别，消灭资本主义社会固有的各种弊病，但是却不同程度地提高了工人的政治经济地位，扩大了他们的民主权利，改善了他们的劳动条件和物质生活待遇。

3. 对资本主义国家尤其是欧洲国家的工人运动产生了极大影响

如前所述，民主社会主义是欧美发达资本主义国家工人运动和社会主义运动的直接产物，并一直同工会和工人运动保持着密切联系，是影响世界社会主义运动的一股重要潮流。作为民主社会主义这一思想体系实践者的各国社会民主主义政党及其国际组织——社会党国际，控制了大多数资本主义国家的工会，已发展成为在国际上具有举足轻重影响的政治力量，在当代资本主义国家中，既有共产党领导的工会和工人运动，也有社会民主主义政党领导的工会和工人运动，相比较而言，社会民主主义政党领导的工会运动更为普遍和重要。可以说，作为一种政治运动，社会民主主义政党在大多数资本主义国家的工人运动中都是一支巨大的力量。同时，社会民主主义政党也是发达资本主义国家尤其是欧洲许多国家中与右翼政党相互竞争、轮流执政的主要力量之一，在许多国家，社会民主党人都曾单独或联合执政，并在执政期间大力推行福利国家政策，维护了广大民众的利益，使部分社会主义政治经济主张得以在资本主义制度框架内出现。

（二）民主社会主义对世界社会主义运动的消极负面作用

作为与科学社会主义根本对立的一种思想体系，民主社会主义在意识形态上反对马克思主义，在实践中反对从根本上变革资本主义制度。民主社会主义的这一性质特征决定了其对世界社会主义运动的消极负面作用还是相当大的。

1. 淡化资本主义基本矛盾，局限于在资本主义体制内做文章

民主社会主义只是在资本主义体制内做文章，大都是对资本主义的完善与补充，而不能从根本上触动资本主义赖以存在的根基。对于工人阶级的历史地位和作用没有明确的认识，对于暴力革命夺取政权更是持反对态度。它们将实现社会主义的途径局限于议会民主手段或和平手

段，有的还把社会主义看作一个社会自然发展的过程，认为社会主义不是通过外在的力量用革命或改良的方式实现，而是在资本主义发展过程中逐步成熟起来的。自一战以来，所有奉行民主社会主义的政党所主张和确定的社会主义，都根本不同于科学社会主义或者说是反对马克思主义的。它们不是要建立一种崭新的社会制度，而是只对现行的资本主义社会制度进行改良。譬如，执政时间长达60多年的瑞典社会民主党虽然实行了从摇篮到坟墓的社会福利制度，但其94%的生产资料还集中在100家大资本家手中，国民经济的命脉基本控制在17个大财团手中，98%的平民百姓只占有国家股票的2%①，因此瑞典还是一个以私有制为基础的资本主义国家。对于这一点，社会民主党人毫不掩饰，他们宣称自己由“变革资本主义”转变成“照顾资本主义”，是资本主义“病床旁”的医生，不是“掘墓人”。② 目前在原东欧一些国家上台执政的社会民主主义政党更是毫不讳言地反复表示，它们决不奉行马克思主义、恢复共产主义，而要继续沿着使这些国家发生剧变的路线走下去，经济上完成私有化目标，只是在速度和方法上作些调整。

2. 在理论上反对科学社会主义，在实践中反对共产党和社会主义制度

作为一种改良主义思潮，民主社会主义不仅有一套反对科学社会主义的系统理论，而且在实践中长期与社会主义制度相抗争，对共产党采取敌对态度。“民主社会主义和福利国家常常是同共产主义学说的吸引力进行斗争和为共产主义模式提供另一种民主选择的最有效方法。”③在苏东剧变中，民主社会主义与科学社会主义的对立体现得淋漓尽致。正是在人道的民主社会主义指引下，原苏东地区执政几十年的各国共产党相继放弃领导权，转而实行多党制；颠覆无产阶级专政，鼓吹“全民民主”；放弃马克思主义的指导地位，主张意识形态多元化；否定生产资料公有制，主张推行私有化。它们不约而同地、非强制性地完成了从共产党向社会“民主”党的改建，从固守马克思主义的理论教条转而

① 高放：《科学社会主义与民主社会主义的百年分合》，《理论参考》2007年第8期。

② ［德］勃兰特、克赖斯基、帕尔梅：《社会民主与未来》，丁冬红等译，重庆出版社1990年版，第113页。

③ ［美］布热津斯基：《大失败——20世纪共产主义的灭亡》，军事科学院外国军事研究部译，军事科学出版社1989年版，第11页。

信奉民主社会主义的价值纲领，从而丢失政权、改变制度性质，甚至造成了亡党亡国的悲剧。正如有学者所言："在东欧剧变过程中民主社会主义思潮呈现了令人瞩目的政治现象，而且起了旗帜的作用。"①

3. 调和了资本主义国家的阶级对立，推迟了社会主义革命形势的到来

奉行民主社会主义的各国社会民主主义政党在执政和参政过程中，通过一系列改良主义的理论政策和措施主张，促使资本主义由极端贪婪和自私变得比较"文明"和"人道"，并在一定程度上改善了广大劳动人民的物质生活状况。但同时，社会民主主义政党推行的政策措施及其后果，也在工人阶级中造成了一种只要通过议会选举和政策调整就可以解决社会矛盾的表象，使工人阶级把经济利益的满足作为斗争的最高目标，把通过工会与资方谈判、示威游行和罢工作为主要的斗争手段，逐渐丧失了自身革命意识和历史使命感，完全忽视了工人阶级根本利益的一致性，削弱了工人阶级的整体力量，一定程度上延缓了资本主义经济危机的周期和资本主义制度的灭亡过程。

总之，作为一种在全球具有广泛影响的改良主义社会思潮，民主社会主义在世界社会主义运动中曾经起到过积极正面的作用，对此我们要充分肯定，对于其社会管理等方面的有益经验我们也可以有选择地进行借鉴。但民主社会主义毕竟与科学社会主义有着本质区别，我们一定要对其进行批判性分析，坚决否弃其对世界社会主义运动造成的消极负面影响。当前，面对民主社会主义思潮对我国主流意识形态造成的挑战，我们要旗帜鲜明地反对"只有民主社会主义才能救中国"等错误论调，坚持中国特色社会主义的理论、制度、道路和文化自信，坚信中国特色社会主义是科学社会主义在当代中国的继承和发展，只有中国特色社会主义才能引导中国走向更加光明的未来，在当代中国，坚持中国特色社会主义道路，就是真正坚持社会主义。

① 姜琦：《东欧民主社会主义思潮》，《马克思主义研究》2002 年第 5 期。

第六章

市场社会主义

作为当代世界一个重要思潮和流派，市场社会主义泛指国外对社会主义与市场经济能否结合、怎样结合等一系列问题的艰辛探索中，所形成的将市场经济和社会主义联结在一起的理论模式和实践形式。自 20 世纪二三十年代第一个完整理论模式诞生至今，市场社会主义在其近百年的发展演进历程中，逐步走出了将市场视为资本主义的本质特征，把计划当作社会主义的唯一经济运行机制的误区，明确提出了社会主义应当而且必须利用市场的基本理论主张。20 世纪下半叶，随着市场社会主义在原苏东一些社会主义国家的付诸实践，有关市场社会主义的理论探讨被推向纵深。苏东剧变之后，西方许多左翼理论家纷纷将市场社会主义作为未来社会的蓝图，“表现为各种各样的方案，使市场社会主义理论探讨又重新活跃起来”①。有关市场社会主义的探讨再次在世界范围内受到了广泛关注和高度重视。

一　市场社会主义的历史演进

19 世纪中后期，马克思主义获得了空前迅速的发展。马克思主义的迅速发展和世界社会主义运动的日益高涨，引致了部分资产阶级学者对“社会主义经济运行”的攻击和责难②，同时也促使西方一些经济学

---

① ［日］伊藤诚：《市场经济与社会主义》，尚晶晶等译，中共中央党校出版社 1996 年版，第 208—209 页。

② 当时瑞典学派的古斯塔夫·卡塞尔（Gustav Cassel）等人就明确指出：因为社会主义不能为生产要素制定合理的价格，所以，社会主义不可能合理配置资源、有效地组织生产。

家和社会改良主义者在研究资本主义市场经济理论的同时，开始关注社会主义条件下的经济问题，对社会主义与市场经济的联结进行了不同程度的思考，市场社会主义就是在这些探讨中逐步孕育、形成并发展起来的。自第一个完整的理论模式——“兰格模式的市场社会主义”（Langian Market Socialism）诞生至今，市场社会主义经历了萌生—诞生—发展—突破—新发展等阶段的发展演进。

（一）“试错法”等思想的提出与市场社会主义的萌芽

19世纪末20世纪初，随着马克思主义的迅速传播，一些西方经济学家和改良主义者，开始立足于对资本主义市场经济的考察，探讨社会主义条件下的经济问题。尽管其初衷并不是要变革资本主义制度、为社会主义的发展谋求合理方式，有的甚至还是出于对社会主义的攻击和责难，但是他们却提出了一系列关于社会主义能否实现资源有效配置的观点，其中隐含了大量关于社会主义与市场经济相结合的思想。

1. 社会主义可以通过“试错法”求解经济均衡方程，实现一般均衡价格。

边际效用理论的创始人瓦尔拉（L. Walras）运用其“边际效用学说”和“一般均衡理论”，证明了可以通过“试探”（tatonnements）的方法使商品供求达到均衡，即由一个拍卖商喊价，如果在这个价格上，需求与供给不相等，就会喊出一个新的价格，这个程序一直持续到供求相等为止。在此基础上，他进一步提出，社会主义条件下可以通过国家的力量消除垄断，建立一个完全竞争的机制，使一般均衡价格得以实现，“在社会中组织并维持自由经济竞争是个立法问题，而且是非常复杂的立法问题，国家必须承担这一任务。”① 意大利著名数理经济学家巴罗内（Enrico Barone）进一步论证了中央控制的社会主义与完全竞争的资本主义一样，可以通过“反复试验”求解经济均衡方程组。此外，德国社会学家爱德华·海曼（Eduard Heimann）也探讨了社会主义制度下价格的确定问题，主张将“反复试验”运用于估算价值，认为“恰当的量是不可能从任何一般规则中加以规定的——只有在市场经济中才

① ［美］卡尔·兰道尔：《欧洲社会主义思想与运动史》下卷，刘山等译，商务印书馆1994年版，第588页。

能办到。问题是只能通过试验加以解决。"①

2. 资源配置效率不取决于社会制度的性质。

新古典学派的著名代表帕累托（Vilredo Parato）及其弟子巴罗内率先探讨了资源配置效率同社会制度的关系。帕累托认为，社会主义生产部在理论上可以达到同理想的自由放任资本主义经济一样的经济效果，"帕累托最优"概念"可以应用于任何经济中。而且至少在理论上说，一种不同于完全竞争的经济制度也可以达到帕累托最优性。"② 巴罗内进一步论证了在一个经过恰当设计和严格计算的集体主义经济中，同样可得到"帕累托最优"的必要条件，并据此设计了一种不存在货币和价格、全部经济资源都归集体所有、整个经济由中央计划委员会集中管理的社会主义经济模式。③ 上述观点隐含着资源配置效率并不取决于社会制度的思想。

3. 作为价值度量手段的货币在社会主义条件下也存在。

考茨基早在 1902 年就指出，货币是确保产品流通并向每一个成员进行分配的最简便手段，因此在社会主义社会依然是必不可少的流通手段。社会主义国家诞生后，考茨基再次强调社会主义并不意味着废除货币，并具体论证了货币作为价值计量手段的重要性："在社会主义社会中，货币作为价值的度量和商品流通的手段，将继续存在，……不论据以组织社会主义社会的路线是什么，会需要很仔细的会计。"④

上述观点为市场社会主义理论模式的建构提供了丰富的思想材料。其中的"均衡价格理论"、"试验错误法"、"社会主义货币论"等，还直接或间接地被市场社会主义各种理论模式和实践形式所吸收。⑤

（二）兰格模式与市场社会主义的诞生

1917 年第一个社会主义国家苏联的建立，使社会主义由理想变成了现实，相应地，社会主义经济也从一个纯理论问题变成了一个重要现

---

① ［美］卡尔·兰道尔：《欧洲社会主义思想与运动史》下卷，刘山等译，商务印书馆 1994 年版，第 612 页。

② ［澳］黄有光：《福利经济学》，周建明等译，中国友谊出版社 1991 年版，第 60 页。

③ E. Barone,（1908）"The Ministry of Pruduction in the Collectivist State", Reprinted in Hayek ed.（1935）, *Collectivist Economic Planning*, pp. 286 – 289.

④ K. Kautsky,（1925）, *The Labour Revolution.*（Trans. By H. J. Stenning）London: G. Allen & Umvin. p. 262, p. 270.

⑤ 吕薇洲：《市场社会主义评析》，《郑州轻工业学院学报》2004 年第 2 期，第 19 页。

实问题。20世纪二三十年代，围绕“中央计划经济能否有效运行，社会主义能否实现经济的合理计算”等问题，国外理论界展开了一场激烈论战。论战的一方以奥地利学派的米塞斯（Von L. Mises）、哈耶克（Friedrich August F. Hayek）等西方自由主义经济学家为首，另一方以美国经济学家泰勒（Fred Manville Taylor）和当时旅美的波兰马克思主义经济学家兰格（Oskar Lange）为代表。市场社会主义的第一个理论模式——“兰格模式”就是在这次争论中诞生的。

1. 论战中的责难方：社会主义不可能进行合理的经济计算

米塞斯、哈耶克等人以“战时共产主义”经济模式以及20世纪二三十年代苏联社会主义经济模式为蓝本，对社会主义经济制度的合理性发起了猛烈攻击。米塞斯指出：“市场是资本主义制度的核心，是资本主义的本质，只有在资本主义条件下，它才是可行的，在社会主义条件下，它是不能被人为地仿制的。”① 哈耶克从彻底的经济自由主义出发，指出经济的集中必然导致权力的集中和滥用，最终导致个人自由的丧失，并进而断言公有制和计划经济都是“通往奴役之路”，“社会主义不仅是没有效率的，也必然是不自由的。如果个人只是计划人员实现其计划的工具，就不可能存在个人自由，私有财产对于政治自由和经济效率来说，都是至关重要的。”② 米塞斯、哈耶克等人的基本立场是：社会主义条件下不可能进行合理的经济计算，计划经济不可能进行合理的资源配置，因而也不可能合理存在，“问题仍然是二者必居其一，要么是社会主义，要么是市场经济。”③ 按照他们的观点，只有建立在生产资料私有制基础上的自由竞争市场，才能有效地求解经济均衡，合理进行资源分配。

2. 论战中的辩护方：社会主义条件下能够进行经济计算、合理分配资源

面对反对者的批评，社会主义的支持者进行了积极回应，其中泰勒

① Von L. Mises (1935), “Economic Calculation in the Socialist Commonwealth”. In Hayek (1935) *Collectivist Economic Planning*. London. p. 110.

② ［英］阿兰·艾伯斯坦：《哈耶克传》，秋风译，中国社会科学出版社2003年版，第5页。

③ ［奥］米塞斯：《社会主义制度下的经济计算》，载《现代外国经济学论文选》第9辑，商务印书馆1986年版，第67页。

和兰格更是从不同的角度，有力反驳了米塞斯、哈耶克等人的观点，论证了在社会主义条件下进行经济计算、合理分配资源的可能性和现实性。泰勒指出：社会主义国家将“作为有足够信心来正确地使用自己所支配的经济资源的人，履行自己的职责”①。

兰格在其著名的“社会主义经济理论”一文中，对巴罗内等人提出的“试错法”给予了非常肯定的评价：“巴罗内已经指出一个事实，即经济均衡方程在社会主义社会中也必然依靠试验错误来求解。”② 在吸收瓦尔拉和巴罗内等人关于社会主义靠“试错法”能够求解经济均衡方程以及泰勒如何实现求解的基础上，兰格从总体上对米塞斯、哈耶克等人的观点进行了全面彻底的驳斥。

兰格首先指责米塞斯、哈耶克等人混淆价格的两重含义，对社会主义是否存在价格作出了错误判断。在对价格的两重含义进行区分和界定基础上，兰格指出，在社会主义条件下，不存在实际交换的生产资料市场，因而也不可能存在生产资料的“狭义”价格，但是，作为“选择指数”的生产资料的“广义”价格却仍然存在。而正是这种社会主义拥有的“广义价格才是解决资源分配问题所不可缺少的”③。然后，兰格批驳了米塞斯、哈耶克等人否定社会主义经济中资本货物能获得“选择函数”的观点，明确指出：中央计划局可以通过“模拟”市场机制的方法，运用“试错法”的手段求解经济均衡方程并确定商品价格，解决经济计算、计划预测等问题，从而实现资源的合理有效配置。“试错法”也适用于消费选择自由和职业选择自由都不存在的社会主义制度中。在那里资源分配不受消费者偏好的指导，而受负责管理经济制度的官僚集团的目标和评价的指导。④

3. “兰格模式”的主要内容和特征

“兰格模式”论证了在社会主义计划经济的总体框架内，中央计划局通过“模拟市场”和“计算价格”等方式进行资源配置，并以此达

---

① F. M. Taylor (1929), “The Guidance of Production in a Socialist State”, in *American Economic Review*, 19, (March).

② Oskar Lange (1936), “On the Economic Theory of Socialism”, In *the Review of Economic Studies*. 4 (1) Oct. p. 56.

③ Ibid., p. 55.

④ Ibid., p. 68.

到社会主义经济均衡的过程。该模式的主导思想是："社会主义社会将既不取消货币，也不取消价格体系。价格体系是资本主义成就中的一个，社会主义接受现代生产技术的同时，也接受资本主义的价格体系。"①

该模式建立在对社会主义社会的一系列假定的基础上。包括保持消费者选择自由与职业选择自由；依据劳动者对生产的边际贡献进行收入分配；积累率由计划当局的偏好尺度决定等等。"兰格模式"建立在对以下几个问题深入思考和探讨的基础上。一是在人所共知的竞争市场上，如何靠"试错法"建立经济均衡；二是如何在模拟市场的条件下，用与竞争市场中相似的"试错法"在社会主义经济中实现经济均衡；三是中央计划局如何通过模拟市场机制的方法，满足经济均衡的条件，从而实现资源的合理分配，而且也不需要去求解数十万个甚至几百万个方程。

"兰格模式"最显著的特征是，其市场只限于消费品和劳动力市场，而没有产品市场。基于此，有人称之为"消费和劳动的市场社会主义"（Consumer and Labor Market Socialism）。② 此外，该模式还具有以下几个特点：（1）生产资料公有，但允许个体农民经济、小型工业经济仍保留私有制；（2）存在着三个决策层次，中央计划局是最高层次，中间层次是各生产部管理机构，企业和家庭是最低层次；（3）存在双重价格标准，其中消费品和劳动力通过市场来定价，生产资料价格由中央计划机关通过"模拟市场"竞争决定。

"兰格模式"的提出打破了传统的社会主义经济模式，是社会主义计划经济中引进市场机制的最早理论尝试。该模式为后来经济学家在计划经济中引入市场机制，解决资源的合理配置提供了新思路，在社会主义经济运行机制的研究历史中具有奠基的作用，它标志着市场社会主义理论的正式诞生。

（三）"分权模式"与市场社会主义的发展

"兰格模式"诞生后，曾一度被视为异端邪说招致抨击和抵制。社

---

① 陈云卿等编：《外国学者论社会主义市场经济》，社会科学文献出版社 1993 年版，第134—135 页。

② Allen Buchana（1985），*Ethics*，*Efficience and the Market*，the Princeton University Press，p. 104.

会主义各国将之斥为“修正主义的社会主义”，是“反马克思主义”的。[①] 即使在兰格的祖国波兰，市场社会主义也未能及时得以实施。

1. “分权模式”的形成与发展

20 世纪 50 年代以后，随着苏南关系的破裂和中央高度集中计划经济体制弊端的暴露，市场社会主义开始引起社会各界的关注，尤其是引起社会主义国家的重视。东西方一些经济学家在“兰格模式”基础上，对市场和社会主义的关系作出了进一步探索，各种“分权模式”在探讨中得到了详细论证和充分认定。

这些理论模式，从当时苏东社会主义国家的现实出发，分析了中央集权计划经济模式的种种弊端，从不同角度，强调了市场和企业的作用，论证了社会主义国家通过可控市场引导企业决策、实现计划和市场、劳动者自主管理与宏观经济计划结合的社会主义运行模式，回答了社会主义是否可以引入市场机制、计划和市场如何协调等一系列问题。这些理论模式，强调的是一种二元机制理论，其根本目的是要在计划的有效调控下发挥市场的作用，通过计划与市场的适度比例配置，使二者的缺陷和矛盾在结合中达到最小化，使二者的优势在结合中达到最大限度的发挥。它们为社会主义国家的经济体制改革尤其是南斯拉夫和匈牙利等国的市场社会主义实践提供了必要的理论依据。

2. “分权模式”的主要理论观点和主张

波兰学者布鲁斯在其“导入市场机制的计划经济模式”中，分析了集权模式的弊端，提出了国家通过控制市场来引导企业决策，实行劳动者自主管理与宏观经济中央计划结合的社会主义经济运行模式。在他看来，必须在发挥市场机制作用的同时，加强对市场机制的控制，以确保市场运行符合宏观计划目标。他强调：新的解决办法不是在计划或市场、集权或分权中作出择一的决策，而是“在于计划和市场结合起来的方式，在于集中决策和分散决策的最优范围”[②]。

捷克著名经济学家锡克的“社会主义的计划性市场经济”模式，论证了社会主义经济中计划与市场、宏观平衡和微观平衡相结合的必要

---

① ［苏］M. 马卡罗娃：《“市场社会主义”模式批判》，载《苏联理论界论市场社会主义》，人民出版社 1983 年版。

② ［波］弗・布鲁斯：《社会主义经济的运行问题》，周亮勋、荣敬本、林青松译，中国社会科学出版社 1984 年版，第 64 页。

性。他指出："单靠市场或单靠没有市场的国民经济计划都不能保证经济的有效和符合社会长远利益的发展。"① 计划和市场的有机结合意味着两者的相互渗透。一方面，市场信息应成为制订计划的依据和执行计划的标准；另一方面，计划不仅要为市场规定方向，而且还要对市场施加影响，以克服市场的盲目性。

匈牙利经济学家科尔内从批判当时社会主义国家普遍存在的短缺现象入手，提出了"在计划经济内导入市场机制的模式"。该模式要求以市场中的企业硬约束预算取代软约束预算、从模拟货币经济转为货币经济的方法，实现企业自身完善的社会主义经济改革。在科尔内看来，对国家调节和市场体系的谨慎选择是必要的，在大多数领域是二者的结合而不是分离。但他同时指出："行政机构对市场过程干预的频度和程度具有一定的临界值，如果超过这些临界值，那么市场就会被行政规定所削弱和支配。"② 因此，他主张尽可能地缩减行政协调的范围而尽力扩大市场调节的范围。

英国经济学家诺夫（Alec Nove）"可行的社会主义模式"也建立在计划与市场有机结合的基础之上，其基本内容包括：（1）政治上是周期的议会选举与多党制的民主主义。（2）生产主体多形态化，包括自主管理的国家企业、合作集体企业、一定限制下的个人企业等；（3）没有大规模的生产资料私有制；企业形式包括中央控制和管理的国营企业、充分自治的社会化企业、合作社企业、小规模私人企业以及个体等五种类型，其中国家所有制、社会所有制和合作社所有制占主导地位。（4）中央计划主要负责决定重要投资项目，调整重复的分散投资，扶持有重大社会影响的部门以及决定国民生产总值中用于投资的份额；（5）通过民主投票表决方式，决定哪些部门实行市场化、哪些物资和服务可以免费；（6）经济部门分为价格受管制的部门和自由议价部门；（7）国家通过对利润课税和制定所得税政策，减小市场所导致的不平等，并提供充分的职业选择自由及提高劳动能力的机遇。③ 在诺

① ［捷］奥塔·锡克：《第三条道路》，张斌译，人民出版社 1982 年版，第 159 页。

② ［匈］亚诺什·科尔内：《理想与现实——匈牙利的改革过程》，荣敬本译，中国经济出版社 1987 年版，第 21 页。

③ ［英］亚力克·诺夫：《可行的社会主义经济》，唐雪葆等译，中国社会科学出版社 1988 年版，第 269—310 页。

夫看来：有效率的社会主义经济必须是计划与市场的结合、集中和分散的结合、控制和地方积极性的结合。正是基于此，有人将该模式称为“二元经济”（dual economy）模式。

3. “分权模式”的实践及其失败

“分权模式”的提出，为当时苏东各国，尤其是南斯拉夫和匈牙利的经济体制改革实践提供了必要的理论依据。而苏东国家的经济体制改革实践，又为市场社会主义理论的进一步发展创造了条件和氛围。在这种理论探讨和实践演进的交互作用中，市场社会主义得到了长足发展。然而令人遗憾的是，苏东国家在市场社会主义理论指导下推行的改革实践，最终却以走上资本主义市场经济之路、滑入经济自由主义泥潭告终。

市场社会主义的实践及其失败，不仅对市场社会主义在当代的发展，而且也对我国社会主义市场经济新体制的建立，提供了许多有益的经验和教训。由此我们可以看到，“分权模式”尽管主张引入真正的竞争市场，但这种市场旨在使计划从一些烦琐的细节中解脱出来，而不是削弱计划的作用。市场仅被视为计划经济的一种重要补充。

在市场化日益成为世界经济发展趋势的今天，仅仅认识到计划经济体制的弊端，在原有的经济体制框架内进行引入市场调节的改革，而不去变革僵化的社会主义计划经济体制，就不可能从根本上找到计划与市场在社会主义经济中结合的正确途径和有效方式。正如一位学者所指出的：“原苏联东欧社会主义国家的解体，在很大程度上与没有能够在社会主义范畴内找到计划与市场有效结合的途径和形式有关。”①

（四）市场主导模式与市场社会主义的突破

市场社会主义在苏东国家的受挫，新自由主义在全球范围的扩张，并没有阻止市场社会主义理论和实践继续推进的步伐，只不过市场社会主义的试验场由苏东国家转移到了西方国家。20 世纪七八十年代的石油危机以及随之而来的世界性经济危机，造成了西方国家经济停滞和通货膨胀并发的局面，为摆脱困境，以英国工党为代表的社会民主党开始着力更新其传统的社会主义经济理论和政策，寻求摆脱困境的方法并着

① 日山：《著名学者论社会主义市场经济》，人民出版社 1992 年版，第 13 页。

力于更新其传统的理论观点和政策主张。市场社会主义发展的突破阶段就是在这种历史背景下产生的，其标志是“市场主导”模式的提出。

1. “市场主导”模式的形成与发展

20 世纪 80 年代是新保守主义思潮膨胀的阶段，也是英国工党等社会民主党在低谷中奋进的时期。1983 年英国工党在大选中的败绩，使工党原来的社会主义信念遭到前所未有的严重打击。在这种情况下，英国工党要摆脱困境、走出低谷，在政治舞台上重新振作起来，必须适应新的形势变化，拿出能使选民信任的可行的新政策。

1983 年接任工党领袖的金诺克（Neil Kinnock）引导全党就一些重大理论问题展开讨论。“工党的智囊机构——费边社邀约了一批同情和支持工党的知名学者深入探讨工党失利的原因”①，他们普遍认为，简单地提出用国营经济代替市场经济是极为愚蠢的，必须找到一套刺激和鼓励的制度。为此，工党抛弃了其自二战以来引以为豪的“国有化”政策，提出了要创建一种私营部门繁荣发展、民主计划与竞争并存的“社会主义经济”。同时，工党还开始重视市场机制，强调在国家帮助或干预下发挥市场的作用。金诺克的继任者约翰·史密斯（John Smith）继续对英国工党传统的社会主义经济理论进行改革。

1994 年，上任伊始的英国工党领袖托尼·布莱尔（Tony Blair），提出了建设“新工党、新英国”的口号，开始大刀阔斧地对工党进行改革。他向全党提出修改党章第 4 条款的建议，并六易其稿使之在 1995 年 4 月 29 日修改后的新党章得以通过。新党章提出：“本党赞成在公共利益的基础上管理强大而来源丰富的公共服务，这种服务的存在既是公正社会也是有生命力的成功经济的重要基础；本党既需要有社会责任感和适当控制的私有因素，也需要奠定在效率和公共基础上的公有制。”②这是英国工党第一次在党章里对混合经济、市场、竞争及私营经济持肯定态度，标志着“市场主导”模式的最终确立。

2. “市场主导”模式的基本内容和主要特征

经历了几代工党领袖和左翼学者探索，才达到比较成熟的理论形态

① ［英］索尔·埃斯特林、尤里安·勒·格兰德编：《市场社会主义》，邓正来等译，经济日报出版社 1993 年版，“序”第 1 页。

② 刘建飞：《英国两党政治的发展及 1997 年大选分析》，《欧洲》1997 年第 2 期，第 84 页。

的“市场主导”模式，囊括了英国工党对社会主义所有制（国有和私有）、社会主义经济运行机制（计划和市场）以及社会主义本质（目的和手段）等一系列问题的新认识。

在所有制问题上，该模式摒弃无条件主张国有化，把国有化作为社会主义目标的传统观点，而将国有化仅仅视为实现其“社会主义目标”的一种手段。主张在公有部门和私营部门之间建立伙伴关系，当国有化能够促进经济发展、改善财富不均时，就采用国有化；反之则采取私人所有制，从而建立一个充满生机的经济体系。

在对待市场的态度上，该模式认为市场是一种特定经济组织方式，是调节商品生产和服务的工具。市场本身是中立的，能够与资本主义分离，“尽管使资本主义完全脱离市场是不可能的（至少从某个方面讲，这是因为无论是资本主义制度、社会主义制度，还是混合型制度，只要是工业制度就必然会运用这种市场或那种市场），然而使市场完全脱离资本主义则是极为可能的。”“运用市场来实现社会主义的目的便是我们所指的市场社会主义。”①

在对社会主义本质问题上，该模式放弃了以“结果平等”为目的导向，转而强调一种“起点平等”，主张一开始就采取某种方式（比如从现金入手采取凭单方式）进行重新分配，以使人们在资源（包括个人收入、受教育资格和享受医疗保健的资格）方面以较平等的基础进入市场。“要确保一个真正自由的市场，我们不得不关注市场所涉及的程序——打破垄断和制定法律以保证不发生胁迫性交易——而且还必须关注进入市场的个人自由的条件，以及使这些条件以其制度形式反映最高程度的选择自由。”② 在他们看来，唯此才能保证市场更自由、更公正。

“市场主导”模式最基本的特点是强调市场的主导作用，该模式不仅认识到市场是一种中性机制，社会主义可以而且应当与市场联姻；而且突破了长期以来市场社会主义在“计划与市场”之间徘徊的局面，强调把市场作为经济运行中主要的交换机制，主张只有在市场作用失灵的情况下，才应该启用非市场机制（指导性计划）对市场机

---

① ［英］索尔·埃斯特林、尤里安·勒·格兰德编：《市场社会主义》，邓正来等译，经济日报出版社1993年版，第1页。

② 同上书，第74—75页。

制进行有益的补充。“在一个希望采纳社会主义目标的复杂的工业社会中，市场应成为交易机制的主导形式，它们与其他的制度一起，能够以令人满意的方式为一个经济制度配置资源提供信息和刺激。”因此，“主要的交换机制只能是市场。最好不管的就应当不管”。①

（五）各种新模式与市场社会主义的新发展

新发展阶段市场社会主义各种模式，是欧美国家左翼人士针对苏东剧变后出现的私有化浪潮和苏东国家全面市场化改革带来的不良后果，为“复兴社会主义”、“重构社会主义理论模式”而提出的。其目的在于建构一种相对于现代资本主义国家具有更高效率和更大公平的经济制度。

1. 新发展阶段各种市场社会主义新模式的提出及其基本观点

苏东剧变后，国外马克思主义经济学家将研究重点转向了分析苏东国家剧变原因、设计未来社会发展方案上，他们提出并详细论证了种种与原苏联模式完全不同的社会主义未来模式，包括：美国经济学家罗默“银行中心的”市场社会主义（Bank – Centric Market Socialism）、英国著名学者戴维·米勒（David Miller）“合作式”的市场社会主义、美国经济学家詹姆斯·容克（James A. Yunker）“实用的”市场社会主义（Pragmatic Market Socialism）、托马斯·韦斯科夫（Thomas Weisskopf）“民主的基于企业的”市场社会主义（The Democratic Enterprise – Based Market Socialism）、弗累德·布洛克（Fred Block）“剥夺金融资本权力的社会主义”以及迪安·埃尔逊（Diane Elson）“市场社会化社会主义”，等等，从而使市场社会主义在理论上得到了新发展。

新发展阶段各种市场社会主义模式的倡导者普遍认为，苏东剧变主要在于缺乏市场机制的有效作用，忽视劳动者的自主性。因此他们都主张全面、辩证地总结当代世界经济尤其是市场社会主义理论与实践的经验教训，力图充分体现效率与平等相结合的原则。

2. 新发展阶段各种市场社会主义模式的共同特征

尽管各种新模式的种类繁多且存在许多差异，但它们仍具有以下共同特征。

---

① ［英］索尔·埃斯特林、尤里安·勒·格兰德编：《市场社会主义》，邓正来等译，经济日报出版社1993年版，第107、24页。

一是强调市场的主导地位和作用，甚至要求“复制”一个资本主义下完全竞争的市场。市场社会主义新模式的倡导者强调：市场较计划在许多方面具有更大的优势，“同中央指令和行政分配相比，运用市场手段执行计划可能更有效”①。在他们看来，市场是协调经济决策的最有效形式，如果将市场作为主导机制，计划可以在必要之时和必要之处加以运用。相反，如果将计划作为经济运行的主导机制，则市场势必因受到压制而渐渐失去其积极的作用，以致不能有效地发挥其应有的功能。基于此，各种新模式都主张把市场作为实现社会主义的一种主要手段、作为经济运行中主要的交换机制，有模式甚至还提出要复制一个资本主义下完全自由竞争的市场。

二是力图建立一些隶属于代表公共利益的“公有公司”（publicly owned corporation），以保持某种形式的“公有”，从而实现更大程度的平等。各种新模式在建构过程中，都力图建立一些隶属于代表公共利益的所有制当局的“公有公司”，它们或者在企业的生产资料方面，或者在企业的利润分配方面，或者在市场的信息化等方面都实行了某种形式的“公有制”。这些“公有”的形式是多种多样的，有的模式采取了证券经济的形式，有的建立了公共所有局。

三是允许企业在自由竞争的市场中追求自身的“最大利润”。将利润最大化作为企业经营原则，是市场社会主义发展新阶段各模式的一个非常重要的共同特征，是该阶段各模式不同于计划社会主义的一个关键因素，也是该阶段各模式试图获取经济高效的一个重要举措。正如罗默所说：在市场社会主义新发展阶段的各种模式中，有许多不同种类的财产权“引导企业经理追求最大化的利润——至少使他们像在大型资本主义企业中所做的那样有效——但又同样防止了以资本主义特有的极其不平等的方式在国民中分配利润。”②

四是力图建立一个有效而民主的投资管理体系。各种新模式都将政府的干预限定在对企业投资或对企业利润征税上，政府或者使用差别利率管理投资的方式，或者通过对投资进行民主监督的方式，对企业进行

① ［美］伯特尔·奥尔曼：《市场社会主义——社会主义者之间的争论》，段忠桥译，新华出版社 2000 年版，第 7 页。

② ［美］约翰·罗默：《社会主义的未来》，余文烈译，重庆出版社 1996 年版，第 31 页。

监督，并且这种监督也只是指导性质上的，根本不具有必须执行的成分。

二 当代市场社会主义的重要理论模式

从计划模拟市场的“兰格模式”的诞生，到计划与市场并存的“分权模式”的提出，再到强调充分发挥市场作用的“市场主导”模式的问世，直至当前各种市场社会主义新模式的涌现，市场社会主义在其百年发展历程中产生过形形色色的理论模式。由于各模式倡导者所处历史时期的不同、政治立场的差异以及意识形态的分歧，他们所提出的模式在形式、目的、内容、特征等诸方面也各具特色。笔者曾将市场社会主义理论模式分为“计划—市场二元机制”与“市场主导”两大类型若干模式进行过介绍。[①] 由于“二元机制”类型的模式大都存在于苏东剧变前，这里仅着重介绍和分析“市场主导”型各模式。我们可将其划分为强调效率、注重公平、崇尚民主三种类型。

（一）强调效率的市场社会主义模式

强调效率各模式的倡导者普遍认为：较之计划指令，市场机制在激励、创新、获取信息、促进自由民主等方面具有明显的优势，因此不仅应当运用市场实现社会主义，而且还应把市场作为主导机制。他们主要围绕怎样促进企业提高效率，保持革新变化的活力等问题设计的各种未来社会主义发展方案。

1．约翰·罗默的“银行中心的”市场社会主义模式或“证券社会主义”模式

罗默在 1991 年《争鸣》杂志发表的“市场社会主义：一个蓝图，这样的经济如何运作”一文，首次探讨社会主义经济模式。随后儿年他又相继发表了“市场社会主义的道德和效率”、“市场社会主义：一个恢复活力的实例”、“共产主义之后会有社会主义吗?”等文章，并于 1994 年出版了《未来的社会主义》一书。在这些著述中，罗默深刻剖

① 参见吕薇洲《市场社会主义评析》，《郑州轻工业学院学报》2004 年第 2 期；吕薇洲：《市场社会主义与社会主义市场经济：模式·比较·借鉴》，研究出版社 2005 年版，第二章。

析了苏东失败的原因，详细论述了其“银行中心的”市场社会主义模式，亦有人称之为“证券社会主义”（Coupon Socialism）。

该模式的主要内容包括：（1）以银行为中心。即若干企业围绕一个“主办银行”，以“联合股份公司”的形式在竞争的市场上运作。银行作为联系国家和企业的纽带，既负责对集团内的企业提供资金，又负责对各企业的经营进行监督，以便保证各企业能够获得利润，并有条件偿还其贷款；（2）实行证券经济。即每个年满21周岁的成年公民，除了按劳动技能和时间领取工资（现金货币）外，还将获得由政府发放的固定数量的息票和凭单（证券货币）。这些息票和凭单可用于购买企业股票，并以社会红利的方式平等分配该企业的利润，也能够以票证价格为中介，用一个企业的股票换取其他企业的股票。同时，为防止企业所有权向少数人集中，该模式规定既不能把股票兑换成现金，也不能用货币购买股票，公民死后，必须将其拥有的证券货币交还公有；（3）国家对经济具有较大的控制权。国家在对投资方向和投资构成决定方面具有很大的控制权，负责“对投资形式和投资程度进行计划”①，但这种干预是通过贷款利率来实施的，即国家对不同的产业部门规定不同的利率，由国家银行以低于市场水平的利率，贷款给那些需要发展的产业部门。在该模式中，企业的高效运转主要通过银行监督以及国内外企业间的竞争来保证。“如果银行积极有效地监督企业而企业必须依赖银行的资金，如果国际贸易的大门是敞开的，那么，企业就会革新”②。在罗默看来，能否按时收回本息取决于企业的获利能力，同时也决定了银行是否能继续筹措资金以进一步对企业发放贷款，因此，银行必然会非常积极主动地对企业的经营状况进行监督，银行监督是保证企业高效率经营的最有力措施，另外来自国内外企业间的竞争，也是促使企业不断革新、保持高效运作的一大动力。“来自国际性生产竞争的大门必须保持开放。来自国外的竞争可以检查机构监督中的疏漏。”③

该模式既利用了股票市场承担风险和监督企业方面的优点，又促成了企业利润分配的均等化。当然，这种均等化只是收入的“大致上的平

---

① J. Roemer (1993), “Can There Be Socialism after Communism?” in *Market Socialism: The Current Debate*, ed. by J. Roemer & P. Bardhan. NY: Oxford University Press, p. 94.

② ［美］约翰·罗默：《社会主义的未来》，余文烈译，重庆出版社1997年版，第71页。

③ 同上书，第70页。

均分配”，因为每个公民的收入来源除了社会分红以外，还有工资，而工资是按照劳动技能和劳动时间来获得的，由于个人教育程度的不同和才能的差异，工资也不会相同，因而不可能实现收入的完全平等。基于此，该模式中很少触及劳务市场及工资不平等，该模式认为竞争性劳务市场的存在是有效分配劳动力的必要条件，“自我实现和福利机会平等（而不是自我实现和福利平等）是目标”①。

2. 詹姆斯·容克的“实用的”市场社会主义模式

早在20世纪60年代，容克就开始研究各种“民主的市场社会主义”，尤其专注于研究“实用的”市场社会主义，几十年来发表了数十篇论文和著作，详尽论述了其倡导的“实用的”市场社会主义模式。

该模式的提出是基于“资本主义与社会主义”的问题完全独立于“计划与市场”的问题之外这样一个判断。因此，“复制市场资本主义的市场特征”同时又“确保其比资本主义具有更大的财产收入分配方面的公平”② 就成了该模式的根本宗旨。“实用的市场社会主义经济体系不仅在短期、而且在长期内都要获得至少与现代资本主义经济体系相同的经济效率，同时，它还将使资本财产收入分配远比现行资本主义表现出来的更加平等和公正。”③

该模式的主要内容和特征包括：（1）实行生产资本公有制。这种公有制要求将大型的、业已建立的公司的所有权转为公共所有，只保留创业企业（包括小型私人企业和企业家自己经营的企业）的私人所有权。容克多次强调，生产资本的公有制既是该模式的核心，也是其运作的根本前提，只有将在资本主义中产权收益的私人所有转为国家所有，才能消除资本主义社会经济体系中收入分配不平等的现象；（2）设立了一个国家所有权的代理机构——“公共所有局”。该机构负责接收和分配产权收益（其中既包括来自公共企业创造的产权收益，也包括非公有小企业和企业家经营企业所缴纳的资本利用税等），并通过对企业经理的任免，确保企业实现利润最大化；（3）保留包括

① ［美］约翰·罗默：《社会主义的未来》，余文烈译，重庆出版社1997年版，第10页。

② J. A. Yunker（1988），“A New Perspective on Market Socialism”，in *Comparative Economic Studies* 30（2）：Summer：pp. 72 – 73.

③ J. A. Yunker（1992），*Socialism Revised and Modernized：the Case for Pragmatic Market Socialism*，NY：Praeger Publishers，p. 6.

企业的自主权、企业对利润的追求以及企业间的竞争等在内的市场资本主义企业运作的一些基本特征。为保证经济运行的高效率，除规定企业实行高度自治，“公共所有局”可以对企业经理进行任免，企业贯彻利润最大化原则，企业与企业之间公平竞争等之外，该模式还提出：必须保留金融资本市场，“尽管在‘实用的’市场社会主义中私人投资者被排除在金融资本市场之外，但金融资本市场将继续为公共所有的金融中介机构（如投资银行、保险公司和养老金基金等）提供一个交易的场所。”①

该模式展示了一种新型的混合经济体制，其中效用最大化的家庭和利益最大化的企业在自由、竞争的经济市场上互相影响。虽然该模式运行起来几乎完全类似于当代资本主义市场经济体系，但它的很多设计，包括公司的所有权由“公共所有局”的代理人掌握，家庭所得到的、由公共所有局分配的社会股息收入与其劳动收入成正比等，都意在建立一种比当代资本主义更公平的财产分配制度。

（二）注重公平的市场社会主义模式

注重公平的模式针对资本主义社会存在的剥削、压迫等不公正现象，将“社会公正”作为其预期目标，力图通过建立一些隶属于代表公共所有利益的“公有公司”，实现更大程度的平等。

1. 戴维·米勒的“合作制”市场社会主义

米勒倡导的“合作制”市场社会主义也建构在对市场作用充分肯定的基础上。米勒认为：在复杂的工业社会中，市场作为组织经济活动的一种有效手段，不仅能够给人们提供更好的社会福利、更多的选择自由（包括私人消费、择业和言论自由等），而且还可以促进更大的民主，因此，社会主义的发展应当而且必须依赖市场。② 他以欧洲普遍存在的工人生产合作社为蓝本，设计了一种力求维护社会主义核心价值目标③的“市

---

① J. A. Yunker（1988），“A New Perspective on Market Socialism”，*Comparative Economic Studies* 30（2）：Summer：p. 79.

② ［英］索尔·埃斯特林、尤里安·勒·格兰德编：《市场社会主义》，邓正来等译，经济日报出版社 1993 年版，第 32—41 页。

③ 这里的社会主义价值核心目标主要包括自觉性指导、民主、平等、自由和共同体五个方面的内容。

场社会主义的纯模式”。

为了实现工人的自我管理，该模式将“工人合作社”作为最基本的经济组织形式，并描绘了在合作社中工人自我管理的具体经济事宜，以及管理程序和形式等。该模式的主要内容和特征包括：（1）企业以“工人合作社”为主，投资资金来源于国家设立的公共投资机构，生产由企业自行决定，实行民主管理，重大决策必须征得全体工人的一致同意；（2）为避免导致收入分配差距扩大的资本市场的存在，该模式主张资本所有权社会化，要求所有企业都从外部的投资机构（包括公有投资机构和私人银行）有条件地借贷资金，企业对于借贷来的资金只有使用权，没有完全的所有权；（3）企业面向市场生产经营，并在市场上通过相互竞争获取利润，纯利润可用作企业进行分配和投资的基金库，企业在竞争中要遵循资本运行、破产以及民主原则等，凡是不能为其内部成员提供最低生活保障的企业就要宣告破产；（4）把市场作为提供商品和服务的主要手段，同时注重发挥国家的经济作用，以弥补市场机制的缺陷，为经济运行提供必要的制度保证。国家的功能被限定在调节投资、提供福利等公益事业方面。米勒强调，合作制经济模式必须实现三种形式的平等，“最低收入的平等，平等地利用由投资机构分配的资本，通过合作制度和生产性资源社会所有制的优点限制市场产生的不平等”①。

这里的平等并不是指个人收入分配的平等，而是指社会地位的平等。“社会平等最好被理解为平等的社会地位，或理解为不同于阶级社会的理想。这两种关于社会平等的不同理解都表明，这一社会不同于等级制社会，人们之间不再以阶级阶层来区分彼此，而是平等地彼此对待。”② 在米勒看来，市场社会主义优越于资本主义之处首先就在于其所具有的平等、自由、民主等社会主义价值观。

2 迪安·埃尔逊（D. Elson）的“市场社会化”社会主义模式

早在20世纪80年代末期，埃尔逊就针对当时理论界有关社会主义经济模式的争论，撰写了一篇题为“市场社会主义还是市场的社会化”

---

① D. Miller (1991), “A Vision of Market Socialism: How it Might Work – And Its Problem”. in *Dissent*, summer, p. 408.

② D. Miller (1993), “Equality and Market Socialism”. in Bardhanand Roemer, eds. (1993), *Market Socialism: The Current Debate*, NY: Oxford University Press. p. 299.

的文章，提出了“市场社会化”社会主义模式[1]。

苏欧剧变后，埃尔逊更加系统地阐述了其关于“市场社会化”模式的理论构想。在埃尔逊看来，现实资本主义市场经济“看不见的手”和社会主义计划经济之所以都存在着种种弊端，其根源就是经济信息的不完全、不真实。他坚信只要使生产、生活的所有信息，使一切买、卖以及价格形成的过程公开化、普及化、真实化、完全化——即其所谓的“社会化”，就能克服经济中的盲目和低效率，避免资源的浪费，基于此，他把“市场社会化”作为解决一切问题的钥匙。“社会化的市场”就是“公众参与的市场”，其中所有企业和个人都能够平等地、免费地获取他们所需要的各种经济信息。在埃尔逊看来，“一个社会化的市场不仅允许各方面积极性的发挥，……而且还创造了一些新的途径和激励机制，使个人积极性服务于公共利益”，因此“社会化市场比由企业组织的市场更加符合工业民主”。[2]

为了能够在劳动力市场、生产资料市场、消费资料市场等各个方面充分实现其“市场社会化”的构想，有效克服和消除私人市场中存在的信息交换障碍，该模式提出了以下几个具体措施：（1）建立一些“价格和工资委员会”，为企业之间或企业与家庭之间获取交易信息提供物质便利；（2）建立各种“公共信息网络”实现公众对市场的全面介入；（3）组建一个消费者联盟，用于充当家庭与企业生产之间、消费品与服务的批发和零售之间的网络调节者。

该模式的特征包括：（1）注重信息的公开化、社会化。该模式的最基本特点就是用税收所提供的资金建立各种信息渠道，保证所有企业和个人都能够免费获得包括技术、价格、就业、工资、产品等一切经济信息；（2）注重维护劳动者的各项权利。主张以“劳动力的生产和再生产”为出发点，强调保障劳动者自愿而不是被迫出卖其劳动力；（3）实行某种形式的公有制。为了确保其社会主义方面的性质，该模式中公共企业的财产权由代表共同体利益的“公共企业监督局”行使，虽然该模式也允许存在一些私人企业（主要以家庭为单位）和合作企

① D. Elson（1988），“Market Socialism or Socialization of the Market” in *New Left Review*,（172）Nov. – Dec. pp. 4 – 44.

② Ibid. , p. 32.

业，但是它们的数量、规模和范围都非常有限，且多数情况下劳动者都会自愿选择在公共企业中工作。①

（三）崇尚民主的市场社会主义模式

苏东剧变后涌现的市场社会主义新模式大都把民主作为其重要特征或目标价值，有些模式更是直接将民主冠于其名称之中，以体现其突出民主的特征。如韦斯科夫的“民主的基于企业的”市场社会主义模式、施韦卡特的“经济民主”的社会主义模式，以及阿彻的“以经济民主为基础的社会主义经济”模式等。

1. 托马斯·韦斯科夫的“民主的基于企业的”模式

对于苏东国家迅速向传统资本主义自由市场经济的转变，韦斯科夫持坚决的否定态度，他认为正确的做法应当是建立民主的市场社会主义经济。“有充分理由认为，‘民主的基于企业的’市场社会主义可能为东方过渡到市场经济提供了最好的方法。”②

该模式的主要内容包括：（1）所有企业（凡 10 人以上的）都实行“民主的自我管理”（Democratic Self – Management），由直接受企业管理影响的人们平等地掌握企业的控制权。企业委员会由企业全体成员按照“一人一票”的原则选举产生；企业经理由企业委员会雇佣，并民主地对企业工人而不是对资本所有者负责；企业经理拥有一系列决策权力，如雇佣和安置企业工人、使用企业生产性资产、分配企业净收益等；企业工人则有权根据企业管理制定的规则自由地加入或退出某一个“民主的自我管理”企业；企业可以采取任何一种在民主基础上制定的收入分配政策等。“企业民主的自我管理可被视为一种好的企业运行方式，它纠正了资本所有者对劳动者具有的决定性影响力，建立了一种机制，该机制使得那些对企业利害攸关的决策人能更加平衡地分配影响力”③；（2）建立一个受约束的“双层股票市场体系”（two – tier stock market system），即无选举权的“企业股票市场”和有选举权的“共同资金股

---

① 吕薇洲：《“市场社会化”社会主义模式及其对我国的启示》，《马克思主义研究》2002 年第 1 期。

② T. Weisskopf (1993), “A Democratic Enterprise – Based Market Socialism”, in *Market Socialism: the Current Debate*, ed. by Roemer & Bardhan. NY: Oxford University Press, p. 135.

③ Ibid. , p. 127.

票市场"，一开始就分配给每一个公民数量相等的共同基金股票，以实现企业资本收入广泛的社会性分配。这种体系同罗默的"证券社会主义"相似，其差异在于股票持有者没有对企业的正规控制权。（3）国家及地方各级政府都要制定积极的经济政策（Active Government Economic Policy）对企业决策产生影响。这种影响主要表现在两个方面，一是政府可以影响企业的资本构成；二是政府可以决定经济增长的总体比率和方式。同时，由于公民拥有决定他们所处社会总体发展方向的权利，政府对这些领域的介入必须通过民主的方式获得。此外，政府还要保证公民免于承担因公民自己无法控制的因素造成的风险，如总体需求和就业领域内的宏观经济波动等。由此可见，物质福利分配方面更加平等，政治和经济生活方面更加民主，社会更加和谐、理性是该模式追求的三个目标。

这三个目标改变了资本主义制度下将企业控制权赋予私人资本所有者或股票持有者的做法，既减少了私人利益与政府相互结合的可能性，又限制了生产市场上垄断力量的发展，保证了各企业能够在公平合理的竞争市场上良好运作。该模式的潜在效率优势包括：（1）能有效防止资本所有权的高度集中，减少因追求私人利益而以牺牲公共利益为代价所造成的整体经济效率的损失；（2）能有效减少政府政策在分配结果上的冲突，使其致力于促进整体增长和效率；（3）具有工人自我管理制度化方面的效率，能够激励工人不断努力和创新，创造比资本主义企业更高的效率。

2．施韦卡特的"经济民主"的社会主义模式

早在1980年，施韦卡特就提出："一种充满活力的、理想的社会主义形式必须是工人自我管理的、市场的社会主义。"[①] 苏东剧变后，施韦卡特发表了"经济民主——真正的和可以实现的社会主义"等文，并出版了《反对资本主义》[②]、《超越资本主义》[③] 等书，从效率、经济增长、自由、平等和自治等方面，论证了"经济民主"的社会主义模式，

---

① D. Schweikart (1980), *Capitalism or Worker Control?: An Ethical and Economic Appraisal*, New York: Praeger.

② D. Schweikart (1993), *Against Capitalism: Reviews of Capitalism or Worker Control.* Cambridge: Cambridge University Press.

③ D. Schweikart (2002), *After Capitalism.* Rowman & Littlefield Publishers, Inc.

并通过与资本主义模式的比较，批驳了西方盛行的除资本主义“别无选择”的观点。在施韦卡特看来，该模式不仅在经济上是可行的，而且还能克服资本主义的基本矛盾。“存在这样的非资本主义的替代性社会，无论在经济方面，还是在伦理道德方面，它比最好的资本主义形式的性能还要优越”。①

该模式不仅详尽描述了市场的运作，而且更加关注企业的民主和投资的社会控制。其基本内容和特征包括：（1）实行企业自治。主张每一个生产性企业由其工人民主管理，企业中的工人委员会和总经理由工人选举产生，企业的组织形式、分配方式、产品生产的种类和数量均通过“一人一票制”的民主决策方式作出。值得注意的是，尽管该模式中的工人具有自主管理企业的权利，完全负责生产资料的结合和运作，但他们对生产资料不具有所有权，生产资料是社会的集体财产。（2）实行市场经济。主张合理地运用市场，要求自治企业参加市场交易并在交易中追求“利润”的最大化（这里的利润与资本主义制度下的利润具有本质的区别，它是指产品的价值和非劳动成本之间的差额）。同时认为市场也存在一些固有的缺陷，当市场运作不佳时，应允许政府进行某种程度的干预。“我们的社会主义经济是一种市场经济。”“我们的社会主义经济不信奉‘听之任之’的理论。如同现代自由主义，当市场运转不灵时，我们的社会主义经济允许国家干预。它没有将市场绝对化，……而倾向于把市场看作是达到某些社会目的的有用工具。”“问题不在于选择计划或选择市场，而在于将计划和市场两套机制在‘民主’领域结合起来”。②（3）对新投资进行民主的、社会的监督。该模式认为，“市场是治疗过度集中与官僚主义的良药。社会对新投资的监督是平衡市场的力量，可以缓和资本主义生产的无政府状态。”③社会主义对投资基金的配置应当比高度集中的决策模式更加民主，比“自由放任”模式更加注重对投资的控制。该模式主张通过民主控制，由一定的代表机构作出新的投资决策。

---

① ［美］戴维·施韦卡特：《反对资本主义》，李智等译，中国人民大学出版社 2002 年版，中文版序第 1 页。

② 中央编译局世界社会主义研究所编：《当代国外社会主义：理论与模式》，中央编译出版社 1998 年版，第 383、391 页。

③ 同上书，第 384 页。

由此可见，“经济民主”的社会主义模式是在吸收原南斯拉夫自治的社会主义模式、日本的资本主义经济模式以及西班牙的蒙德拉贡合作社运动的有用成分的基础上建立起来的。

3．罗宾·阿彻的“以经济民主为基础的社会主义经济”模式

澳大利亚经济学家罗宾·阿彻深入研究了社会主义经济模式问题，在其相继出版的《经济民主：可行的社会主义政治》（1995 年）、《走向经济民主的英国》（1996 年）等著作中，详尽描述了“以经济民主为基础的社会主义经济”模式。

该模式把“经济民主”作为一个基本范畴，强调企业内部的民主和自由；把“平等的自由原则”作为其立足点，从实现个人平等自由最大化的角度论证经济民主社会主义经济模式的优越性。

该模式的主要内容和特征包括：（1）企业按照民主的原则进行管理。“我所谓的经济民主是指，在这种经济制度下，企业在市场中运行，并由那些在其中工作的人进行管理，经济活动的基本单位即工厂和企业，应该按照民主的原则进行管理”[①]。（2）劳动者掌握企业决策控制权。阿彻从雇佣劳动关系入手，批判了资本主义制度下资本家掌管企业直接控制权的不合理性，认为只有劳动者才应拥有企业权力的直接支配权，因此要求消灭资本主义社会中资本家对企业权力的垄断，在理想的经济民主社会中，“拥有企业决策控制权的应当是工人而不应当是资本家”[②]。（3）在资本主义的劳动与资本合作的基础上实现向经济民主社会的过渡。阿彻反对资本家和工人之间的权力关系，认为这种权力关系会导致工人和资本家之间的利益冲突，但他并不否认资本家与工人之间、雇主与雇员之间对立的存在。阿彻认为，在资本主义社会中，工人有可能同资本所有者进行“交易”，用增加薪资等“可兑换的好处”换取企业决策权，从而不断积累起更多的直接控制权，直至实现完全的工业民主。当然，这里的合作主义并不是构成经济民主的一种形式，而仅仅是达到经济民主的一种工具。[③]

① R. Archer（1995），*Economic Democracy*：*The Politics of Feasible Socialism*，Oxford：Clarendon Press. p. 5.

② Ibid.，p. 88.

③ R. Archer（1996），*Toward Economic Democracy in Britain*，London：Blackwell Publishers. pp. 102 - 144.

三 市场社会主义的本质特征和历史作用

市场社会主义在其百年的历史演进中，不仅提出了许多理论模式，而且还在一些国家得到过不同程度的实践。这些理论模式和实践形式，对世界社会主义的发展乃至我国社会主义建设的实践，都产生过并将继续产生深远的影响，因此，必须科学认识市场社会主义的本质特征和地位作用。

（一）市场社会主义的本质特征与历史局限

市场社会主义倡导者一再声称“市场社会主义获得市场的优点的同时避免资本主义的缺点”[①]，且各模式在考虑提高资源配置效率的同时，的确也提出要保留“社会主义理想的某种核心”，但他们所谓的“社会主义”并非真正科学意义上的社会主义。

1. 市场社会主义是一种社会改良主义思潮

市场社会主义在“赞成社会主义经济的论点”时也对“构成社会主义成分的基本观点方面进行某些修正。”[②] 因此，该流派并非真正科学意义上的社会主义，而是一种社会改良主义思潮。其改良性突出表现在以下几个方面。

首先，市场社会主义赖以产生的基础是“资产阶级福利经济学”。市场社会主义各种理论模式都以“帕累托最优”这一福利经济学的基本理论为前提，在运用福利经济学一系列合理观点的同时，也不可避免地打上了其超阶级性的烙印，把社会主义的总目标简单地界定为增进“社会福利”和“公共利益”。

其次，市场社会主义否定马克思主义基本原理，尤其攻击了马克思的劳动价值论。各种市场社会主义理论都不同程度地对马克思的劳动价值论进行了否定。它们要么避开马克思的劳动价值论，要么直接指责马克思的价值论将使用价值和价值做了不恰当的分离，忽视了社会主义条

① 外国经济学说研究会编：《现代国外经济学论文选》第 13 辑，商务印书馆 1992 年版，第 64 页。

② ［美］约翰·罗默：《社会主义的未来》，余文烈译，重庆出版社 1997 年版，第 1 页。

件下的经济计量、可替代材料的选择，以致只能按无差别的劳动时间确定价格，使用价值之间却无法进行比较和计量，如诺夫所说，“由于马克思认为使用价值是非同单位的，特别是人为地、不合理地把价值和使用价值分开，因此造成很大混乱。”①

最后，市场社会主义并不强调把生产资料公有制视为社会主义制度的本质特征，而是把自由、民主、团结和公正等伦理价值观念作为“社会主义”的最终目标，并不要求从根本上变革资本主义社会制度，它实质上表达了一种把资本主义同社会主义调和起来的观点。在经济体制层面上，市场社会主义是一种混合形式的理论模式；在社会政治层面上，它是一种改良和折中形式的社会主义，带有明显的改良主义色彩。对此，市场社会主义的倡导者本人也承认，市场社会主义只是“实现彻底的社会主义”前“纠正资本主义的一些弊端”的过渡性阶段。

2. 市场社会主义是带有空想色彩的社会思潮

市场社会主义在具体模式的建构中，为达到某种社会公正，设计了一些公共机构，提出了不少避免财富过分集中于少数富有阶层手中的具体措施。譬如，有的模式提出要对资本主义金融制度进行彻底的结构性改革，限制和剥夺资本家的金融资本权力。更多的模式则是设计了一些公共机构，试图通过实行某种形式的公有，使劳动者获得收入分配方面的平等，如容克的“公共所有局”、罗默的“证券经济”、埃尔逊的“工人管理的公共企业”等。

然而，正如马克思、恩格斯在批判空想社会主义时指出的：任何思想学说都是由物质资料的生产方式决定的，“一切社会变迁和政治变革的终极原因，不应当到人们的头脑中，到人们对永恒的真理和正义的日益增进的认识中去寻找，而应当到生产方式和交换方式的变更中去寻找；不应当到有关时代的哲学中去寻找，而应当到有关时代的经济中去寻找”②。市场社会主义理论模式中所提出的保障公平的措施，以及实现社会主义价值理想的设想，带有浓重的空想色彩。

市场社会主义的空想色彩集中体现在，其理论模式没有相应的经济基

① ［英］亚力克·诺夫：《可行的社会主义经济》，唐雪葆等译，中国社会科学出版社1988年版，第29页。

② 《马克思恩格斯选集》第3卷，人民出版社2012年版，第797—798页。

础作保障。市场社会主义虽为未来社会主义设计了种种美妙的蓝图，却未能对资本主义如何过渡到社会主义作出可行性的论述。市场社会主义理论家"只是诉诸理性，精心地构造自己的理想模式，至于这些模式是否真的如他们自己所说的那样'实用'，或者在什么样的社会背景下运用，以及建设这种新社会的主体是谁，他们就很少考虑了。这自然就难免陷入空想，成为一种'乌托邦'模式。"① 这大概也是市场社会主义各种新模式的影响之所以能够席卷世界，却未能在一国实现的根本原因所在。

（二）市场社会主义的地位作用

因市场社会主义是一种改良主义思潮而对其大加鞭挞和批判显然是不科学的。因为市场社会主义在其长期的发展过程中，提出了许多有价值的思想和观点，并积累了丰富的实践经验，在社会主义理论创新和世界社会主义运动中发挥了积极的作用。

1. 市场社会主义以其强调市场作用的特点，发展了社会主义经济思想

重视市场是市场社会主义的重要特征，也是其保持强大生命力的关键原因。可以说，对市场效率的推崇是市场社会主义区别于传统社会主义的一个重要特征。"市场社会主义的关键思想是把市场机制作为提供最多物品和服务的方式保留下来。"② 在市场社会主义的倡导者看来，尽管"资本主义市场经济会带来无政府的不稳定和经济上的统治与剥削，然而却能有效地发挥局部的自发的信息作用，并在此基础上有效地发挥促进革新动因的作用，带来经济生活质的变化发展。"③

基于对市场在经济发展中上述种种优点的认识，所有的市场社会主义模式都提出社会主义应当而且必须利用市场，且在市场社会主义的不断发展和演进过程中，市场的地位和作用越来越突出。从"计划模拟市场"的兰格模式，到"计划与市场并存"的分权模式，直到主张"复

---

① 余文烈等：《市场社会主义：历史、理论与模式》，经济日报出版社 2008 年版，第 415—416 页。

② D. Miller (1989), *Market, State, and Community: Theoretical Foundation of Market Socialism*, Clarendon Press, Oxford, p. 10.

③ ［日］伊藤诚：《市场经济与社会主义》，尚晶晶等译，中共中央党校出版社 1996 年版，第 25 页。

制”一个与“市场资本主义”完全相似的竞争性市场的“市场社会主义各种新模式”的提出。可以说，市场社会主义在世界社会主义运动处于低谷的今天仍能显示出其强大的生命力，市场社会主义新发展阶段各种模式和方案一经提出便能在世界范围内引起极大反响，就是因为它从根本上解除了把计划和市场当作社会基本制度范畴的思想束缚，改变了把中央计划视为社会主义经济唯一运行机制的僵化思想，使人们深刻地认识到“资本主义与社会主义的区分不在于是计划还是市场这样的问题。社会主义也有市场经济，资本主义也有计划控制”①，从而在一定程度上揭示了当代世界经济发展的规律，丰富了社会主义经济理论。

2. 市场社会主义以其向往社会主义的特点，坚持了社会主义一些价值目标

追求社会公正等社会主义的价值目标，是市场社会主义的又一大特色。作为一种社会主义的流派，市场社会主义将其锋芒直指资本主义制度，深刻揭露其造成的社会不公和各种罪恶。尤其在苏东剧变后，面对资产阶级对社会主义的攻击，市场社会主义明确提出了“把苏联的进退维谷看作社会主义整体的失败，或否定社会主义的现实可能性，这无论在理论上和现实上都是不准确的。”② 相信21世纪是社会主义复兴的世纪，认为：“市场社会主义可以被视为在有效的经济体系内实现社会主义价值的一条可行的道路，因此，也是在几乎对传统中央计划和国有制普遍不抱幻想的情况下一次复兴社会主义的机会。”③ 容克也否定社会主义已经灭亡的断言，认为：“社会主义在21世纪会有前途，”④ 可以认为，市场社会主义在世界社会主义运动处于低谷时期，再度唤起了人们对“社会主义”的憧憬。

3. 市场社会主义对一些现实问题进行了深入探讨，其中包含有许多有价值的思想观点

市场社会主义提出并论证了一些比较敏感的现实问题。譬如，有的

① 《邓小平文选》第3卷，人民出版社1993年版，第364页。

② ［日］伊藤诚：《现代社会主义问题》，鲁永学译，社会科学文献出版社1996年版，第5页。

③ F. Roosevelt (1992), "Marx and Market Socialism", *Dissent*, Fall: p. 811.

④ J. Yunker (1992), *Socialism Revised and Modernized: the Case for Pragmatic Market Socialism*, NY: Praeger Pub., p. 14.

市场社会主义倡导者提出，市场本身并不包含剥削，剥削是资本主义市场经济的特有现象，并由此推论出社会主义与市场经济并不矛盾的观点。这一观点已经被包括我国在内的许多社会主义国家所接受。再如市场社会主义理论模式中也有一些诸如怎样提高微观经济效率、保持宏观经济平衡、消除社会公害等具体方案的设计。这些问题有的是科学社会主义创始人没有提出的，有的是传统社会主义没能解决的。这些问题的提出，既对科学社会主义提出了挑战，也促使科学社会主义学说不断地充实和完善自己。

（三）借鉴市场社会主义，发展社会主义市场经济

市场社会主义与社会主义市场经济之间的关系，是研究市场社会主义绕不开的一个重要问题。或许因为两者都是对“社会主义”与“市场经济”能否结合和如何结合的探讨结果，国内外学术界在该问题上广泛存在着两种错误倾向：一是不加任何辨析地把两者等同起来，认为中国当前实行的就是市场社会主义；二是认为中国当前的市场经济体制还不完善，其所要追求的目标是市场社会主义。其实，市场社会主义与社会主义市场经济既具有一些共通特点和相互联系，但在理论基础、社会制度基础、最终目标等方面存在本质区别，尤其是在生产资料所有制、宏观调控和收入分配制度方面存在不少差异。[①]我们应当在清醒认识市场社会主义本质特征的基础上，积极借鉴市场社会主义中积极合理的思想观点。尤其是在当前，经过30多年市场取向改革的中国，已进入发展的关键期、改革的攻坚期和深水区、社会矛盾的频发期和凸显期，在复杂严峻的经济形势下，必须要更多发挥市场主体的作用，放开市场这只“看不见的手”，用好政府这只“看得见的手”。而在这些方面，市场社会主义中不少思想观点值得借鉴。

1. 借鉴市场社会主义关于效率方面的设想，放开市场这只“看不见的手”

重视效率是市场社会主义各模式共同具有的一个显著特征，围绕如

---

① 吕薇洲：《市场社会主义与社会主义市场经济：模式·比较·借鉴》，研究出版社2005年版，第206—263页。

何发挥市场作用、如何激励企业追求自身利润最大化、如何提高整个社会的经济效率，各模式在创建过程中提出了不少有价值的思想观点和理论主张。譬如，为激励企业在追求自身利润最大化的同时，致力于提高整个社会经济的效率，市场社会主义新发展阶段各模式的倡导者都认为，可以通过建立金融中介机构或其他机制解决上述“委托—代理”问题，实现企业的激励和监督问题，保障企业能够保持与资本主义相同甚至比资本主义更高的经济效率。又如，当代市场社会主义的许多倡导者都认为，企业间平等的竞争，也是使其保持动力和效率的重要方式。“市场社会主义的问题在于是否能创建一种企业能相互竞争地经营的政治经济机制，尤其是是否能创建一种企业能技术革新的制度。”① 此外，有的模式还提出了“参与制”，从调动工人积极主动性入手，设计了确保企业高效运转的方案。

上述关于企业效率方面的各种设计方案，对于解决当前我国社会主义市场经济条件下国有企业存在的诸多问题，无疑具有一定的启发意义。

2. 借鉴市场社会主义关于公平方面的设计，用好政府这只“看得见的手”

市场社会主义尽管强调市场的作用，认为市场是不可或缺的，但它们并没有否定计划和政府的作用，各模式都明确认为，市场也存在一些失效的领域，需要从民主的政治制度、政府的有效干预等方面得到补充。

当前，贫富差距、失业下岗等问题已成为我国社会主义市场经济进一步发展和完善的障碍。作为一个社会主义国家，我国在实行社会主义市场经济，确保获取市场经济效率的同时，也必须保障社会的公平、公正，否则就会失去社会主义的应有之义。由于强烈认识到资本主义制度中存在着严重的不平等现象，市场社会主义各模式特别注重保持社会的公平和公正。认为只有保持某种形式的“公有”，才能实现更大程度的平等。为此，尽管各种新模式中都不同规模、不同范围地存在一些私人企业和合作企业，但它们的数量和范围都受到了种种限制，而且，基本上所有的市场社会主义新模式都力图建立一些隶属于代表公共所有利益

① ［美］约翰·罗默：《社会主义的未来》，余文烈译，重庆出版社 1997 年版，第 68 页。

的所有制当局的“公有公司”。各种理论模式对于经济、社会公平等社会主义价值目标的追求，以及各种理论模式中力图体现公正平等的制度、措施等方面的设计，对于当前我国解决社会主义市场经济建设过程中所遇到的各种社会问题，无疑具有一定的参考价值。

第七章

生态社会主义

生态社会主义是在20世纪60年代中后期蓬勃兴起的环境运动中形成的，是西方环境运动和社会主义思潮相结合的产物。自诞生之日起，生态社会主义就明确将其目标设定为革除现代工业社会的弊端，建立"保护生态的、自我管理的、解放的社会主义"，一种历史上从未有过的社会主义。生态社会主义者从生态环境的视角，对当代资本主义进行了深刻批判，它把全球生态危机归因于资本主义制度，认为"资本主义的生态矛盾使所谓'资本主义可持续发展'、'绿色社会主义'成了不可实现的梦想"[①]，并在批判的基础上进行建构，提出了许多有价值的思想观点。在全球生态环境日益恶化的今天，生态社会主义受到了越来越多的关注，系统研究生态社会主义，深入挖掘其中有价值的思想，对于中国正在进行的生态文明建设具有非常重要的现实意义。

一　生态社会主义的产生和发展

生态社会主义针对全球生态环境日趋恶化的趋势，试图把生态学同马克思主义结合在一起，以马克思主义理论解释当代环境危机，从而为克服人类生存困境寻找一条既能消除生态危机，又能实现社会主义的新道路。从20世纪60年代诞生以来，生态社会主义经历了几次转型发展。

---

① David Pepper (1993), *Ecosocialism: From Deep Ecology to Social Justice*, London and New York Routledge, pp. 95 -96.

（一）生态社会主义的兴起和发展

20 世纪中期以来，资本主义经济的发展所引发的环境问题越来越严重，1962 年蕾切尔·卡逊（Rachel Carson）出版了《寂静的春天》，吹响了环境运动的号角。1972 年罗马俱乐部出版了《增长的极限》，使得自然环境资源的承载力问题首次进入全球公众的视野。美国学者巴里·康芒纳（Barry Commoner）在 20 世纪 70 年代从左翼的视角回应了《增长的极限》所提出的问题，他指出，应该对环境退化负主要责任的是资本主义技术的发展而非人口压力。东德的鲁道夫·巴罗（Rudolf Bahro）写了《东欧的另一种选择》与《社会主义与生存》，阐释了社会主义与生态学之间的关系。

20 世纪八九十年代，澳大利亚的民主社会主义党以书的形式出版了综合性的政策决议集《社会主义与人类生存》、创办了《绿色左翼周刊》。詹姆斯·奥康纳（James O'Connor）等人在美国创办了杂志《资本主义、自然、社会主义》，以杂志为理论阵地，以资本主义、社会主义（马克思主义）与自然生态的关系为主要议题，逐渐发展出了奥康纳、保罗·伯克特（Paul Burkett）等一批生态马克思主义者。

（二）苏东剧变后生态社会主义的转型发展

20 世纪 80 年代末 90 年代初的苏东剧变使世界社会主义运动陷入低潮，在世界范围内出现了一种普遍右转的趋势，在欧美政治风向急剧右转、经济全球化趋势日渐加强的背景下，全球生态危机表现出更趋严重的态势。但是全球资本主义的美梦并没有持续多久，在被新自由主义药方所毒害的第三世界狼烟四起，而发达资本主义国家内部也不断产生各种各样的经济社会危机。

20 世纪 90 年代末以来，世界范围内兴起了反全球化的浪潮，其中，环境运动作为反全球化运动中的一个重要组成部分迅速发展起来，并出现了向左转的势头。生态社会主义就在这种“绿色红化”过程中发展到了一个新的阶段——“红绿交融”阶段。这一阶段的生态社会主义试图将生态运动引向社会主义，积极运用马克思主义来解决现实中的生态问题。

（三）国际金融危机爆发以来生态社会主义发展的新动向

进入21世纪以来，尤其是经历了2008年以来持续至今的全球金融危机，生态社会主义的实践活动日益活跃。

这一阶段的生态社会主义者不仅利用网络广泛宣传其思想和行动纲领，还致力于建立国际范围内的联合组织。2007年10月7日，在巴黎成立了“国际生态社会主义网”（Ecosocialist International Network，EIN），来自阿根廷、澳大利亚、比利时、巴西、加拿大、塞浦路斯、丹麦、意大利、瑞士、法国、希腊以及英国和美国的60多个积极分子参与了成立大会，选举了指导委员会，委员包括乔尔·克沃尔（Joel Kovel）、米歇尔·洛维（Michael Löwy）、德里克·沃尔（Derek Wall）、伊恩·安格斯（Ian Angus）等知名生态社会主义者。“国际生态社会主义网”与重组的第四国际、世界社会论坛都有着紧密的联系，与生态社会主义的知名网站“社会主义抵抗”、“气候与资本主义”、“生态社会主义视域”等实现着一定程度上的资源共享。2009年1月，“国际生态社会主义网”召开第二次国际会议，发布了《贝伦生态社会主义宣言》。

尽管在生态社会主义的概念等方面还存在着许多不同的意见，但不可否认，生态社会主义思潮对于现实政治实践的影响是比较广泛的。在欧洲，许多左翼政党都受到生态社会主义的影响，比如，荷兰的绿色左翼党带有强烈的生态社会主义色彩；生态社会主义者、绿党中的激进左翼在许多国家建立了激进红绿联盟；英、法、德以及北欧等主要资本主义国家中生态社会主义者对政治活动存在着实际的影响。而且，生态社会主义组织的政治运动在北美和拉美都比较活跃。

同时，伴随着全球资本主义危机的蔓延与加剧，资本主义的全面性、系统性、体制性危机暴露得更加明显，许多有识之士都在思考资本主义的替代性方案。在这种形势下，西方左翼思想和运动有进一步激进化的倾向，复兴社会主义（共产主义）的思想和运动有不断加强之势，生态社会主义成为这个运动中的一支主要力量。

二 生态社会主义的主要观点
——批判

生态社会主义的产生具有特殊性，它是绿色运动中不同的思想倾向不断激荡斗争与整合的产物，正如生态政治学家和生态哲学家罗宾·埃克斯利（Robyn Eckersley）所说："一方是马克思主义正统思想、西方马克思主义诸多流派与社会民主主义；另一方是激进的环境运动，生态社会主义兴起于双方的批判性对话中……它高调地批判正统的马克思主义，但却并不反马克思主义……许多（生态社会主义的）理论家不时援引西方马克思主义的见解，同时也不忘其他更旧的传统和当代的社会思想流派，包括空想社会主义、新左翼的自治思想、社会主义的女权主义，甚至于具有生态无政府主义的取向。"① 生态社会主义的主要观点是在与其他社会主义流派、环境运动流派批判资本主义与传统社会主义的思想争鸣中产生的，同时，这一争鸣也是促使这个并不具备严格意义上的一致性的思想流派被冠之以"生态社会主义"之名的主要原因之一。

（一）批判资本主义生产方式

生态社会主义将马克思主义、社会主义思想与环境主义和生态学相融合，直接指认了资本主义通过全球化与帝国主义扩张而导致了全球生态环境的退化（尤其是当前所面临的气候危机），同时也导致了社会排斥与不平等。

克沃尔与洛维认为，资本主义不仅通过无度的工业化造成了生态危机，而且也通过全球化导致了社会的崩溃，因为资本主义的全球化就是帝国主义的表现。资本主义的全球扩张污染了生态系统、毁掉了生物的栖息地、耗尽了自然资源，将多姿多彩、活生生的自然还原为冷冰冰的交换价值，而这一切都是资本积累的本性所使然。不仅如此，资本主义通过消费主义与"去政治化"将世界上的大多数人口还原为"活劳

① ［英］特德·本顿主编：《生态马克思主义》，曹荣湘等译，社会科学文献出版社2013年版，第268页。

动”，这与马克思、恩格斯以及西方马克思主义对资本主义的批判相呼应，资本主义制度的本性就是将人变成物、将共同体财富（自然、土地等）变成获取利润的工具，资本主义对劳动者与自然实行着双重的剥削和掠夺，而生产正义与生态正义只能在无产阶级打碎资本枷锁的无产阶级革命中同时到来。克沃尔进一步将新自由主义的全球化视为“纯粹资本逻辑的回返”，它彻底放开了加在资本贪婪本性之上的最后一点限制，是对人性与自然赤裸裸的剥削和掠夺。克沃尔一针见血地指出，这就是自 20 世纪 70 年代以来资本主义全球化的实质。德里克·沃尔等则从全球南北对立的关系中来审视资本主义的全球扩张，他认为，发达国家在落后国家种植经济作物，这些出口导向的经济作物剥夺了当地自给农业的水和养分，从而加剧了落后国家的贫困与饥馑。

生态社会主义批判资本主义经济中交换价值高于使用价值。生态马克思主义者本·阿格尔、安德烈·高兹等以及像克沃尔这样的生态社会主义者都聚焦于资本主义经济中交换价值高于使用价值的问题。他们从马克思关于交换价值与使用价值的矛盾学说中得到启发，指出，在资本主义市场经济体制中，生产商品不是为了满足需要而是为了获取交换价值——即货币，这就导致了人们在经济活动中陷入恶性循环，人们必须不停地卖出自己的商品才可以维系其不断向别人购买商品的需求，而真正的使用价值却被悬置了。这种只生产交换价值、而不生产使用价值的体制使得人的异化与自然的消耗都达到了一个毁灭性的程度，这就是当代生态危机的真正根源。

詹姆斯·奥康纳用资本主义的第二重矛盾理论来解释当前全球的生态危机。他在《自然的理由》① 一书中指出，在马克思所论证的资本主义生产力与生产关系的矛盾之外还有一重矛盾，就是它们与生产条件之间的矛盾。奥康纳认为，资本主义要支撑无休止的资本积累，必然会反过来破坏自己的“生产条件”，这些生产条件不仅包括土壤、水体、能源等自然存在，而且也包含公共教育体系、交通运输结构以及其他的公共服务，生产条件的削弱和耗尽反过来又会增加资本的生产性支出，资本投入与劳动力价格的上涨就会产生生产不足的危机倾

① ［美］詹姆斯·奥康纳：《自然的理由——生态学马克思主义》，唐正东、臧佩洪译，南京大学出版社 2002 年版。

向，这与资本主义本身的过度生产倾向同时存在。所以，第二重矛盾也威胁到资本主义体系的生存。为了补救第二重矛盾，资本主义体系不断追求科技创新，然而科技创新的一个通常的规律就是，在解决现存问题的同时又产生了新的问题，比如核能就是这样一个典型的例子，它在解决能源问题的同时又产生了大量无法处理而又极具危害性的核废料。资本主义总是在耗尽一个生态系统之后就迁移到下一个生态系统进行剥削和掠夺，但是地球的承载力有限，它不可能维持资本主义永远的增长。

生态马克思主义者保罗·伯克特认为，需要区分两种类型的物质需要，一种是资本主义发展的物质需要；另一种是人类社会健康发展的物质需要。资本主义生产只服从于利润驱动的逻辑，这与人类发展的现实需要并不一致。因为资本积累是无止境的，其发展的物质需要至少会造成以下两个层面的生态危机。第一个层面的生态危机可以表现为一种特殊的、阶段性的危机，比如石油等不可再生资源的储量面临枯竭等等，但由于资本主义自身发展的可调适性，它可以通过新技术或者替代产品来解决这类危机；而第二个层面的生态危机则对人类的健康发展造成威胁，即它引发了人类发展的自然条件方面的一个“全面的、整体的、持久的”退化趋势，这种趋势即是所谓的“自然的限制”，而它又是“自反性的”。也就是说，任何想要改善或阻止这种退化趋势的技术或者措施反而又加剧了事态的恶化，比如全球变暖、物种多样性减少、环境中有害气体的增加，以及人类生活中对药物的过度依赖，落后国家不断加剧的饥饿与疾病等等。伯克特认为，这些都意味着生态原则与资本、价值、市场、货币原则的抵触。正如休斯（Hughes）所言，对于经典马克思主义而言，这些都表征了资本主义生产关系与人类—自然生产力的可持续发展之间的张力①。伯克特还从熵的角度分析了资本主义生产方式必然导致环境危机。他指出，市场化是资本主义生产方式的基本特征，而货币则是市场化的基本条件，但是货币的特性与低熵的物质能量交换特性恰恰是相反的，因为前者的特性是同质的、可分的、流动的、可逆的以及数量上无限的，而后者则是多样的、不可分的、定位的、不可逆的以及数量上有限的。所以，“由货币估价所驱动与塑造的生产（即资

① Paul Burkett (2006), *Marxism and Ecological Economics*, Liden; London: Brill, p. 137.

本主义生产——笔者注）在根本上是与人类生产与发展的自然条件相对抗的”①。

（二）批判生态资本主义

生态社会主义反对生态资本主义的主张，并对主流绿党政治实践加以批评（包括对绿党政治的批评、对生态现代化主张的批评、对生态经济理论的批评等）。生态社会主义者认为，绿党政治是在资本主义体系内部反资本主义，绿党普遍认可的“四大支柱”——生态智慧、社会公正、草根民主、非暴力——中并没有解放劳动与终结生产者与生产工具相分离的要求，而后者正是生态社会主义者认为自己与绿党最本质的区别所在。而且，他们认为，绿党在对待“全球北方”（发达国家）与“全球南方”（第三世界）的态度上有着本质区别，这也是生态社会主义对绿党的主要不满之一。20 世纪八九十年代至 21 世纪初，欧洲绿党普遍参政，生态社会主义者批评他们太注重于在议会或者政府中取得一席之地，从而导致被资本主义体制所吸收，逐渐丧失了激进批判现存体制的锋芒。

生态社会主义批评那些认为可以通过技术创新的体制内路径来解决生态危机的观点，他们将这种观点归结为生态资本主义。“生态资本主义的初始性内涵是把市场原则扩展应用于各种形式的物质价值尤其是自然资源，进而，它希望、相信和设想在现存的资本主义制度框架下克服或至少实质性缓和人类目前面临的生态环境挑战。因而，生态资本主义既是一种较为实用主义的或注重实效的绿色政治社会理论，也是一种较为温和的或浅绿的绿色政治社会理论”②。

生态资本主义主要包括生态现代化理论、绿色国家学说、环境公民权学说和环境全球管治学说等主要理论流派。生态资本主义的理论与实践的确带来了当代欧美国家某些政策创制与制度革新意义上的绿化，但同时也凸显出如下三个方面难以克服的内源性矛盾：渐进改善与结构性变革之间的矛盾，个体环境意识、责任和行动与国家培育、规约之间的

---

① Paul Burkett（2006），*Marxism and Ecological Economics*，Liden；London：Brill，p. 168.

② 郇庆治：《21 世纪以来的西方生态资本主义理论》，《马克思主义与现实》2013 年第 2 期。

矛盾，本土中心与全球视野需要之间的矛盾。[①] 以科技创新为例，科学技术是一把“双刃剑”，它在解决某些生态问题的时候，又会产生另外的生态环境问题。正如克沃尔指出的，科学技术可以减缓生态危机，但是它所带来的不可控因素也有很多，我们不能依赖科技解决最终的资源能源和污染问题，危机解决的最终之道仍然在于重组社会以减少能源使用。

众所周知，绿色经济学最核心的主张就是环境成本内部化，许多生态社会主义者注意到，任何污染和环境代价，甚至碳排放，都可以成为新的资本投资场所，而这最终只会拖延生态危机的解决，使得生态危机产生“自加强”的效应，从而加速生态灾难的来临。资本主义以利润为导向的生产方式与作为“共有物”的生态环境本身就是相互抵触的，资本不会投资到那些没有利润可图但却有利于人类整体的环境改善的项目中，因此，资本主义与可持续发展根本就是相互矛盾的，“可持续发展的资本主义”这个概念本身是无法成立的。《增长的极限》一书的作者之一、著名的未来学家、挪威学者乔根·兰德斯（Jorgen Randers）也坦承，在自由资本主义体制下，公司（资本主义制度下的经济单元）根本无法为21世纪人类社会的主要挑战作出任何贡献，因为“停止气候变化、减轻贫困的投资回报率，大大低于生产大多数人使用的产品和服务的回报率”，相比起对资本与利润的追逐，有益于社会和人类可持续发展的项目自然会甘拜下风。兰德斯认为资本主义根本无力解决贫困与气候问题。在某些地区，资本主义体制会发生相当大的变化，兰德斯称之为“改良的资本主义”，其最大的特征就在于政府对投资的支配权大大增强，比如政府可以支配30%的投资，而市场则支配70%。兰德斯说：“我不认为资本主义能够不加改变，继续在未来四十年里存活下去。资本主义这个名字会得到保留，但是资本主义社会的运转方式则会发生改变。主要有两点变化：其一，投资的流向不再仅仅由利润主导；其二，公司不仅需要报告自己的财政状况，还需要报告公司活动对环境与社会的影响。”[②] 兰德斯主张，在“改良资本主义”里，集体福祉高

① 郇庆治：《21世纪以来的西方生态资本主义理论》，《马克思主义与现实》2013年第2期。

② ［挪威］乔根·兰德斯：《2052：未来四十年的中国与世界》，秦雪征等译，译林出版社2013年版，第199页。

于个人利益。所以，无论兰德斯多么不愿意谈及社会主义（共产主义）对资本主义的替代，事实上，他早已承认了这个不可否认的必然性。所以，在当代，每一个关注生态问题和人类社会的可持续发展问题的人都会是一个潜在的社会主义者，21 世纪的每一个社会主义者也将是一个关注生态的人。

（三）批判生态中心主义

生态中心主义是西方绿色运动中的主流意识形态，其思想千差万别，缺乏一致性，与生态无政府主义也十分相似，主要的有深生态学和生物区域主义。

生态社会主义者对生态中心主义的批判，主要集中在以下几个方面：第一，生态中心主义漠视阶级政治，持政治冷淡主义态度。佩珀指出，生态问题绝不仅仅只是一个环境问题，阶级的区隔与世界范围内南方北方的区隔，使得承担生态破坏所带来的恶果之份额分配是不平衡的，因此“阶级是有意义的”；第二，生态中心主义是唯心主义和个人主义的；第三，生态中心主义是非历史主义的。以生物区域主义为例，他们认为，建立生态社会的关键是将空间重新组织为小规模的共同体（区域共同体），缩小经济规模，实行自给自足的合作经济，就能防止经济衰弱，保持稳定性。“大多数地理学家将证明，空间形式反映着社会经济结构，而不是正相反。因此，前者的任何变化如果没有后者相伴随或预先发生变化，就不能维持。”[①] 所以，佩珀认为，生物区域主义通常会朝着自由主义和自由意志论的无政府主义方向转化；第四，生态中心主义不太关心生产资料的所有制问题。生态社会主义强调生产资料的共同所有，而且，尽管生态社会主义与生态中心主义一样对集权制国家非常反感，但是却并不认为国家的存在是不必要的；第五，生态中心主义是一种乌托邦主义。正如马克思、恩格斯对乌托邦主义的评价那样，他们虽然意识到了社会的罪恶，但对其原因的归结却走入误区。“乌托邦主义缺少一种唯物主义的历史观点和一种阶级分析”[②]，而且，

---

① ［英］戴维·佩珀：《生态社会主义：从深生态学到社会正义》，刘颖译，山东大学出版社 2012 年版，第 202、207 页。

② 同上书，第 214 页。

他们缺少一个具有自我意识的革命的无产阶级，所以“他们是唯心主义的”；第六，生态中心主义保护的是资产阶级的意识形态和阶级利益。

在人口问题上，生态中心主义主张人口过剩是造成生态危机的主要原因之一，应该控制和减少人口数量，生态社会主义则认为“资源稀缺、饥荒、环境退化的真正根源，不是活着的人太多，也不是地球的承载力有限，而是社会因素，例如资源错配、技术误用，而这些问题都是在资本主义生产方式下出现的。”① 所以，解决生态问题的关键不是控制人口，而是对资本主义社会制度进行替代。

但是，尽管生态社会主义与生态中心主义具有如此多的差异，它们在“新国际主义、民主参与、满足人类需要的生态上可持续的生产”②等目标上还是有着强烈的共鸣。埃克斯利据此认为，生态社会主义与生态中心主义有可能会走向一种新的融合。

（四）批评生态女性主义与社会生态学

生态社会主义与生态女性主义是激进左翼运动中的同盟，而且生态社会主义也支持生态女性主义的性解放思想。生态社会主义对生态女性主义的批判主要集中在，认为生态女性主义只强调女性与自然的亲近性，并以此为基础来反对父权制，只是将历史淹没于自然之中，越来越沉入于新时代的后现代主义之中。从而，它在根本上不再反对资本主义了，这使得生态女性主义不再是一种具有一致性的社会运动。

生态社会主义与社会生态学的关系也是非常复杂的。正如有学者指出的，在生态社会主义内部存在无政府主义与科学社会主义的两种倾向，而社会生态学是典型的生态无政府主义的代表，更别说绿色工联主义又介于生态社会主义与生态无政府主义之间了。概括说来，社会生态学将等级制看作生态破坏的根源，尤其是反对国家，而生态社会主义却认为权威并不必然就是坏的，等级制中的资产阶级的阶级统治才是生态危机的根源，而且他们普遍认为，国家在推动社会转向更平等、更具保护性方面应该发挥关键的作用。同时，生态社会主义者认为，社会生态

① ［英］特德·本顿主编：《生态马克思主义》，曹荣湘等译，社会科学文献出版社 2013 年版，第 274 页。

② 同上书，第 275 页。

学具有非暴力直接行动的无政府主义传统，这虽然是必须的但并不是充分的，因为它仍然没有表达出在超越资本的前提下构建生态社会这一主题。

（五）批判传统社会主义与现实存在的社会主义运动

萨拉·萨卡（Saral Sarkar）对苏联模式的反思具有独特的意义，他认为，苏联模式溃败的原因就在于浪费资源能源导致环境恶化以及社会道德的沦丧。

鉴于苏联建国后面临的严峻的国内外形势，只有走一条高速增长之路才能维护社会主义政权。苏联虽然有丰富的煤、气、油等资源能源，但是一味注重发展重工业，而且在发展过程中不注意保护环境、浪费现象严重，从而面临着资源枯竭的危险。而同时，在苏联的农业生产中，也存在着增长的极限以及严重污染环境的行为。萨拉·萨卡指出，苏联的地质条件并不利于农业生产，只能通过灌溉、排水等水利工程与施用化学肥料等技术手段来克服，致使土地污染、土壤退化现象严重。当苏联的生产总量只相当于美国的一半的时候，其污染程度却与之基本相同。萨拉·萨卡认为，苏联在生态环境问题上付出了巨大的代价。

更多的生态社会主义者（尤其是生态马克思主义者）对传统社会主义的反思是以生产为轴心的。他们认为，虽然在理论上社会主义应该能实现人与自然的和谐关系，但是像苏联这样的传统社会主义国家仍然存在着与资本主义类似的生产主义以及相伴随的消费主义问题，所以也造成了严重的生态破坏。阿格尔认为，苏联效仿了欧美的生产模式与消费模式，它们具有一些共同特征，包括技术规模庞大、能源需求高、生产与人口都很集中、职能日益专业化、消费品不断增殖等。高兹认为，苏联模式的社会主义与欧美资本主义一样，在生产中奉行的仍然是经济理性而不是生态理性，所以其造成的恶果也同资本主义相似，即对自然的破坏与人的异化。奥康纳在反思苏联模式时对资本主义与社会主义造成环境问题的成因进行了甄别，认为社会主义国家的资源损耗与环境污染更多的是政治问题而非经济问题，大规模的环境退化可能并非社会主义的内在本质；但是另一方面，他也指出，社会主义与资本主义的环境问题有一些共同点，原因在于：“社会主义国家从西方引入技术、生产系统和劳动控制（甚至还有关于技术和生产的核心观念），从这个意义上来说，社会主义国家破坏环境的原因同资本主义国家是类似的。而且，在社会主义阵营中，经济的增长和发展具有压倒一切的优先权，就此而论，自然退化的原因和后果基本上是一样的。最后，因为社会主义国家已把自己融入世界性的资本主义市场中去了，所以，也可以说，同一种系统化的力量在东方就像西方一样有效。”① 最后只能说：“苏联模式的传统社会主义，尚未完全发挥社会主义的生产优势以充分改善人们的生活和保护环境。”② 然而，如果认为苏联根本没有生态意识那在根本上也是误解。有资料显示，列宁是很重视环保的，他在1919年就对建立“自然保护区”的想法给予了支持，“到1929年，61个自然保护区得以建立，总面积近400万亩，分布在苏联全境，为提高人们的自然环境意识奠定了基础。”③ 在20世纪20年代末30年代初，苏联的生态学在世界范围内也处于领先水平，1929年举行的首届全俄自然保护大会认为：“经济增长的特色和速度只有在详细研究环境，并根据保护、开发和优化的目标对环境的生产能力进行评估之后，才能正确地加以决定。”但是这一趋势由于政治因素的干扰并没有持续下来。在20世纪80年代，苏联的生态理论十分活跃，提出了“生物圈”、“智慧圈”、“协同演化”等概念，强调人类与自然生物和谐相处、共同演化。正如澳大利亚学者阿伦·加尔（Arran Gare）所说的，虽然以苏联为代表的传统社会主义在生态环境问题上半途而废了，但是社会主义对生态环境的态度是立足于超越主体/客体、人类/自然二元对立的世界观之上的，它将人视为生物圈中的积极主动的参与者而非高高在上的自然监管者，这样一种全新的文化革命的道路与超越资本主义的阶级斗争结合在一起，其意义值得现代环境主义者认真思考④。

（六）批判绿色工联主义

绿色工联主义积极倡导生态运动和劳工运动的结合，在这方面与生

① ［美］詹姆斯·奥康纳：《自然的理由：生态学马克思主义研究》，唐正东等译，南京大学出版社2003年版，第409页。

② 申治安：《生态马克思主义的生产观及其启示》，《中共宁波市委党校学报》2013年第4期

③ ［英］特德·本顿主编：《生态马克思主义》，曹荣湘等译，社会科学文献出版社2013年版，第117页。

④ 同上书，第121页。

态社会主义非常接近。

绿色工联主义的代表杰夫·尚茨（Jaff Shantz）认为，新社会运动只着重于文化因素，没有看到文化因素也是由资本主义政治经济秩序所派生出来的，所以新社会运动应该超越于单纯的文化论与简单的经济决定论，对资本主义的政治经济批判和反抗与文化意义进行整合。[①]尚茨明确指出：以默里·布克金（Murray Bookchin）为代表的社会生态学是反对阶级斗争的，早在1977年他就指出，社会主义话语必须积极介入环境运动中，否则，环境运动就很容易受制于自由派环境主义者的改革实践。因为，在环境运动的早期，他们根本就不关注工人的工作条件、生活条件等等，他们在接受资本主义社会关系的合法性和永久性的基础上，甚至于反对生态运动与工人运动任何有可能的实践联系。生态社会主义中一直存在自由主义倾向与阶级斗争倾向的分殊。

20世纪80年代末90年代初，生态运动中的自由主义倾向出现激进化的势头，即出现了将生态批判与阶级关系中的社会主义批判相结合的势头。有学者指出，不仅劳工运动产生了社会主义者，而且新社会运动本身也产生了社会主义者。托马斯·潘恩（Thomas Paine）首次将激进自由主义与社会主义之间开始模糊的边界进行了理论化，这与当时的时代背景是密切相关的。在20世纪90年代初，资本家开始有意识地动员工人起来反对环境运动，而在此时，环境主义者也开始认识到经济问题的重要性。生态与劳工之间的链接逐渐被建立起来。在这个背景下，生态社会主义者开始考虑创造一个论坛以使得环境主义运动与工会进行联合行动，以实现共同的反资本主义霸权目标。尚茨认为，生态社会主义运动陷入停滞状态，并不完全是由于它与传统工联主义的联合导致了浅绿的发展倾向。因为，虽然生态社会主义抵制利润和积累的逻辑对工人和自然的殖民，从而超越了自由主义的环境运动话语，然而，因为生态社会主义仍然固守于以生产主义、增长依赖为基础的人类解放观念以及人与自然关系和解的观念，所以它就仍然止步于浅绿的环境话语层次。从中可以看出，绿色工联主义反对生态社会主义的主要原因就在于认为

① Jeff Shantz (2004), Radical Ecology and Class Struggle: A Re-Consideration, in *Critical Sociology*, Volume 30, issue 3.

后者仍然是生产主义的。

绿色工联主义虽然主张生态运动与劳工运动的结合，但是，却是以寂静主义和否定生产为前提的，这一点也是它们反对生态社会主义的原因。那么，生产是破坏环境之根源吗？很明显，生产和劳动是人与自然相互关系的基本框架，人类社会的生存与发展都有赖于生产，或者说，生产劳动就是人类存在的本质。问题在于，生产劳动是为了什么？为了谁？在资本主义社会，生产劳动是为了生产剩余价值、为了资本家的利益，从而导致了生产劳动的非理性与嗜血狂妄的扩张，导致了全球范围内的生态环境危机。在社会主义条件下，生产劳动是为了生产使用价值、为了每个劳动者的自我实现与全面发展，正如马克思所言，是为了“人与人、人与自然关系的完全和解”。在反对所谓的“生产主义”层次上，我们可以得知，绿色工联主义的本质仍然是“深生态学的”或者“生态中心主义的”，无论它是否主张与劳工运动的联合。

三　生态社会主义的主要观点——建构

鉴于资本主义是造成生态危机的根源，生态社会主义明确提出以社会主义替代资本主义，并且提出了替代的战略以及对未来生态社会主义社会的设想。

（一）资本主义是生态危机的根源，社会主义是人类社会的希望

在2013年的纽约全球左翼论坛上，著名的生态马克思主义者福斯特指出，资本主义的本性就是追求经济增长与财富积累，是一种必须持续扩张的制度，其海外扩张投资的目的就是寻求原材料来源、廉价劳动力和开发新市场，而资本主义制度最终会面临自然资源有限的现实[①]。因此，资本主义在本质上是无法持续存在的。著名的世界体系理论的主要创始人伊曼纽尔·沃勒斯坦（Immanuel Wallerstein）与当红的左翼斗士、语言学家乔姆斯基（Avram Noam Chomsky）都不约而同地指认了资

① 张新宁：《经济危机与生态危机交困中的资本主义——2013年纽约全球左翼论坛综述》，《马克思主义研究》2013年第10期。

本主义的发展逻辑必将引发环境危机（生态灾难）与核战争，因此，主张对资本主义进行革命转型。①

2013年12月举行的欧洲左翼党大会决议指出，对于如何应对和摆脱当前的金融危机，欧洲当权的自由主义和社会民主党给出的药方就是，不惜任何代价，尽快将资本主义体系扳回正轨，即仍然回到基于供给政策的经济增长模式，欧洲左翼党认为，这仍然是一种生产主义的观点，只是为了生产而生产，丝毫不顾及社会需要与环境后果。由于体系本身的内在矛盾，欧洲大陆正处于环境危机之中：北欧海平面的上升、地中海沿岸的旱灾、中东欧的气候改变与洪灾……所以，欧洲左翼党认为，现在必须要向资本主义体系的驱动力开战：即反对消费主义、增长取向与经济全球化。威胁人类解放甚至生存的罪魁祸首就是金融寡头与倡导“自由公平”竞争和贸易的理论家。在这次会议上，欧洲左翼党倡导社会应该向生态社会主义转型，认为生态社会主义并不是一个乌托邦，而是人类对于资本主义死结的理性回应，在面对当前的社会危机与生态危机——它们有共同的根源——双重挑战的情况下，生态社会主义是一种给人以希望的、有可能实现的另一种可能。② 著名的生态社会主义者米歇尔·洛维指出，从哥本哈根到里约，以至多哈的国际气候大会与京都议定书的失败，根本上就是资本主义体系的必然结果。资本主义制度下所有的企业、银行、政府以及像WTO、IMF、世界银行之类的国际组织，其行为准则只有一个，就是资本的绝对律令：即资本的无限扩张、谋取最大化的利润、不顾一切地投入争取更大市场份额的竞争。这种刚性法则是无情且盲目的，这就是资本主义体系本身的“刚性法则”。资本主义真的在践行“我死后哪怕洪水滔天”这句名言。③

在伊恩·安格斯看来，生态社会主义产生于两个并行不悖的政治潮流——即马克思主义观念在绿色运动中的传播与生态观念在马克思主义左翼中的传播。他认为，生态社会主义包含三个方面的含义，它首先包

① 郑颖：《2013年全球“左翼论坛”综述》（http://www.cctb.net/qkzz/qkk/qkarticle/201308/t20130808_41356.htm）。

② European Left congress calls for ecosocialism, http://climateandcapitalism.com/2013/12/15/european-left-congress-calls-ecosocialism/.

③ Bernard Rioux, Michael Löwy (2013) "It is necessary to propose a radical, anti-systemic, anti-capitalist alternative: ecosocialism", Sunday 12 May, http://www.internationalviewpoint.org/spip.php?article2965.

含一系列的社会政治目标，同时它还是一个不断增长的观念体，并且它也是一个全球化的运动。第一个方面，生态社会主义的目标是以一种崭新的社会来替代资本主义，在新社会中，生产资料共同所有，生态系统的保护和修复是一切社会行为的核心。第二个方面，就观念体而言，生态社会主义认为，生态破坏并非偶然，它就铭刻在资本主义的基因之内，所以，在资本主义内部的任何改革都是无效的。同时，生态社会主义思想并不是铁板一块，它在理论和实践上体现为许多不同的观点。比如，有许多生态社会主义者认为，社会运动已经代替了工人的阶级斗争而成为变革社会的动力。第三个方面，生态社会主义是反对资本主义的全球化运动，它在发达资本主义国家中体现为社会主义运动和绿色左翼运动，在第三世界表现为融入社会主义观念的亲生态的群众运动，比如在拉丁美洲，玻利维亚的莫拉莱斯政权、厄瓜多尔的拉斐尔·科雷亚政权以及古巴的卡斯特罗政权。①

对于资本主义能否解决全球气候变暖的问题，安格斯的观点非常深刻，他指出，关键在于如何理解“解决”？应对全球变暖包括两个层面，一个是减缓，一个是适应。前者意味着减少温室气体排放，缓和全球变暖的趋势并实现最终的逆转，而后者却意味着，全球变暖已经不可逆转地发生了，人们只能适应新的气候条件以及与之伴随的气候混乱与灾难。安格斯的观点是，由于资本主义追求增长的嗜血本性，它只能将化石能源作为自己的主要能源源泉，这就意味着资本主义基本上不可能在减缓气候变化方面取得任何进展。科学家指出，如果全球气温升高2摄氏度以上，就极有可能发生危险的气候改变，而当前所有的发达国家都没有任何迹象来采取实质性地补救措施以阻止地球升温，它们所做的不是微不足道，就是已经太迟了。当然，即使气候真的实质性地发生了科学家所预期的那种改变，资本主义仍然可以适应新的气候条件，在资本主义历史上，它们在面对各种经济社会以及自然生态危机时总会有办法，而且这种办法总是老一套，那就是它会将危机的代价全部转嫁在最脆弱、最贫穷的国家和人民身上。到那时候，气候难民会成倍地增长、千百万人会因此丧命，帝国主义国家会为了控制世界上的资源能源与食

① Ian Angus（2007），Three Meanings of Ecosocialism，Sunday 25 November，http：//www.internationalviewpoint.org/spip.php?article1366.

物而再次与全球的南方开战，以及在帝国主义阵营内部互相开战，人们将会看到资本主义最野蛮的嘴脸。所以，安格斯认为，资本主义可以“解决”全球变暖，但是资本主义的解决方式对于世界绝大多数人口而言将是灾难性的。①

美国绿党的观点与安格斯上述观点相呼应。正如比尔·麦克吉本（Bill McKibben）在《全球变暖的可怕新算术》（*Global Warming's Terrifying New Math*）中所指出的，“要使全球温度升高不超过2摄氏度的临界点，全世界80%的化石燃料必须被禁止开采。但当这些价值27万亿美元的宝藏被大公司掌控时，无论它是国有的还是私有的，被禁止开采是不可想象的。”② 因此，资本主义就是一列高速驶向环境末日的列车，它本身无法减速、无法停止，更无法回头，资本主义应对环境危机的办法与应对经济危机的方法如出一辙，就是转嫁危机，因此，“全球的有色人种和中低收入人群正在经历着环境的种族灭绝”③。

（二）实现生态社会主义的战略步骤

米歇尔·洛维指出，解决当前的生态危机，尤其是气候变暖的危机，在资本主义世界体系的框架之下根本无法办到。生态社会主义者应该做的就是在此时此地展开为实现生态社会主义的斗争，围绕着具体直接的目标而战，应该与争取气候正义的运动进行联合，在斗争过程中，能够促进为了气候改变和社会正义的大众运动以及人们在这些方面的意识的觉醒。对于生态社会主义而言，争取到青年、妇女、工人以及工会的支持是至关重要的。④

至于在当前的世界背景下生态社会主义者应该做些什么？米歇尔·洛维主张，生态社会主义者应该参与到一切反对资本主义的斗争中去，努力使得社会主义运动与生态运动相融合。与此同时，在全球正义运动

---

① Ian Angus（2007），Three Meanings of Ecosocialism，Sunday 25 November，http：//www.internationalviewpoint.org/spip.php?article1366.

② 郑颖：《2013年全球“左翼论坛”综述》（http：//www.cctb.net/qkzz/qkk/qkarticle/201308/t20130808_41356.htm）。

③ 同上。

④ Bernard Rioux，Michael Löwy（2013），“It is necessary to propose a radical，anti-systemic，anti-capitalist alternative：ecosocialism”，Sunday 12 May，http：//www.internationalviewpoint.org/spip.php?article2965.

与气候正义运动内部，生态社会主义者提出自己对资本主义的批判观点与生态社会主义的远景规划以供大家讨论。洛维认为，不仅这个任务十分艰巨，而且我们的对手也是非常强大的，但是生态社会主义者仍然需要努力一搏。他指出，正如布莱希特所说的，如果你斗争可能会失败，但是如果你不斗争，你就已经失败了。①

《贝伦生态社会主义宣言》指出，只有绝大多数人都积极支持生态社会主义事业，对社会和政治结构进行革命性变革的过程才能够真正开始。劳工、农民、失地者和无业者，寻求社会正义的斗争与为争取环境正义而进行的斗争密不可分。我们对于清洁资本主义不抱任何幻想，我们必须向政府、企业和国际机构施压，以实现某些基本但关键而迫切的变革：温室气体的强制性大幅度减排，发展清洁能源，广泛提供免费的公交系统，逐步以火车代替卡车，制订清除污染规划，消除核能并制止战争的蔓延。②

克里斯·威廉姆斯（Chris Williams）建议说，在当前的形势下，人们应该积极投身政治，参与某个政治组织，进行反抗整个资本主义体系的斗争。威廉姆斯充满激情地鼓励大家，资本主义体系的维护者和当权者的确很有力量，他们有钱、有武器、有权力，但是他们人数很少，资本主义体系的受害者、那些遭遇社会不公和生态不公的人们却是大多数，如果我们不组织起来进行斗争，体系仍然会一如既往地运转下去，但是只要我们组织起来、联合起来进行斗争，事情就很可能会发生改变，正如雪莱所说的："你们人数众多，他们却寥寥无几。"③

克沃尔认为，"生态社会主义社会不是一个未来突然出现的社会，而是与当今资本主义社会中的各种社会系统有着紧密的联系。因此，必须从现存的社会系统中发现潜在的生态社会主义局部系统——即所谓的生态系统（ecological ensembles），使之在资本主义的环境中逐渐发展壮大，最终连接成为一个生态社会主义整体"④。克沃尔所谓的生态系统

① Bernard Rioux, Michael Löwy (2013), "It is necessary to propose a radical, anti-systemic, anti-capitalist alternative: ecosocialism", Sunday 12 May, http://www.internationalviewpoint.org/spip.php?article2965.

② 《贝伦生态社会主义宣言》，聂长久译，《当代世界社会主义问题》2010 年第 2 期。

③ Chris Williams (2012), Ecology and Socialism, Wednesday 27 June, http://www.internationalviewpoint.org/spip.php?article2680.

④ 刘仁胜：《生态马克思主义概论》，中央编译出版社 2007 年版，第 106 页。

包括有机农场、反对世界银行的各种团体、社区信用社、非自发的社区组织，等等。

（三）生态社会主义远景规划

伯克特认为，马克思、恩格斯思想中包含着作为人类可持续发展的共产主义思想。共产主义实现了劳动者与生产条件的重新结合，所以它必然隐含着消除个人、社会、自然的异化，以及自然作为公共财产与对自然的非市场化的分配。随着人类管理能力的进化和加强，社会就能对自然生产条件进行更合理的管理和利用。在共产主义条件下，生产率的提高并不意味着物质—能量输出的增长，这与劳动时间的缩减并不意味着物质消费的增长一样。因此，共产主义将是实现"自然主义 = 人道主义"的、生态友好、社会公正的社会，正如马克思所言："社会化的人，联合起来的生产者，将合理地调节他们和自然之间的物质变换，把它置于他们的共同控制之下，而不让它作为一种盲目的力量来统治自己；靠消耗最小的力量，在最无愧于和最适合于他们的人类本性的条件下来进行这种物质变换。"①

生态社会主义应该以社会需要与环境保护为原则来组织生产，用高兹的话来说，生态社会主义应该是一个遵从生态理性而非经济理性的社会，这个社会应该建立在民主管理、社会平等与使用价值的优先性之上。生态社会主义应该以"生产资料的共同所有、在投资与生产中的民主计划以及生产力所具有的新的技术结构"② 为前提。这些主张与《贝伦生态社会主义宣言》不谋而合，《宣言》强调，生态社会主义建构在变革性的经济基础之上，它的经济根植于强调社会正义和生态平衡的非拜金主义的价值观。它既批判资本主义的市场生态观，也批判所谓生产至上的社会主义，认为它们都忽视了地球的平衡性和有限性。它在生态和民主的框架内重新界定了社会主义的道路和目标。生态社会主义涉及革命性的社会转型，它将限制增长并实现需求的转变，而完成这一目标的途径是实现经济发展的标准从量到质的深刻变革，使经济发

---

① 《资本论》第 3 卷，人民出版社 2004 年版，第 928—929 页。

② Michael Lowy（2005），What Is Ecosocialism? *Capitalism Nature Socialism*，Vol. 16，No. 2，June.，p. 18.

展从强调交换价值转化为强调使用价值。这些目标不仅需要经济领域决策的民主化，以便使社会集体决定其投资和生产的目标，而且需要实现生产资料的集体化。只有实现生产资料集体所有并且集体决策，才能具有长远的眼光，而这是社会和自然系统平衡可持续发展的必然要求。人类基本的创造性、非生产性以及再生产性行为，例如家政、育儿、护理、幼儿和成人教育以及艺术将成为生态社会主义经济的核心价值。清洁的空气和水、肥沃的土壤、能够普遍获得的绿色食品以及可再生的非污染性的能源，都是生态社会主义所捍卫的自然与人的基本权利。对地方、地区、国家乃至国际事务的集体决策远不会形成专制，它将会转变为基于公共自由和责任的社会行为，这种决策的自由将人从基于增长并产生异化的资本主义经济规律中解放了出来。为了避免全球变暖和其他威胁生态以及人类生存的危险，在实现充分就业的同时，工农业的各个部门必须受到限制、减少或者重组，而其他产业必须得到发展。

生态社会主义计划在以下方面进行激进的变革：第一，在能源系统方面，用公共控制下的清洁动力——风能、地热、海浪发电，其中最重要的是太阳能——替代碳基燃料和生物燃料；第二，在交通系统方面，大力减少私车的使用，代之以免费而高效的公共交通；第三，当前生产、消费和建筑模式的基础是浪费、内在的陈旧性、竞争和污染，生态社会主义倡导生产可持续、可循环的商品并开发绿色建筑，以实现上述模式的重大变革；第四，在食物的生产和分配方面，尽可能地捍卫食品主权，取消污染性的工业化农业产业，建立可持续的农业生态系统并努力恢复土壤的肥力。[①] 有的生态社会主义者提出，在未来社会应该以太阳能为主要能源。大卫·施瓦茨曼（David Schwartzman）认为，这至少包括以下几个方面的转变：第一，要有一个全球范围内的高效能太阳能基础设施，以代替化石能源与核能；第二，在环境政策中实行容量原则与预防原则；第三，将技术逐步地去物质化，全面应用最先进的信息技术；第四，使人口集中于绿色城市中，扩大生物保护区，保护生物多样性。[②]

---

① 《贝伦生态社会主义宣言》，聂长久译，《当代世界社会主义问题》2010 年第 2 期。

② David Schwartzman（2009），*Ecosocialism or Ecocatastrophe*，*Capitalism Nature Socialism*，20/1，pp. 6 – 33.

与奥康纳等人的具有社会民主主义色彩的改良型生态社会主义构想不同，乔尔·克沃尔的革命的生态社会主义观与马克思主义的科学社会主义观更为接近，他在《共产党宣言》与马克思的异化劳动理论之上，建构了自己对于生态社会主义革命与生态社会主义规划的设想。[①] 而且，克沃尔不像20世纪90年代以前的生态社会主义者以及迄今为止仍然存在的许多生态社会主义者所主张的那样，一味地反对和抵制暴力革命，而是认为："如果一种社会制度到了人们无法容忍的程度，而且制度性的力量与人民力量之间的平衡也发生了逆转的话，革命暴力就成为改变现存社会制度的选择。"[②] 尽管如此，克沃尔仍然认为，对于生态社会主义而言，革命的各种条件还不成熟，但如果资本主义的生态破坏不加遏制继续蔓延的话，暴力革命就是迟早的事情。他认为，生态社会主义必须尽快取得成效，以避免暴力革命的产生。

克沃尔认为，工人运动与生态运动相联合的倾向必然导致形成一个自觉的"生态社会主义政党"，这样的政党既不同于议会党（不像现在的绿党那样参加政治竞选、谋求政治席位），也不同于苏联式的先锋党（反对苏联式政党的官僚制和等级制），这样一个生态社会主义政党建基于抵抗共同体之上，实行民主、开放和透明的原则，他认为墨西哥的萨帕塔民族解放军与哥伦比亚高原上的基维塔斯社区就是这样的范例，为了实现生态社会主义，暴力与和平的手段都可以采取。克沃尔认为，生态社会主义应该坚持社会主义原则与生态化生产的原则，所谓的社会主义原则就是要坚持社会主义公有制，实行计划与市场相结合的生产与分配制度，并在全球范围内实现生态社会主义；所谓的生态原则就是，实行生态化生产（注重生产过程中的民主）、生产生态化产品（生产中消耗最少的能源、产品以满足人们的使用价值为目的）、使用生态化技术、满足人们的生态化需求，在此基础上实现社会关系的彻底变革，以人与人、人与自然之间的相互承认与相互和解来代替现存的彼此敌对关系。克沃尔的生态社会主义观在20世纪90年代以后尤其是21世纪以来产生了越来越大的影响，他活跃于各种生态社会主义组织、网络以及各种活动中，还致力于实

---

① 参见刘仁胜《生态马克思主义概论》，中央编译出版社2007年版。

② J. Kovel（2002），*The Enemy of Nature*，Zed Books Ltd，p. 222.

现生态社会主义运动在组织上的联合，从而为展开反资本主义的真实有效的斗争奠定了基础。

四 生态社会主义的本质特征和地位作用

聚集在“生态社会主义”这面大旗之下的诸多思想者、实践者以及支持者和参与者，其思想之间的差异性十分常见。但尽管存在着诸多差别，他们仍然在批判资本主义是造成全球生态危机的根源、应该反对和超越资本主义以及认为人类社会的发展前景等方面是非常一致的[①]，这种一致性在很大程度上还来自于生态社会主义与深生态学（生态中心主义）、生态资本主义等思想倾向的论战。其实，严格来说，生态社会主义的敌人有两个，除了资本主义这个最大的敌人，他们还不约而同地对传统社会主义进行了深刻的反思。此外，他们高扬社会正义的大旗，主张生产资料和共同体资产的共同所有，强调使用价值高于交换价值以及管理的民主化，反对种族主义、性别歧视，反对帝国主义战争。

对于生态社会主义这个概念本身存在的必要性以及对待生态社会主义运动的态度，著名的生态社会主义活跃分子伊恩·安格斯指出，尽管越来越多的绿色运动中的左翼与左翼中的绿色分子采用了“生态社会主义”这个词，但是它仍未被人们普遍地接受。但是毫无疑问，重要的是，这样一个观念需要被大家所接受——即，在21世纪，反抗环境破坏的斗争与反抗资本主义的斗争必然是纽结在一起的，这两个斗争要么一起成功，要么一起失败。澳大利亚最大的社会主义组织——社会主义联盟对生态社会主义进行了公开讨论。亚当·贝克（Adam Baker）认为，生态社会主义是无政府主义或者自由主义的一种形式，它们对古巴抱有敌意，将苏联的环境问题与资本主义国家的环境问题看作是等同的，它们反对建立革命的政党，认为不需要创建工人的国家，所以，贝克认为澳大利亚的社会主义联盟应该疏远生态社会主义运动以及相关的意识形态。山姆·布洛克

① 生态社会主义的反资本主义意识和倾向十分浓烈，被称之为“红绿政治”，有人用“西瓜”来诙谐地比喻这一思想流派，意指生态社会主义者强调社会正义，他们“外皮”是“绿色”的，而“瓤”却是“红色”的。这一称谓在澳大利亚、新西兰和美国都很常见。

（Sam Bullock）赞同贝克的观点，认为应该警惕生态社会主义中改良主义的倾向，应该依靠马克思的理论来反对资本主义，而不是依赖一个靠不住的运动。吉姆·麦克罗伊（Jim McIlroy）认为，在当前的世界政治形势下，生态社会主义是重构民众的社会主义运动的一个重要工具，因为社会主义毕竟处于弱势，支持者不多，生态社会主义能帮助社会主义运动扩大力量。赞恩·奥尔康（Zane Alcorn）等人则认为贝克和布洛克误解了生态社会主义，他指出：生态社会主义并不是抛弃了社会主义，而是重新强调了我们在生态问题上所贯注的重要性。①

那么，作为世界社会主义运动中重要一支的生态社会主义具有什么样的本质特征？它又产生了怎样的世界影响？以及我们应该从中得到什么样的启示呢？在这一部分，我们将从马克思主义的角度，对这些问题进行分析。

（一）生态社会主义不是科学社会主义

1. 生态社会主义在社会主义替代资本主义的本质方面认识不清

生态社会主义者认为，当代的生态危机与经济危机一样，成为必须替代资本主义的原因。的确，在资本主义全球化背景下，世界范围内的生态危机愈演愈烈，尤其是在面临着全球变暖这样一个迫在眉睫的危险之时，资本主义所造成的生态恶果愈益彰显出来，如果不推翻资本主义，人类社会的未来已经极为堪忧。

但是，生态危机并不是资本主义要被推翻的根本原因，正如马克思在《资本论》中天才的论证那样，资本主义必然会被社会主义（共产主义）所替代的根本原因就在于它对剩余价值的无限追逐、资本主义的生产资料私有制已经无力容纳社会化大生产的要求，它的生产力发展与生产关系、上层建筑之间的矛盾决定了它必然灭亡的命运。在本质上来看，生态危机是资本主义经济危机的必然结果，生态社会主义将生态危机与经济危机等量齐观、用资本主义的“第二重矛盾”去补充“第一重矛盾”，有将现象与本质相混淆的倾向。

2. 生态社会主义中的反生产主义倾向与马克思主义基本精神不相容

---

① http：//climateandcapitalism. com/2011/12/13/australian-socialists-debate-ecosocialism/.

生态社会主义者中间普遍存在着一种反生产主义的倾向，这与生态社会主义与绿色运动、深生态学、社会生态学、绿色工联主义等绿色思潮千丝万缕的联系有关。尽管它并不像其他绿色思潮那样坚定地反对生产，但是却普遍认为人类社会应该节制生产、缩小生产规模，以避免触及生态红线，而马克思主义却是建立在社会大生产基础之上的科学理论。

我们必须清晰地认识到，即使到了当代，广大的发展中国家和落后国家仍然有许多人生活在贫困线以下，生产和技术并非生态危机的元凶，资本主义制度造成的单纯为了追求利润的生产，以及分配的严重不公才是造成“富者越富、穷者越穷”等一系列恶果的根源。为了使得全世界的穷人都过上丰裕的生活，不是要抽象地反对生产，而是要反对资本主义的生产方式与分配制度。在这个方面，生态社会主义具有较强的后物质主义、后现代主义色彩，具有发达国家中产阶级意识形态的特点。

3. 生态社会主义在社会变革的阶级力量上与马克思主义之间是有差别的

发达资本主义国家的新社会运动是生态社会主义诞生的母体。20世纪90年代以前的生态社会主义者普遍认为，随着资本主义的当代发展，工人阶级不再是反抗资本主义的主要力量，他们把希望的目光寄托在中产阶级身上。20世纪90年代之后，这种立场发生了较大的变化，像佩珀、克沃尔等一批生态社会主义者强调生态斗争中阶级对抗的重要性，但是他们所说的阶级斗争与马克思、恩格斯时代的产业工人组织起来、在无产阶级政党的领导下向资本主义体制开战相比，已经有了非常大的不同，他们所说的阶级代理者虽然也包括无产阶级，但在更大程度上，是与世界范围内反全球化运动的代理者相重合的，概而言之，是在各个方面被不公正对待的那些人。

不可否认，这些人的确是反对资本主义的很重要的一支力量，但是反抗者之间却并没有坚固的经济和政治连接，其分离性、松散性、短暂性和不稳定性显而易见，金融危机以来，世界各地频频爆发的“占领运动”就是一个很好的例子。当代资本主义的发展使得工人阶级发生了许多新变化，但是这些新变化是不是可以消解工人阶级作为一个阶级的主体地位？是不是使得阶级斗争在当代已经失去了效力？如果不是，工人阶级又如何作为一个阶级来承担推翻资本主义的历史使命？这是非常值得研究的一个大课题。生态社会主义把斗争的关注点集中于社区反抗、过分强调“反对集权”以及对非暴力直接行动的偏爱等等，都使得它有别于经典马克思主义的阶级斗争理论。同时，虽然克沃尔等人也提出了要建立生态社会主义政党，但是与马克思主义所强调的由无产阶级先锋队——共产党——来领导阶级斗争的观点相比，仍然缺少科学性与可操作性。

谈及生态社会主义与马克思主义的关系，就不得不涉及生态社会主义与生态马克思主义之间的关系。我国学界对二者间的关系也多有关注，大致可以划分为以下几种：第一种是“相异说”，有人认为，生态马克思主义与生态社会主义是西方绿色运动所引发的两种不同的思潮，前者由北美的西方马克思主义学者提出，主张用生态学理论补充马克思主义，试图为发达资本主义的人民大众找到一条既能消除生态危机、又能走向社会主义的道路；后者是由联邦德国的绿党提出的行动纲领。第二种是“包含说”，即认为生态马克思主义与生态社会主义是不同的概念，二者之间是包含的关系。有人主张，在生态社会主义阵营中，只有那些具有强烈的马克思主义倾向的人才是生态马克思主义者；有人主张，生态社会主义既包括生态马克思主义，又包括以生态主义为哲学基础的生态社会主义；有人提出，广义的生态社会主义包括生态马克思主义、狭义的生态社会主义和“红绿”政治运动理论。第三种是“阶段说”，即认为生态马克思主义是生态社会主义的一个发展阶段，也有人认为生态社会主义是生态马克思主义的发展阶段。第四种是“一致说”，国内许多研究者实际上是将生态马克思主义与生态社会主义两个概念相等同的。①

我们认为，两个概念基本是一致的，但是生态马克思主义更加强调用马克思主义批判地分析当代资本主义的生态危机和经济社会危机，有人认为，生态马克思主义是马克思主义发展的当代形态，也有人认为生态马克思主义是“西方马克思主义”的当代形态，目前关于生态马克思主义的性质仍在讨论之中。而生态社会主义在批判资本主义的同时，

① 余洋：《生态学马克思主义和生态学社会主义关系研究述评》，《理论观察》2008 年第 4 期。

重视现实的斗争实践，并对社会主义的远景规划进行了设计和构想。

4. 生态社会主义的斗争策略和远景规划都带有一定的空想色彩

生态社会主义在批判资本主义时切中要害，但是在现实斗争设计和对社会主义替代方案的设计方面又比较抽象。以克沃尔为例，他对未来社会主义设计可以算作生态社会主义阵营中最为激进的一脉了。然而，他主张将媒体工人作为生态社会主义革命的依靠力量，“媒体工人可以通过互联网建立一个符合生态社会主义特征的抵抗全球化运动的独立媒体中心”①，把希望寄托在类似于“萨帕塔社区、基维斯塔社区、独立媒体中心、全球农场主政治联盟、教师协会、社区信用社以及类似兄弟会的组织等等”②；对于变革的近期目标，克沃尔的观点是，先发展一些具有自治色彩的社区组织，逐渐实现这些自治社区之间的联合，并扩展至全世界的范围，联合起来对抗资本主义的镇压。生态社会主义这种主张的空想色彩是显而易见的。正如有学者所指出的，生态社会主义在经济方案和政治主张上都具有空想性，甚至像佩珀、洛维这样的生态社会主义者也承认生态社会主义社会具有乌托邦性质。③

（二）生态社会主义是世界社会主义运动中较有发展潜力的一支力量

苏东剧变使世界社会主义运动陷入低潮。生态社会主义思潮和运动在这种低潮中顽强生存并逐渐发展起来，足以证明它的发展潜能，所以，我们认为，它是当今世界社会主义运动中较有发展潜力的一支力量。

首先，大多数生态社会主义者都自觉地将马克思主义作为自己分析当代资本主义经济社会危机和生态危机的理论基础。尽管在每个人的具体运用方面存在着差异（有人认为马克思主义理论应该得到补充等等），但是他们都普遍承认马克思主义在分析当代资本主义问题中的有效性，所以，他们的指导思想是科学的，这就确保了他们斗争方向的正确性。

---

① 刘仁胜：《生态马克思主义概论》，中央编译出版社 2007 年版，第 110 页。

② 同上书，第 114 页。

③ 郑国玉：《生态社会主义构想研究》，中国社会科学出版社 2015 年版，第 156—161 页。

其次，生态危机是反对资本主义的一个绝佳的突破口。苏东剧变之后，传统社会主义模式渐失人心。20 世纪 90 年代后期以来，新自由主义主导下的资本主义经济危机不断，尤其是 2008 年金融危机以来，资本主义国家普遍实行的紧缩政策激起了发达国家民众的不满，资本主义的颓势已经不可避免。在这双重的失望之下，生态社会主义者以生态批判作为反对资本主义的突破口，重新高举社会主义的大旗，有助于点燃人们对未来的希望。同时，进入 21 世纪以来，全球范围内的生态环境危机进一步加剧，已经演变为全球气候变化的危险，资本主义国家在一国范围内、地区范围内以及世界范围内遏制危机的措施屡遭失败，使得全世界人民更加清楚地认识到帝国主义的本质，反全球化运动此起彼伏。生态社会主义抓住这个斗争的时机，倡导反抗资本主义运动的全球合作，对于振兴世界社会主义运动具有促进作用。

以拉克劳与墨菲为代表的后马克思主义者认为，马克思将社会对抗确定为两大阵营的对抗已经明显失效了，阶级斗争的代理人已经不能再有赖于作为一个统一体的工人阶级，阶级斗争在二元对立的基础上崩溃了，当代的阶级斗争只能够反映在各种各样的新社会运动中。但实践证明，无论各种新社会运动如何蓬勃发展，它们都不能实现社会体制的整体颠覆和创新，新社会运动遭遇僵局之原因就包含在新社会运动产生的前提中，新社会运动本身就是资本主义“自由、民主”秩序的产物，它们只会在这个背景下产生，而在其产生之时就已经注定了会被资本主义体制所消融、化解和被包含在内的命运。可以说，如火如荼的新社会运动本质上是资本主义体制的一部分，它们与具有“事件”（巴迪欧意义上的）地位的十月革命等运动在性质上是截然相反的。从历史唯物主义的视角来看，生态社会主义运动作为生态运动中的左翼，产生于新社会运动，在性质上归属于新社会运动。但是随着生态社会主义运动的不断发展，尤其是 21 世纪以来，在弥漫于资本主义世界的金融危机的推动下，生态社会主义运动重新举起阶级斗争的大旗，诉诸在政治经济学的路径上对资本主义的批判和革命的重造，可以说，其性质正在逐渐发生变化。在这种意义上，生态社会主义正处于从新社会运动中的左翼逐渐发展为科学社会主义的一支力量的过渡之中，而这个过渡是否能最终完成，不仅有赖于生态社会主义运动是否能坚持马克思主义的科学理论、生态社会主义运动的各种力量能否实现有效的整合、是否能在此基础上开展有效的阶级斗争，而且也与全球资本主义与社会主义力量的整体较量、整个世界社会主义运动的发展趋势息息相关。但是，无论如何，生态社会主义运动都值得我们密切关注。

（三）生态社会主义思潮和运动在世界范围内具有越来越大的影响力

德里克·沃尔在《绿色左翼的兴起：世界范围内的生态社会主义运动》中翔实地描述了生态社会主义的种子正在世界各地发芽。在欧洲，生态社会主义要素在不少团体和政党中萌生。在团体方面，有第四国际的社会主义抵抗组织（Socialist Resistance）、英国的绿色社会主义联盟（Alliance for Green Socialism）、德国的“生态社会主义倡议”组织（Ecosocialist Initiative）和北欧绿色左翼联盟（the Nordic Green Left）。在政党方面，有英格兰威尔士绿党、葡萄牙绿党、荷兰绿色左翼党、瑞士左翼党、德国生态左翼党（Ecological Left）和左翼党（German Left Party）。

此外还有为数众多的生态社会主义网站，如土耳其的 www. yesilvesol. org 和 www. ekolojistler. org，希腊的 http：//ecosocialists. webs. com，罗马尼亚的 http：//ecorom. webs. com 等。在北美洲，不仅有福斯特和奥康纳这样知名的生态马克思主义学者，而且他们主导的《每月评论》、《资本主义、自然、社会主义》杂志也成为众多的生态马克思主义者以及具有生态社会主义倾向的学者交流思想、展开资本主义批判的重要阵地。“在加拿大，生态社会主义者丹·默里在支持生态社会主义的政纲后，2010 年当选为加拿大绿党执行委员会成员；《社会主义之声》（*Socialist Voice*）是加拿大极力提倡生态社会主义政治的网络期刊，许多环境正义的草根运动，尽管很少使用‘生态社会主义’的标语，但他们越来越积极地推动环境保护、激进民主和土地、社会正义等生态社会主义价值观。”在大洋洲，沃尔认为，澳大利亚是推动生态社会主义思想和行动的重要国家。不仅杰克·蒙德领导的“绿禁令”（green ban）运动以及阿兰·罗伯特的《自我管理的环境》影响巨大，而且澳大利亚社会主义联盟（Australian Socialist Alliance）的澳洲民主社会主义视野（Democratic Socialist Perspective，DSP）也作出了积极的贡献。它于 1990 年创办的《绿色左翼周刊》（*Green Left Weekly*），推动了生态社会主义的发展。在新西兰，社会主义工人组织2012年创建生态社会主义网络，将“社会主义者中心”更名为“生态社会主义中心”，举办资本主义崩溃论坛与生态社会主义网络论坛。在亚非拉广大发展中国家，生态社会主义运动也在蓬勃兴起，亚洲的菲律宾和印度、非洲的布基纳法索都有生态社会主义的发展。2008年成立了南非绿色社会主义同盟（Green Socialist Coalition），“它的纲领就是将社会主义和生态的要求结合起来。它代表工人阶级的利益……它倡导反对污染环境以及用可更新能源资源取代化石燃料的措施。它深信内在于资本主义的对利润的需求是对自然危害的原因。它的标语是‘红的必须是绿的，绿的必须是红的’。”沃尔认为，当前的生态社会主义在拉丁美洲是最强大的。秘鲁、委内瑞拉、玻利维亚、巴西、智利等国生态社会主义思想和实践都已经具有了很大的影响力。[①] 而且由于近年来频发的极端天气在世界各地造成的灾难，促使生态社会主义者更迫切地谋求国际范围内的联合，生态社会主义思潮和运动已经成为一种国际潮流，具有联合世界各地反抗资本主义运动的潜能。

五　生态社会主义的启示

（一）有助于深刻认识当代资本主义全球化的本质、振兴世界社会主义运动

进入21世纪以来，以新自由主义为圭臬的资本主义全球化运动，表面上打着“自由民主”的旗号，但实际上给全世界各国人民尤其是发展中国家人民带来的只有灾难。生态社会主义者雄辩地指出，资本主义不仅是全世界经济社会危机的始作俑者，更是全球生态危机的元凶。许多生态社会主义者都喜欢引用“要么生态社会主义，要么走向蛮荒”这句话，资本主义的生产方式、消费方式以及蔓延全球的生态帝国主义，使得资本主义在自我毁灭的同时，也彻底摧毁了人类赖以生存的基本条件。

生态社会主义思想让我们清醒地认识到，无论是经济危机还是生态

① 本部分资料来源于蔡华杰《生态社会主义的全球视野与国际向度——德里克·沃尔的生态社会主义思想述评》，《华中科技大学学报》2013年第4期。

危机，资本家阶级总是会将危机的代价转嫁于劳动者阶级，全球的北方（发达国家）总会把危机的代价转嫁于全球的南方（发展中国家与落后国家），由气候变化等一系列环境问题所产生的生态难民总是那些落后国家的穷人。生态社会主义运动积极谋求与全球反资本主义的左翼运动、第三世界争取实现社会主义的民族运动、全世界的反全球化运动的联合，力图打造新世纪反抗资本主义最广泛的人民统一战线，这些思路对于我们振兴世界社会主义运动而言都具有重要的启示意义。

（二）对我国社会主义生态文明建设具有借鉴意义

我国是由中国共产党领导的、人民民主专政的社会主义国家，在较长的一段历史时期内，实行社会主义市场经济体制。这些基本国情决定了我国在建设社会主义生态文明方面具有必要性与可能性。就必要性而言，由于经济主体的多样化以及市场竞争的需要，我们在社会主义市场经济发展过程中，也出现了一些唯利是图、不计社会成本与生态环境成本的经济主体和经济活动，对我国的环境质量造成损害；同时，由于我国传统上延续了苏联注重发展重工业的发展模式，资源能源缺口较大。20 世纪 90 年代以来，我国的经济增长逐渐转向为出口导向拉动，成为世界著名的加工厂，也加重了资源能源的耗费，这些实际情况促使我党作出了建设社会主义生态文明的战略决策。就可能性而言，我国是社会主义国家，在生产资料所有制方面实行以公有制为主导，正如生态社会主义所主张的，生产资料公有制是彻底对抗生态危机的根本所在，我国具备这个基本前提，为社会主义生态文明建设奠定了基础。而且更为重要的是，我国的执政党中国共产党代表着最广大人民的根本利益，以为人民服务作为宗旨，能够采取有力措施遏制环境危机的蔓延，这也是许多国外的有识之士对中国治理和改善环境抱有乐观预期的原因所在。

具体而言，生态社会主义对我国建设社会主义生态文明的启示有以下几点：首先，我们必须坚定地坚持社会主义公有制，这是建设社会主义生态文明的根本所在；其次，我们应该抵制市场经济所带来的负面影响，在坚持社会主义核心价值观的基础上，树立正确的消费观；再次，我们应该在发展社会主义市场经济、提高人民群众生活质量的同时，切实注重保护和改善广大人民群众的生产生活场所的生态环境，认识到给人民群众提供优良的生态环境是提高人民生活质量的重要内容；最后，我国在国际经济合作中，尤其是在与第三世界国家进行的经济合作项目中，应该切实注重保护当地的生态环境、切实做到不转嫁生态环境代价，同时积极支持第三世界人民争取生态正义与社会正义的反资本主义运动。与此同时，我国应该广泛开展世界范围内的生态环境项目合作，积极为全球生态改善作出贡献。我们应充分认识到，生态文明建设在本质上具有国际性，它需要国际范围内的精诚合作，但是，发达资本主义国家为了维持本国的消费水平，难以具备切实解决全球生态问题的诚意，中国应该联合广大发展中国家对发达资本主义国家的企图进行揭露和批判。

值得注意的是，生态社会主义的理论和实践鲜明地指向这样一条道路，即不在整体上变革资本主义制度，就无法解决严峻的生态环境问题。生态问题与社会主义制度都聚焦于人类社会健康的可持续发展，生态问题的宏观性、长期性、共享性与社会主义性质是内在契合的，也可以说是社会主义的题中应有之义。社会主义相较于资本主义最突出的特点之一就是注重社会公正，强调发展的成果由全社会共享，生态社会主义致力于站在落后国家和贫苦人民的立场上，来反思以生态环境问题的面貌表现出来的整个体制的不公正问题，它“对社会公正的强调和通过公正来解决生态问题的设想，为我们解决生态问题提供了一种新的视角”①。

① 陈永森、蔡华杰：《人的解放与自然的解放：生态社会主义研究》，学习出版社 2015 年版，第 456 页。

第八章

原苏东地区的新社会主义思潮

原苏东地区的新社会主义是指苏东剧变后，该地区共产党及各左翼政党，结合本国实际和民族、时代特点进行反思和总结、创新和发展社会主义，提出的一种社会主义思潮。新社会主义思潮大致包括三个方面内容：一是建立在对苏东社会主义理论和实践的反思、批判、总结和进步基础上；二是从马克思主义经典作家的基本理论出发，对照和总结人类社会发展进程中社会主义的实践，提出符合本国实际的社会主义设想及对前景的预测；三是广泛吸取世界各类社会主义因素，进一步提炼符合当代实际、具有可能性前景的社会主义思想。新社会主义思潮是苏东剧变后原苏东地区社会主义运动的新潮声。

一　新社会主义思潮的形成和发展

新社会主义思潮的形成和发展呈现出历史与现实、思想与运动、传统与新生庞杂结合的景象。社会主义运动从剧变时遭受重创，到适应环境而逐渐复兴，努力在现实中寻找生存和发展之路，经历了曲折的过程。苏联解体后，俄罗斯的新社会主义运动和思潮就主要由俄罗斯共产党和其他共产党组织、一些左翼政党组织等发起并推动。新社会主义因素，也主要承继于俄共及各左翼政党和组织，其中以俄共的社会主义思想理论占据主流的位置。俄罗斯共产党及左翼力量首先对历史进行总结、对历史事件和人物进行评析，以继承传统为主，在发展中逐渐增加爱国主义、民族主义、民主主义、斯拉夫主义等诸多内容。中亚国家及原东欧地区的共产党有继承，也有创新，有新的历史条件下的审时度势，也有吸收人类文化优秀遗产的理论积累。

（一）新社会主义思潮的起点：反思总结历史

作为苏联剧变后俄罗斯最主要的社会主义政党，俄共多年来坚持对苏联历史及苏联领袖进行客观理性评价，对苏联重大历史事件和人物进行具体的、历史的分析，并坚持在人民中宣传苏共及苏维埃历史的功绩，这些都有力推动了新社会主义思潮的兴起。

1. 关于十月社会主义革命的评价

苏联解体之初，受历史虚无主义的影响，俄罗斯社会中否定十月革命、否定列宁及斯大林的观点占据主流。近年来，在俄共为首的左翼力量影响下，社会对十月革命的评价趋于理性客观。2007 年十月革命 90 周年时，俄共发表宣言指出，十月革命开辟了俄国历史的新时代，使国家摆脱了一战血腥的战场，苏维埃政权制定了俄国有史以来的第一部宪法，废除了不平等的特权，劳动人民成为国家的主人。十月革命促进了世界的革命运动，开辟了世界人民通往美好生活的道路，标志着马克思列宁主义对改良主义和社会妥协主义的胜利。十月革命在人道主义方面的重大意义是，它打破了资产阶级意识形态关于私有制神圣不可侵犯的理论，把公正看作社会制度的最重要原则。“公正俄罗斯党”领导人米罗诺夫也多次对十月革命和苏联社会主义进行评价。他指出，俄国十月革命是一场伟大革命，如同 18 世纪法国大革命一样。“正是这种社会主义，使我们不仅度过了公开对抗时期，而且度过了与西方虚幻‘友谊’的险恶时期和 90 年代对我国疯狂掠夺的灾难性时期。积累了后备的资源（不仅在物质方面，而且在人文方面的资源），使我们有能力挺过了苏联解体后的危机。”① 2008 年俄共十三大党纲强调：“伟大的十月社会主义革命对俄罗斯来说是唯一现实的民族自我保护的机会。多民族国家苏联的建立是伟大的十月革命创造性的合乎规律的表现。”② 2012 年 11 月 6 日，全俄舆情研究中心公布的民调数据也表明，近 1/3 的俄罗斯人认为 1917 年的十月革命是国家发展的强大推动力，开创了国家历史新

---

① 李兴耕：《公正俄罗斯党的“21 世纪新社会主义”》，《当代世界与社会主义》2008 年第 3 期。

② 《俄罗斯联邦共产党纲领》，《当代世界与社会主义》2009 年第 2 期。

时代。俄罗斯人多半倾向于看到十月革命的正面后果。[①] 俄共第一副主席伊万·梅利尼科夫也特别强调，共产党的主要节日是 11 月 7 日，伟大十月社会主义革命纪念日。[②] 俄共在历次党代会上，都对十月革命道路和列宁主义问题进行认真总结，肯定成绩，从各方面给予评价与认可。

2. 关于列宁、斯大林等苏联领袖的评价

以俄共为主的俄罗斯左翼力量始终把列宁视为自己的领袖和精神象征。认为列宁是人类新的发展道路的探索者，是俄罗斯历史上最强有力的国家领导人。他们认为，列宁领导建立的社会主义国家使劳动人民当家做了主人，列宁把俄国从战争中拯救出来，他倡导人民政权，反对人剥削人的制度，这些对于今天和未来的俄罗斯来说仍然具有现实意义。

左翼学者呼吁，国家有责任立足于当代俄罗斯的发展，历史地说明列宁是俄罗斯当之无愧的缔造者，理应受到国家和民众的崇敬。俄罗斯的爱国者如果热爱自己伟大的祖国，希望国家繁荣和人民强大，就不能否认列宁作为俄罗斯国务活动家、创始人，作为俄罗斯人民至今仍生活在这个俄罗斯共和国的首位领导人的事实。否定共产主义的理论家和思想家，必须承认在当时形势下那些可能性中，只有苏维埃革命能够从根深蒂固的疾病中拯救俄罗斯、复兴其力量和荣耀。在纪念列宁逝世 90 周年纪念活动上，久加诺夫指出，“列宁永远留在全人类的心灵和思想里，列宁是目前受到最广泛阅读和被研究的政治家”。[③] 2014 年 4 月，列瓦达中心在列宁诞辰 144 周年纪念日前公布的调查结果再次表明，近 40% 俄罗斯人认为，列宁在本国历史上发挥了积极作用。[④]

近年来，俄共还通过纪念斯大林逝世 50 周年，诞辰 120 周年、125 周年等活动，重评了斯大林。譬如，久加诺夫在其《强国的建设者》一文强调，要用历史的眼光，辩证地看待和分析斯大林的错误；要总结斯大林和斯大林时代的历史经验，以作为俄共今天的行动纲领，报告还首次对斯大林执政时期的国家制度、政治经济体制、民族问题、宗教问

① 《民调：三分之一俄罗斯人认为十月革命是国家发展动力》，俄新网 2012 年 11 月 7 日。

② 《俄共在莫斯科市中心举行集会　纪念十月革命 94 周年》，俄新网 2011 年 11 月 8 日。

③ 《俄共领袖：列宁永远留在全人类的思想和心中》，俄新网 2014 年 1 月 21 日。

④ 《近 40% 俄罗斯人认为列宁在国家历史上发挥积极作用》，俄新网 2014 年 4 月 21 日。

题、外交问题等经验进行了高度概括与总结。2008 年俄共新党纲肯定斯大林路线的正确性和成就，这是自赫鲁晓夫以来苏共及其继承者俄共首次在党纲中对斯大林作肯定评价。2008 年久加诺夫又出版《斯大林和现代化》一书，重点阐述了斯大林作为俄罗斯/苏联“人民领袖”的重要作用。

3. 关于苏维埃文明

正确评价苏联社会主义的伟大成就，是俄罗斯社会主义运动发展的必要内容。苏联作为世界上第一个社会主义国家，究竟取得了哪些成就和经验，又积累了哪些教训？哪些是未来社会主义必须要把握和坚守的？这是世界各国社会主义者不可回避的重大历史问题。俄共及各左翼学者对这些问题进行了多次探讨①，并在探讨中对苏维埃文明进行了如下界定：（1）这是在马克思列宁主义科学理论指导下，消灭了剥削和压迫、劳动人民成为国家的主人、确立了劳动最光荣的新型价值观、建立在公有制基础上的新型文明。（2）这一新型文明符合俄罗斯国家和历史发展的客观规律，是 20 世纪初俄罗斯社会发展的必然产物。（3）这是人类社会发展史上的一种新型文明形态，代表着人类未来发展的大趋势。苏维埃文明全方位体现了社会平等原则，对国家和世界作出了巨大贡献。对苏联社会主义和苏维埃文明的客观评价，对于苏维埃文明在人类发展史、俄罗斯历史中的准确定位，都构成了俄罗斯新社会主义的起点和基石，推动着俄罗斯社会主义运动的发展。

4. 关于苏联剧变的根源

认真总结苏联剧变的根源，也是俄共及各左翼政党社会主义理论的重要内容。俄共指出：苏联体制确实存在弊端，但断言苏联体制完全失败是幼稚的。导致苏联解体的重要问题在于共产党自身。戈尔巴乔夫和雅科夫列夫、叶利钦和谢瓦尔德纳泽对苏联解体负有不可推卸的责任。

2011 年 9 月 24 日召开的俄共十四大再次指出，俄共所汲取的教训主要有：一是要对社会和国家的经济、社会和政治的稳定发展高度负

---

① 2012 年 10 月 16 日，俄罗斯《真理报》以“苏维埃文明有哪些经验和教训”为题召开了圆桌会议；俄共中央总书记久加诺夫于 2012 年 10 月 25 日发表长篇文章《未来的复兴——苏维埃文明》；俄罗斯当代著名政论家卡拉—穆尔扎推出两卷本著作《苏维埃文明》；俄罗斯著名网站“反对电视屏幕”专门开辟讨论“苏维埃文明”的专栏等一系列活动，对于苏维埃文明作全面总结和评价。

责。20世纪90年代初苏联经济之所以陷入危机，主要是由于戈尔巴乔夫的政策——这一政策从形式上来看是唯意志论的，就实质而言则是背叛变节的。广大党员未及时遏制住这一破坏性的活动。俄罗斯共产党人将永远铭记这一教训。二是要对意识形态工作和信息传媒政策高度负责。在关键时刻，无人可以使“改革家们”的破坏性欲望冷却下来，蜕化变质分子已经被提拔到苏联的许多重要岗位上。反共宣传在加剧，民众被虚假报道和虚假信息蒙蔽，在大众传媒上一小撮人的疯狂野心被冒充说成是“人民的意志”。大多数怀有亲苏情结的公民在精心组织的叛徒的进逼之下被压抑着。俄罗斯联邦共产党也要牢牢地汲取这一教训——必须跟匍匐爬行的反革命进行严酷的斗争。[①] 2014年7月，俄共中央委员会主席团成员、书记诺维科夫在接受中国媒体采访时也强调：俄共是马克思主义者，要辩证地看问题。俄共认为苏共解体主要是主观原因造成的。苏联的危机不是接受社会主义造成的，而是拒绝社会主义造成的。[②] 尼娜·安德烈耶娃的“全联盟布尔什维克共产党”认为，尽管斯大林时代的苏共犯过许多错误，但斯大林的基本路线是正确的。苏联解体的根源应追溯到20世纪50年代赫鲁晓夫上台后对苏联社会主义的破坏，直到80年代戈尔巴乔夫等人对列宁和十月革命事业、对国际共产主义运动的背叛，是他们搞垮了社会主义国家，毁灭了列宁的党，充当了工贼和“两面派”，欺骗了劳动人民。舍宁、科萨拉波夫等也持同样观点。

综上，俄罗斯新社会主义思潮首先建立在正确评价苏联历史的基础上，是在苏联历史与俄罗斯现实的比较中，在对教条马克思主义社会主义和现实社会主义的分析、批判、反思中，在西方国家与俄罗斯民族政治文化传统的对比中产生。历史唯物主义的观点说明，社会主义运动和思潮从来都不是凭空产生的，一切都是在现有基础上，历史地发展和延续着，割断历史或者持历史虚无主义的态度，都不能真正推动社会主义运动，都不能真正推动人类的发展与进步。

因此，原苏东地区的新社会主义思潮首先起始于接受苏联历史遗

① 徐元宫：《今日的俄共如何反思苏联解体》，《学习时报》2011年12月1日。

② 《俄共主席：戈尔巴乔夫应学习邓小平的做法》，《21世纪经济报道》2014年7月9日。

产，以总结社会主义历史的经验教训为重要内容，从历史走向未来。诺维科夫说，俄共在总结历史经验教训方面做了大量工作，重点对两个时期进行了研究：一是苏联成立之初的20年，即1917—1937年这20年，探讨苏联经济是如何取得快速发展的；二是苏联解体之后至今这20多年，俄罗斯是如何衰落的。俄共对经济、文化、人文、社会等方面作了详细的研究。[①] 目前看来，各社会主义政党基本完成了反思、总结历史经验教训的任务。从俄共近年来的党纲看，对于历史教训部分的论述也愈加言简意赅、提纲挈领，概论既成。俄共总结历史经验教训的工作，对于俄共的发展、壮大，对于社会主义运动的发展，有着极其重要的奠基式作用。

（二）新社会主义的产生——原苏东地区的社会主义运动

苏东剧变后，欧洲政治关系发生重大变化，原东欧国家回归欧洲和"加盟西方"成为外交重点。2008年世界金融经济危机爆发，前东欧地区GDP增长率降至4%以下，2013年东欧国家的增长率仅仅为0.5%。[②] 经济起伏、凋敝之下，前东欧国家的左翼组织也经历了前所未有的低谷时期，纷纷进行艰难转型，并在转型中推动了社会主义运动的缓慢发展，这些促成了新社会主义思潮的产生。

1. 剧变后各国共产党的艰难转型

苏东剧变后各国共产党的境遇发生了根本性的变化，或沦为在野党或被取缔，还有许多共产党改信民主社会主义或社会民主主义，党名也改为社会（民主）党，只有少数左翼党还坚持原来的信仰和名称，社会主义政党呈现出多元化。除此之外，这些国家还有极右翼、右翼、中右翼和中派政党等类型的政党。多元化社会主义思想淹没在各政治思潮当中，多样化的社会主义政党生存于不同类型政党中间。

与社会主义政党多元化相适应，"主义"也呈多元化态势。有的社会主义政党仍然坚持传统的马克思主义，有的社会主义政党坚持改良后的马克思主义，有的社会主义政党信奉民主社会主义或社会民主主义。

---

① 《俄共主席：戈尔巴乔夫应学习邓小平的做法》，《21世纪经济报道》2014年7月9日。

② 孙西辉综合编译：《联合国发布2014年世界经济形势与展望》，《社会科学报》2013年12月19日。

即便同是民主社会主义，不同国家的社会主义政党或同一国家不同的社会主义政党也因在社会上和选举中所处的地位作出了各自的解释，国别性、民族性和政党性特点比较鲜明。除社会主义之外，这些国家中还有自由主义、保守主义、民粹主义、民族主义，等等。它们并行存在，在对社会发展许多方面看法上的界限也越来越模糊。

以社会主义政党为载体的社会主义运动呈现多层化。一是社会主义政党的活动背景由计划经济转向市场经济。市场经济条件下经济成分、利益关系、分配方式、组织形式等的多样化推动了社会阶层的新变化。因此，它们也就成了有不同社会基础的政党；二是由于各个政党规模和力量大小的不同，各政党活动的目的和方式也不一样。有的政党想方设法保持住自己的执政地位，努力将自己的社会主义理念付诸实施。有的政党根据本国的政治发展制定或调整自己的纲领和路线，力争在大选中获得更多的选票以便执政或参政。也有的政党处境十分困难，正在为生存和发展而苦苦地拼搏。①

前南各国共产主义后继党的转型，既体现与中东欧其他国家共产主义后继党转型类似的规律与过程，也具有其特殊性。前期长达10余年的时间里，这些政党的转型过程充斥着自相矛盾。国际金融危机及欧洲主权债务危机爆发后出现的新问题，又使其在意识形态、欧洲化及经济社会发展目标等方面陷入两难。与此相关，经济层面的长期落后与政治层面的新民粹主义兴起又给它们造成新的压力。前南各国共产主义后继党的转型之路漫长而曲折。②

2. 转型后共产党的一些基本主张

中东欧的共产党人始终把马克思列宁主义作为自己的指导思想，把实现社会主义作为自己的纲领目标。其纲领和章程都对党的奋斗目标、国内外重大问题和国际共产主义运动进行了阐述。为适应科技进步和信息社会给社会经济带来的重大变化，各党的纲领和章程都对马克思主义理论和未来社会主义以及国内的重大问题提出了一些值得关注的新设想。如建立新型的代表全体劳动者利益的政党；承认多种所有制形式

---

① 参见孔寒冰《“原苏东地区”的社会主义发展及其特点》，《当代世界》2013年第11期。

② 参见王毅、王志连《前南各国共产主义后继党的转型：矛盾、困境与挑战》，《科学社会主义》2012年第3期。

（包括生产资料私有制）的存在；实行新的民族政策和宗教政策，允许不同宗教信仰的群众入党，等等。

保加利亚共产党人党指出，“马克思列宁主义就其深邃的哲学实质而言，它是创造性的学说。它要求永远保持其科学性、永久性和生命力”。同时，我们要根据社会所发生的新变化来运用和发展它。马克思主义“完全没有老化和过时”，因为它经受了真理的检验。南斯拉夫新共产党认为，“我们的战略和策略是实现建立在马克思、恩格斯和列宁思想基础之上的科学社会主义。”党遵循“马克思列宁主义、无产阶级国际主义和爱国主义”的原则。它将“国际主义同世界各国共产党人的预见和目标相结合”，把“国际主义和爱国主义辩证地结合在一起”。捷克和摩拉维亚共产党强调，它的纲领“源于马克思主义理论，并同国际共产主义运动、左翼运动以及新思想、新知识相互结合”。它主张各种政治力量相互尊重，实行民主多元化，进行平等对话。它愿同世界上所有左翼政党加强联系，争取加入社会党国际。

关于党的性质，中东欧各共产党不再强调是工人阶级先锋队政党或无产阶级政党，而是改称工人、农民和知识分子等劳动者的群众性政党。这些党认为，在当今时代，“工人阶级”这个概念不仅指传统意义上的工人和农业无产者，还包括受雇佣的脑力劳动者，如科技知识分子、艺术和文化创作者等。所以，对党员在加入和退出党组织的条件方面也比原来的共产党更加宽松，更加符合现实情况。

关于社会主义实现方式，绝大多数中东欧共产党认为武装斗争不再是夺取政权的唯一道路，主张正确对待和积极参加各级选举。南新共强调，尽管目前所谓“欧洲民主”已经变成了“金钱民主”，党也不会为了筹集选举资金而接受帝国主义的经费和搜刮国家财富，但党会打破当局的歧视和阻挠，参加选举。党应该在各级政权机关有自己的代表。保共产党人党在其《党章》的第二条中说，党要动员保加利亚公民的政治积极性，“通过选举或其他民主形式达到实现没有阶级社会的目的”。党要“参加地方、议会和总统选举，独立地或同其他政治力量结成联盟进入各级政权机构”。党认为，“根据马克思列宁主义理论和历史实践，掌握政权的道路是多种多样的，一切取决于具体条件”。捷摩共强调在多元政治制度下的活动原则是：党开展工作应从科学认识出发，尊重公开、平等的对话和民主多元化；独立地、以联盟的形式或其他联合的方式积极参加社会政治生活，推动左翼力量团结的进程；党的各级机关同致力于实现社会民主和发展的群众团体、公民组织进行合作；积极参加各级选举。捷摩共期望通过民主的道路实现社会主义目标，拒绝限制民主、歧视、打击不同观点和个人崇拜等方式。[①]

社会存在决定社会意识，经济基础决定上层建筑，剧变后的中东欧各国从政治、经济上完全回归欧洲，决定了其社会主义的发展也受制于西方的影响。虽然也有一些国家和地区致力于社会主义的复兴，坚持马克思主义社会主义的价值取向，但由于历史和现实、传统和当代的双重因素，社会主义思潮和运动还没有成为这些国家的主流，各左翼政党也常处于边缘化状态，难有大的起色和成效。

3. 中亚地区社会主义运动

苏联解体后世界社会主义运动陷入低潮，中亚地区在中亚威权主义政治传统、民族矛盾与地方主义、“颜色革命”、伊斯兰复兴运动以及美俄等国际力量的角逐及影响下，各国社会主义运动处在缓慢复兴中。

1991 年 12 月 7 日，哈萨克斯坦共产党重新组建，主要支持者为中年以上人群和对苏联时期有怀念感情的人，在普通劳动群众中，特别是生活贫困的居民阶层中拥有较高的支持率，其党员也大多属于这一阶层。哈共现有党员约 5 万人，是国内较大的政党之一，在中亚五国共产党中属于恢复和发展比较好的。第一，哈共纲领明确，哈萨克斯坦仍有部分群众对苏联社会主义怀有好感，希望能通过实现共产党的纲领来改变自己目前的处境；第二，领导集体有一定的号召力，特别是该党领导人阿布季尔金曾任国家最高苏维埃主席，有一定的从政经验和政治威信；第三，该党曾有较雄厚的群众基础，在工人、农民和知识分子中都有支持者；第四，社会党的消失使其部分成员转到共产党队伍中，壮大了共产党的队伍。[②] 2007 年 11 月，哈共中央委员会全体会议通过了名为“哈萨克斯坦主张的新思想”的决议。其基本思想是：为了社会正义作斗争，反对专制、违法和政治暴力。[③] 在金融危机背景下，哈萨克斯坦共产主义运动出现新的转机，但在危机状态下由于多种因素共同作

---

① 参见马细谱《中东欧共产党关于基本理论的认识》，《学习时报》2011 年 8 月 8 日。

② 丁军、刘汉玉：《苏联解体后哈萨克斯坦共产党的发展和主张》，《当代世界与社会主义》2011 年第 2 期。

③ Новые Идеи в тактике КПК，http：//komparty. kz/index. php/ru/2009 - 02 - 07.

用，哈共运依然呈现出不确定性，存在的制约因素为：民众对政府现行体制认同度较高；“强总统、弱议会、弱政党、小政府”的政治格局已经形成；后“颜色革命”时期，美国对哈萨克斯坦的实用主义政策，多元化思潮在中亚地区的渗透和冲撞日渐加剧。由此，共产主义运动在哈萨克斯坦的真正复兴仍需要经过长期艰苦的探索。①

1992 年 9 月吉尔吉斯斯坦共产党人党以原吉共为基础组建，现有党员 2.5 万人，多为工人、农民和知识分子。在吉尔吉斯斯坦独立初期，由于有大量经验丰富的党务工作者、明晰的组织结构以及数量可观的支持者，吉共成为吉尔吉斯斯坦最有组织的政治力量，在吉政治舞台上占有重要地位。吉共宣称其是为保护劳动者的自由、平等、社会权利和生存利益而联合起来的志同道合者的自愿联盟。党的宗旨是建立社会主义和作为未来理想的共产主义，争取实现社会主义民主、苏维埃形式的劳动人民政权、广泛的人民自治等。吉共主张创造性地遵循马克思列宁主义，保护社会最底层人民的利益；在真正社会主义原则的基础上建立“每个人的自由发展是所有人自由发展的条件”的民主社会。②

塔吉克斯坦共产党在 1991 年“8·19”事件后停止活动，并于 1991 年 9 月更名为社会党，1992 年 1 月 19 日恢复原名。塔共在塔吉克斯坦共和国登记在册的 8 个政党中人数居第二位，有近 5 万名党员。在 2005 年的议会选举中，该党曾获 20.63% 的选票，以及议会全部 63 个席位中的 4 个，是原苏联各加盟共和国共产党中保留最完好、组织最健全的一支队伍。塔共党纲规定，塔共的主要目标是使国家回归社会主义发展道路，这条道路最符合劳动人民的利益，切实保障劳动者的所有权利和自由发展，为所有人创造有尊严的经济、社会、政治和精神生活的条件。塔共提出要创造性地充实和运用马克思列宁主义学说，恢复社会主义制度，但复兴的不是以行政命令式的管理手段为本质的国家社会主义，而是关心人民福利、个性全面发展、保证真正的权利与自由的真正的社会主义。

---

① 马晨、罗锡政：《哈萨克斯坦的共产主义运动》，《新疆师范大学学报》2011 年第 3 期。

② Программа политической партии коммунистов Кыргызстана（в редакции, принятой XXXI внеочередным съездом ПКК7ноября2006года），http：//shailoo. gov. kg/kg/show. php?tp = tx&id = 809&PHPSESSID = 8da61b556f561dc1e5ba9016c17eccc9.

1991 年 11 月 1 日原乌兹别克斯坦共产党改建成乌兹别克斯坦人民民主党，至 2008 年 1 月，乌人民民主党有 353300 名党员，有 11300 个基层党组织。[①] 乌人民民主党继承了原乌共的人员、组织机构和办公大楼等资产，原党报《苏维埃乌兹别克斯坦报》被更名为《乌兹别克斯坦之声报》。1996 年 6 月，卡里莫夫总统辞去党主席职务和退党事件使乌人民民主党的地位和影响明显下降，但它仍然是乌兹别克斯坦实力最强、政治影响最大、组织最健全和人数最多的政党。

1991 年 11 月，原土库曼斯坦共产党举行中央委员会全体会议，决定在原土共基础上建立民主党。12 月 16 日，土共举行第 25 次代表大会，正式宣布停止活动。同日，土库曼斯坦民主党举行成立大会，并通过了党章和党纲。该党的成员主要由公务员、知识分子、工人和农民构成。[②]

综上，中亚国家的社会主义运动较有基础，与东欧国家多倾向于西方国家相比有较大不同。由于中亚国家独立后经济发生危机，社会出现严重分化，大多数居民的生活迄今尚未恢复到苏联时期的水平，许多民众怀念昔日生活和社会福利制度，怀念昔日的苏联。这些人构成了共产党人的社会基础，其积极分子是共产党的支持力量。除共产党外，中亚国家还存在一些左翼政党和社会团体。与欧洲国家的一些左翼政党不同，它们多半能与执政当局合作。它们以某个社会阶层或社会集团为依托，以工人、农民、妇女、青年为主要工作对象，例如哈萨克斯坦的公民党、农民党等就属于这类组织。此外，中亚国家还活跃着一些类似于社会党的政党，在它们的纲领中也包含有社会主义的因素。

总体看来，中亚国家共产党和社会主义运动有如下特点：第一，承认共产党犯过错误，但不否定共产党存在的合理性和党的历史；第二，独立初期与执政当局有很好的合作，随着各国改革的深入和权力分配的歧见，有的成为反对党。塔共至今仍与当政者合作，中央和地方政府领导人中仍有不少塔共党人；第三，与俄共关系密切，受俄共影响较大；第四，赞赏中国共产党的成就，不反华；第五，坚持公有制等重要原

① Народно – демократическая партия Узбекистана: Краткая справка, http: //www. xdp. uz/index_ ru. htm.

② 参见吴茜《苏联解体后中亚五国的社会主义运动：现状和前景》，《马克思主义研究》2010 年第 11 期。

则，主张维持苏联时期的社会保障制度。社会主义在中亚并没有被遗忘。公开声明要搞社会主义的中亚国家的共产党人，在某种程度上与俄罗斯的共产党人相似，有的类似于久加诺夫派，有的类似于共产主义工人党，也有的类似于朝鲜劳动党人。他们在社会上有一定的影响，有的在议会中还拥有席位。中亚国家共产党都说要“遵循马列主义”或者“在马列主义原则基础上开展活动”，在“社会主义原则基础上”维护劳动者的利益和建设民主法治国家。另外，中亚国家那些为保卫社会主义和建设社会主义作出过贡献，迄今仍对社会主义怀有感情，也包括一些年轻人。①

二　新社会主义思潮的派别与主要内容观点

俄罗斯社会主义运动的发展始终与俄共的发展相并行。1993 年，俄共恢复合法活动，党员超过 50 万人，成为当时俄罗斯最大的政党。20 多年来，俄共的发展曲折而顽强，其间经历过数次内外争斗，分裂与重组，历经发展的低谷与高峰，备受磨砺与考验。至 2014 年，俄共约有 13 万名左右的党员，目前仍然是俄罗斯社会上影响力第二大的政党。2014 年俄共在 450 个国家杜马议员中占据 92 个席位。在地方上也有许多居于高位的党员，有 600 名党员是地方联邦杜马议员，还有 9000 名党员在基层地方政府中任职。②

新社会主义的其他流派也处在不断分化、组合、变动中。公正俄罗斯党作为俄罗斯最大的社会民主主义党，群众基础广泛，虽努力活动，但影响力并不突出。俄罗斯争取新社会主义运动从起初的强大阵营，到现今逐渐沉寂。2011 年成立的俄罗斯社会主义运动则逐渐引起人们的关注。纵观俄罗斯新社会主义派别，其既有很强的相似性，也具有突出的自身特点，构成了俄罗斯新社会主义现状的丰富图景。

（一）新社会主义流派的主要类型

苏联剧变后，原苏东地区社会意识形态领域思想纷呈，关于什么是

① 参见赵常庆《中亚意识形态领域的大国博弈》，《领导文萃》2009 年第 9 期。

② 参见赵忆宁《俄共二十五年：“谁也不知道通往山顶的路究竟是哪一条”》，《21 世纪经济报道》2014 年 7 月 9 日。

社会主义、建设什么样的社会主义也持有多种不同看法，形成了既有差异又有共性的各社会主义流派。

1. 以俄共为主，“遵循发展的马克思列宁主义学说与唯物主义辩证法，依靠本国和世界的科学与文化的经验和成就”，建设“革新”的社会主义

2008 年俄共党纲提出：“党的战略目标是：全力促进革新的社会主义——21 世纪的社会主义在俄罗斯复兴。”即：通过苏维埃，建立联合大多数劳动人民和其他形式人民自治的人民政权；自然资源、基本生产资料属于公共财产；实行有保障的劳动权和与人们应得的报酬相应的生活、社会公正，普及免费教育和医疗帮助、设备完善的住房、娱乐，关心家庭、儿童和退伍军人；实行建立在劳动解放、消灭人剥削人和一切社会寄生虫基础上的社会公平；提倡尊重历史和文化、国家传统、民族平等、人民和睦的爱国主义，着手统一爱国主义和国际主义；实行公民对社会的责任和社会对公民的责任、人的权利和义务的统一；建设与现代化生产力水平相适应的、具有高质量的居民生活、为个人发展创造条件的革新的社会主义；共产主义是人类历史的未来。新党纲郑重强调其“革新”而不是恢复的特点。① 俄共十五大报告指出，为了使国家摆脱危机，必须依据苏联社会主义的经验，在俄罗斯建立“21 世纪社会主义”。

2. 以“俄罗斯争取新社会主义运动”组织为代表，从批判和汲取当代世界各种类型的“现实社会主义”出发，重新建构的“新社会主义”

“俄罗斯争取新社会主义运动”成立于 1996 年 2 月，由“现实主义者联盟”、“劳动人民社会党”、“俄罗斯社会主义青年联合会”、“雪松”生态党、社会主义人民党、社会主义党、俄罗斯独立工会联合会等组织组成。当时这一运动在俄罗斯 85 个地区有自己的组织机构。“俄罗斯争取新社会主义运动”通过的《新社会主义者宣言》指出，“新社会主义”是真正人民的社会主义；是在技术、经济、政治上比资本主义更为发达的后资本主义社会：在技术基础上与向后工业发展阶段的过渡相联系，在经济上容许各种所有制形式互相竞争，克服劳动的雇佣性质，

① Программа партии, http: //kprf. ru/party/program/, 07. 11. 2008.

使人成为生产资料所有者和劳动成果的享有者；在政治上实行社会的广泛民主化，克服人对劳动和权力的异化，是建立在高尚精神、崇高道德和人道主义之上、向世界开放的生态社会主义。俄罗斯争取新社会主义运动在新世纪前后比较活跃，此后逐渐陷入沉寂。

3. 以奥·舍宁、安德烈耶娃等正统派共产党人为代表，坚持苏联时期关于社会主义的基本观点矢志不渝

该类型的新社会主义主张恢复苏联、苏联共产党和苏维埃制度。该派观点以马克思、恩格斯、列宁、斯大林的学说为其思想理论基础，主张通过革命手段推翻资本主义制度，消灭私有制，实行无产阶级专政、计划经济、按劳分配，强调苏维埃爱国主义、无产阶级的社会主义、国际主义等。①

4. "公正俄罗斯"党提出的建设"新型社会主义"

"公正俄罗斯"党 2008 年 4 月 25 日举行的第 3 次会议通过了建设"新型社会主义"的党纲。党纲强调："我们的任务是考虑到俄罗斯的历史经验，为俄罗斯社会主义思想注入新的意义，使其符合 21 世纪的任务。"党的主要目标是宣布人道主义理想，即人的生命和保护国家人口。"将尽全力使人民生活质量同国家的自然、智力和精神财富相适应"。② 该党主席米罗诺夫在阐述"公正俄罗斯"党纲领时指出，"公正俄罗斯"党作为左翼社会主义力量，不反对市场经济和民主价值观。他说，只有社会主义能够成为俄罗斯的未来方向。"公正俄罗斯"党已于 2008 年 7 月加入社会党国际组织。

5. 以社会主义、马克思主义、托洛茨基主义、生态社会主义和社会主义的女性主义等为思想基础的俄罗斯社会主义运动，提出要实行一种新的社会主义政策

2011 年 3 月 7 日，俄罗斯社会主义同盟（VPERED）和社会主义抵抗一起合并组成的俄罗斯社会主义运动，是俄罗斯的一个激进左翼政党。该党通过对俄罗斯社会经济的分析，提出应该让左翼来替代其发展。其成立宣言《革命—民主—社会主义》指出，要始终把工人阶级的斗争与自我组织放在首位——争取工会。应坚持将工人利益看作一个整

① 参见李兴耕《苏联解体以来的俄罗斯社会主义》，《科学社会主义》2006 年第 2 期。

② 《"公正俄罗斯"党欲在俄罗斯建设"新型社会主义"》，俄新网 2008 年 4 月 25 日。

体，俄罗斯社会主义运动将努力促使工人从资本家控制的工会下独立出来，为民主的和反资本主义的要求进行一场决定性的斗争。“俄罗斯社会主义运动致力于建立一个拥有广泛社会基础的运动，这个运动要独立于执政精英，要反对独裁的官僚机构和大企业。正是因为我们反对公正和不平等，所以我们是社会主义者。”①

6. 从总结苏联模式的教训出发，认为社会主义就是人类社会发展由低到高的一个过渡阶段

原俄罗斯“共产党人联盟”领导人阿·普里加林认为，社会主义作为共产主义的低级阶段，与高级阶段不只存在量的差别。多年来我们在理论上和实践中把社会主义理想化了，把“过渡时期”只理解为向共产主义的过渡，而没有考虑到我们的起点是资本主义社会，在社会主义社会还保留着资产阶级社会的许多特性，社会主义的发展过程必然要经历性质不同的若干阶段。因此，社会主义是从初级到更为高级的过渡阶段。

从上述看来，在俄罗斯尽管各种观点的社会主义表征多样化，但基本共识在于，肯定社会主义是整个世界历史、文化和人类社会的合法产儿。认为社会主义及其更高阶段的共产主义是全人类文明发展的未来，是人类社会发展的必然结果。社会主义道路尽管迂回曲折，但是人类历史的进步永远不会停息。人类的物质文化和精神文化没有停留在原始社会，也不会停留在资本主义社会，人类社会终究要走向社会主义社会。

（二）以继承为主的社会主义基本理论

当今俄罗斯社会主义运动是从历史中、从苏联社会主义的历史和实践基础上而来，其基本理论、基本思想也是在苏联历史与俄罗斯现实的比较中，在对苏联时期社会主义的失误与教条的批判、反思中，在俄罗斯文化传统与当代俄罗斯政治的对比中，在寻找解决当代俄罗斯问题的方式和道路中逐渐形成的。关于社会主义的基本理论中，马克思主义经典作家的思想、苏联社会主义的历史脉络、当代俄罗斯社会发展现状，都能体现在此。同时，以久加诺夫为首的俄共还提出了可谓具有俄罗斯民族特性的“俄罗斯社会主义”。

① Декларация социалистов России，http：//sdpr4. narod. ru/deklsoc. htm. 11. 10. 2011.

1. 从俄罗斯问题出发的“俄罗斯社会主义思想”

久加诺夫认为：俄罗斯问题就是当代俄罗斯民族正处在民族消亡，被世界边缘、遗忘的最大危险之中的严峻局面。他说：“在全世界眼皮底下，在俄罗斯社会的默默参与下，一个伟大的民族正在消失。一个独特的、巨大的民族，上千年来给世界提供了独特文明发展选择的民族正在离开。”“这个具有文化和历史的民族成了‘新世界秩序’的作者们不欢迎的民族”。而俄罗斯民族，曾经“在三个大洋之间建立了幅员辽阔国家的民族，联合了上百个不同民族的民族，保卫它们免于灭绝，把它们联合成一个巨大的家庭”；这个民族曾经“战胜了地球上最可怕的邪恶——德国法西斯主义”。在世界上曾经如此卓越和有着突出贡献的民族，正处在不断的衰落中，因此，久加诺夫说，“当代俄罗斯社会的关键问题是俄罗斯问题”。①

久加诺夫认为，“解决俄罗斯问题的出路——就是社会主义”。“正是在俄罗斯民族中，极大地保持着理想和对社会主义前景的忠诚。此外，社会主义思想符合俄罗斯人民的民族价值，诸如集体主义、国体优先、蔑视非法敛财、渴望社会公正，即符合俄罗斯文化、俄罗斯文明主要财富的价值。”可见，一方面，久加诺夫把解决俄罗斯问题当作是推动俄罗斯社会主义运动的契机；另一方面，社会主义又是解决俄罗斯问题的唯一途径。“正是俄罗斯问题把社会主义理想和人民的传统价值、共产主义运动和民族解放斗争的任务结合在一起。”②

久加诺夫认为，俄罗斯社会主义要回答四个问题：

第一，关于马克思列宁主义与传统的俄罗斯社会政治思想遗产的关系。久加诺夫说：“我们应该向俄罗斯社会表明和证明，目前俄罗斯社会主义的形式既要与马克思主义有机地协调，也要植根于许多世纪以来的俄罗斯精神传统。它不仅吸收国内思想所有流派的成果，而且能够防止民族意识发生新的分裂。要令人信服地解释清楚，社会主义正是可以团结民族、克服‘改革’造成的纷争和混乱的俄罗斯几千年来思想的结晶。”认为马克思列宁主义与俄罗斯传统政治文化思想是能够而且是

---

① ［俄］根纳基·久加诺夫：《前进：俄罗斯社会主义的前途》，胡昊译，当代世界出版社2008年版，第255页。

② 同上书，第260、280页。

必然有机结合的。

第二，全民的社会主义思想与“俄罗斯道路”的关系。“俄罗斯社会主义应该成为我国当代的全民思想，因为它把社会公正、民族尊严和俄罗斯的才干建设性地结合起来了”，社会主义能够很好地解决俄罗斯道路问题。

第三，社会主义与创建国家建设理论的关系。“对俄罗斯问题作出回答的公式要求进行和谐的结合：强国实力与民主机制结合，民族独特性与各族人民友谊结合”。久加诺夫引用斯大林的话说：“社会主义不能让人放弃个人利益，只有社会主义社会才能对这些个人利益给予最充分的满足。而且，社会主义社会才能对个人利益提供唯一稳固的保障。”“只有在高度的生产力基础上，在比资本主义更高的生产力水平上，在产品和各种各样的消费品充裕的基础上，在社会所有成员富足和有文化的基础上，社会主义才能取得胜利。”“换句话说，只能把社会主义理解为最公正的社会制度，而且是‘世界上最富裕’的社会。这也是俄罗斯的道路——俄罗斯的发展道路。”只有社会主义，才能使国家和个人利益紧密结合，相得益彰。

第四，关于俄罗斯问题和俄罗斯社会主义精神内容的关系。久加诺夫认为，解决俄罗斯问题需要依靠俄罗斯传统价值，依靠许多世纪以来人民神圣的信念。同时，“只有面向崇高目标的成就和无条件地捍卫俄罗斯民族利益、面向围绕着我们团结起来的人民的新联盟、具有民族思维的人，才能赢得这种信任。”① 解决俄罗斯问题，既需要依靠树立了社会主义信念的人民，更需要依靠领导人民前进的共产党人，因为只有共产党人具备赢得人民信任的素质。解决俄罗斯问题，领导俄罗斯社会主义的只能是俄罗斯共产党。

俄共的“俄罗斯社会主义”有其明显的民族性，包括在具体内容上，强调俄罗斯的地缘政治因素、大国情怀、东正教对于团结人民的作用等；同时也强调坚持马克思主义的指导地位。这样一种理念，基于当代俄罗斯共产党的境地，俄罗斯社会主义运动的复兴征途中，有一定的合理性。只是，一种理论和思想能否真正是科学、符合社会发展规律，

---

① ［俄］根纳基·久加诺夫：《前进：俄罗斯社会主义的前途》，胡昊译，当代世界出版社 2008 年版，第 274—276 页。

还需要在社会实践中加以检验和证实。

2. 关于什么是社会主义的理解

俄共十三大通过的党纲将社会主义定义为："社会主义是消灭人剥削人的社会，这个社会以公有制为基础，按照劳动数量、质量和成果分配财富。这是一种依靠科学计划和管理、运用知识密集型、资源节约型技术工艺实现高劳动生产率和高生产效率的社会。这是真正的人民政权和发达精神文明的社会，它能调动个体的创造积极性和劳动者的自治。人是社会发展的主要目的和因素。"① 这一定义与马克思主义经典作家、与苏联社会主义理论有着较强的一致性和共同性。

"公正俄罗斯"党认为，社会主义是向公正社会不断前进的运动。社会主义思想是联合的思想。这个思想不是让人们对立，而是让人们团结。社会主义是真正的、不会引起人们对生活的恐慌的、团结的社会。② 党的价值是公正、自由、团结，这也是"公正俄罗斯"党关于什么是社会主义的关键词。

关于未来的社会主义，俄共十三大党纲首次开宗明义、旗帜鲜明地提出自己的战略性目标——在俄罗斯稳步建立"21 世纪革新社会主义"，并对之做了进一步说明，即"要么是伟大的强国和社会主义，要么是国家继续遭受破坏，最终变成殖民地。不是要回到过去，而是要向前发展，迈向厘清了过去的错误和迷惑的、完全适应现实要求的革新社会主义。"③

在俄共十五大报告中重申："21 世纪社会主义"是包含了马克思列宁主义理论和现实社会主义经验的基本特征，并与当代实践、科技进步水平和具体国家特色相结合的社会主义，是具有共产主义前景的发展中的社会主义，是将科学置于社会生活优先地位的社会主义，是消除了社会不平等、赋予并大幅增加劳动者权利的社会公正的社会主义，是劳动人民真正掌权的社会主义，是保证俄罗斯国家安全的社会主义，是文化高度发达的社会主义。④ 在未来社会主义中，马克思主义居于核心地

---

① Программа партии, http: //kprf. ru/party/program/.

② Программа Партии СПРАВЕДЛИВАЯ РОССИЯ, http: //www. spravedlivo. ru/5_ 48382. html.

③ Программа партии, http: //kprf. ru/party/program/.

④ Постановление XV Съезда КПРФ по Политическому отчету Центрального Комитета Съезду партии, резолюции и заявления XV Съезда КПРФ24. 02. 2013, http: //mkkprf. ru/news - view - 12968 - word - % EF% F0% EE% EA% F3% F0% EE% F0. html.

位，具有共产主义前景，科学技术、物质文化高度发达，平等、公正、富裕，人民当家做主安居乐业。这一未来社会主义前景表现出理想与现实的结合与展望，具有较强的现实性，能够为广大人民所接受。

公正俄罗斯党的领导人米罗诺夫在2007年10月11日发表的《21世纪社会主义——十月提纲》一文中说："我们建设的社会主义是为了人的社会主义，是以人为目的的社会主义。而共产党人建设的是人为之服务的共产主义，以抽象的光明未来为目的的共产主义。""21世纪社会主义"反对把社会划分为阶级和一个阶级对另一个阶级实行专政。它否定任何形式的极端主义和专政，以人为国家的最高价值。国家的存在、国家政权和所有国家机关工作的目的应是安全、自由、为人的和谐发展提供可能。① 公正俄罗斯党以公正、自由和团结的基本价值为基础，有着比较鲜明的奉行第三条道路的民主社会主义特点。

关于社会主义的所有制：俄共十三大党纲说明，在国家发展的第二、三阶段："在经济方面，社会主义经营形式的主导作用将表现得非常明显，这种经营形式在保障人民福利方面是最有效的。在这一阶段，还会保存由生产力水平所决定的多种经济结构。"在国家发展的第三阶段，"主要生产资料的公有制形式将占优势，随着劳动和生产社会化程度的提高，将逐步确立这种形式在经济中的决定性作用"。"俄罗斯联邦共产党把社会主义看作以公有制为基础，根据劳动的数量、质量和成果分配生活用品的没有人剥削人的自由社会。"② 也即，它不是一种一成不变的结构或形态，而是按照具体的历史阶段、具体的社会条件来确定。

俄罗斯社会主义运动主张，在公有制基础上，自然资源、生产资料和资金，交通基础设施、大型工业、银行业和贸易网络等都必须收归国有，统一纳入经济链规划。只有消灭私有制统治，建立民主管理机制，才能克服资本主义疯狂追逐利润的固有矛盾。③

在当今俄罗斯，以公平、公正为核心的社会主义思想作为一种思想

① 李兴耕：《公正俄罗斯党的"21世纪新社会主义"》，《当代世界与社会主义》2008年第3期。

② 参见戴隆斌译《俄罗斯联邦共产党纲领》，《当代世界与社会主义》2009年第2期。

③ Программа Российского социалистического движения, http://anticapitalist.ru/documents/programma/programma_ rossijskogo_ soczialisticheskogo_ dvizheniya.html.

意识和价值取向，几乎是左派、中左和中右政党和运动的共同旗帜。原苏联 70 多年社会主义的实践、现在俄罗斯绝大多数人的愿望、当今社会主义国家的现实，都促使大多数民众愿意接受以公平、公正为核心的社会主义思想。俄共的纲领集中代表了俄罗斯社会中低层民众的愿望，因而也代表了俄罗斯主要的社会主义思想状况。

（三）据形势变动的俄共最低纲领和当前任务

关于实现社会主义的基本政策，俄共制定得比较具体、全面，且具有较强的现实性和针对性，反映了俄罗斯社会弱势群体和底层民众的意愿。俄共“最低纲领规定了实现党的战略目标的首要措施。”“这个纲领在最广大的劳动者阶层中已经成熟了。它在全民公决、人数众多的抗议行动、示威游行及集会上都得到了支持。”由此，“在当前条件下，俄罗斯联邦共产党认为自己的任务是把社会阶级运动和民族解放运动联合成为统一的人民阵线，使之具有目标明确的性质。党为争取国家的统一、完整和独立，重建苏联各民族兄弟联盟，公民的福祉和安全、精神和身体健康而奋斗。”

“最低纲领”是俄共现阶段的行动纲领，所涉及的都是与人民生活密切相关和人们最为关注、最应该解决的具体问题，共有 24 项措施。概括如下：

在政治方面：建立劳动人民、广大人民爱国力量的政权；将俄罗斯的自然资源、经济战略部门国有化，这些部门的收入用于所有公民；将国家财政储备从国外银行转回俄罗斯，用于社会和经济发展；摧毁举行选举时的全面欺诈制度；建立真正独立的司法系统；提高国家机关系统的效率，削减官员人数，扩大劳动集体和工会的权利。

在经济建设方面：保证国家的粮食和生态安全，扶持农产品生产、加工方面的大规模集体经济；确定内债对外债的优先权，对在有害“改革”中被冲销的居民存款进行补偿；实行累进税制，免除低收入公民的税负；为发展中小企业创造条件；采取最坚决的措施遏制腐败和犯罪，杜绝人为的破产行为，防止强行侵占并吞企业的行为；有效发展知识密集型的生产。

在科学文化教育方面：增加科学拨款，保证学者有体面的工资和从事研究活动的一切必要的条件；恢复高标准的免费的中等和高等教育；

保证文化福利人人都可享受，杜绝文化商业化，保护俄罗斯文化并将它作为俄国多民族精神统一的基础，保护国家所有民族的民族文化；使社会免受媒体低俗和犬儒主义的宣传，使在法律范围内活动的所有政治力量都能利用国家的大众传媒工具，停止抹黑俄罗斯和苏联的历史。

在社会保障方面：制止对国家的灭绝行为，恢复对多子女家庭的优待，重建大众化的幼儿园网络，保障年轻家庭的住房；实施与贫困作斗争的紧急计划措施，对第一必需品的价格进行国家监督；重新审查那些导致公民物质状况恶化和允许盗窃国家自然资源的法律，首先是有关优惠“货币化”、劳动、住房、土地、森林和水的法典，不允许提高退休年龄；恢复政府对住房公用设施的责任，规定住房公用服务的费用支付不多于家庭收入的10%，不再使人流落街头，扩大国家住房建设；保证大众化的、高质量的保健设施。

在国家安全方面：巩固国家的国防力量，要用立法禁止使用武装力量反对人民，禁止建立资本家捍卫者的雇佣军，扩大军人及其护法机关工作人员的社会保障；保证俄罗斯的领土完整，保护国外同胞；实行国家和民族相互尊重原则上的对外政策，促进联盟国家的自愿恢复。党纲强调，“所有这些，要通过与罪恶的买办资本家政权的顽强斗争才能达到。我们号召所有劳动者都加入自己未来的创造者和建设者的队伍。”①

俄共十五大报告又规定：党的近期任务是，促成建立人民信任政府以贯彻拯救国家纲领，为社会主义改造打下基础。这个政府将实施经济基础部门国有化，实现新型工业化，对农业予以特别重视，保证科学与生产领域的良性互动，防止国家石油天然气收入流失海外，克服贫困和社会分化，建立公正和精神文明发达的社会，保障公民居住权，打造面向大众的优质免费教育和医疗服务体系，促进文化繁荣，制定新的外交和国防政策，保证国家安全、领土完整，与犯罪和腐败进行坚决的斗争，促使政治体系民主化，等等。②

由此来看，俄共当前的任务首先是通过各种方法取得政权。在取得政权的基础上，从俄罗斯社会的实际出发，制定各项保障民生、发展经

---

① 参见戴隆斌译：《俄罗斯联邦共产党纲领》，《当代世界与社会主义》2009年第2期。

② О Политическом отчете Централъного Комитета КПРФ XV съезду партии. Доклад Председателя ЦК КПРФ Г. А. Зюганова, http: //kprf. ru/party - live/cknews/115790. html.

济、强大国家、维护安全的纲领和措施。这些纲领和措施能够团结和凝聚最广大民众，为了实现社会主义而奋斗。俄共的具体政策一方面继承和延续了苏联社会主义制度下的政治、经济、文化和社会保障方面的基本方针；另一方面也根据当代世界的发展、当代俄罗斯现实状况增加了新的内容。只是，俄罗斯实现社会主义道路的过程，远不是提出具体的方针政策就能够自然而然实现的。真正使这些政策变为现实，还有很长的路。

（四）理想与现实相结合的战略目标

俄共十三大党纲首次提出自己的战略目标是在俄罗斯建立“21 世纪革新社会主义”。[①] 俄共十五大发表的声明再次强调：“党的战略目标：在俄罗斯建设更新的社会主义，21 世纪的社会主义。”[②]

俄共党纲规定，将分三个发展阶段逐步实现“21 世纪革新社会主义”这一目标。

第一阶段，“建立以俄罗斯共产党为首的劳动人民和广大人民爱国力量的民主政权”。这个政权的性质类似于过渡时期的性质。为了实现第一阶段的任务，也有几个分阶段工作。一是“共产党员要组织人民群众去争取社会、经济和政治利益，领导劳动人民、老战士和青年去维护自己的合法权利。”这是在合法范围内，争取各方面的利益，推动人民政权的建立。二是“党要创造条件去进行各级权力机关的诚实的选举，组成人民信任的政府”。明确表明通过合法手段，促使国家诚实选举，进而促使组成人民信任的政府。三是在组成人民信任的政府后，进一步在政治、经济、外交上提出符合人民利益、民族利益、国家发展的要求。如消除“改革”的灾难性后果，恢复公民基本的政治、社会经济权利。实行国有化，“杜绝大资本家、官吏、黑手党团伙对小商品生产者的掠夺”，“全力促进苏联各共和国实现经济和政治一体化，积极恢复和发展直接的人民政权”等。

第二阶段，解决人民参政议政、对国家政治经济进行有效管理的问

---

① Зюганов：КПРФ будет строитъ социализм XXI века，http：//www. vesti. ru/doc. html? id = 228373.

② За что борются коммунисты，http：//kprf. ru/activity/.

题。“在实现政治经济稳定之后，俄共将采取必要的措施，最大限度地保证劳动者越来越广泛地参与国家的管理。”这种管理“必须通过苏维埃、工会、工人自治和其他在实践中产生的直接的人民政权机构来实现”。这一阶段，在经济方面，“还会保存由生产力水平所决定的多种经济结构”。国家宏观管理国民经济发展的主要计划指标、编制，扶持农业生产，“人民政权将借助计划和市场机制积极调整经济和社会领域的发展”，逐渐提高劳动人民的生活水平。这一阶段主要是在政治经济上打下坚实的基础，承上启下，推动社会向着更高阶段和目标前进。

第三阶段，“最终形成社会主义的社会关系，保证按其自身原则稳定发展社会主义制度”。主要生产资料实行公有制并逐步确立这种形式在经济中的决定性作用。“要在科学技术革命成果的基础上实行国民经济的改造，要更加充足和广泛地满足人们的需要。权力机关要保证快速地发展教育、文化。”

三个阶段完成后最终达到的战略目标即是“21 世纪革新社会主义”。这个社会主义具有明确的概念和内涵：包括“以公有制为基础，根据劳动的数量、质量和成果分配生活用品的没有人剥削人的自由社会”；“实现高度劳动生产率和高度生产效率的社会”；“是真正人民政权和发达精神文明的、激励个人的创造积极性和劳动者自治的社会”。在这一阶段，“人是社会发展的主要目的和因素。随着社会主义的发展，人类的历史未来——共产主义确立的必要前提正在形成和成熟。共产主义的特点是其公有化程度要比社会主义条件下高得多，它是一个无阶级的联合体，在那里，每个人的自由发展是所有人自由发展的条件。”① 实现了“21 世纪革新社会主义”战略目标后，人类最高级阶段、最理想的社会制度也正在形成和成熟。沿着这样一个发展道路前进，最终会实现马克思、恩格斯所论证的人类理想社会——共产主义社会。俄共的社会主义蓝图与马克思主义经典作家的设想是一致的，显示了很强的继承性和历史性。

“公正俄罗斯”党也将其最终目标设定为建立“21 世纪新社会主义”。作为俄罗斯目前的中左翼政党，“公正俄罗斯”党是坚决拥护总统普京的务实反对派。其领导人米罗诺夫在“公正俄罗斯”党 2007 年

---

① Программа партии – Официальный сайт КПРФ , http: // kprf. ru/party/program.

2月召开的第一次代表大会上首次宣布，党的指导思想是"21世纪新社会主义"。在2007年9月召开的第二次代表大会上，米罗诺夫又宣称该党的新社会主义既不同于苏联社会主义，也不同于欧洲民主社会主义，而是"第三社会主义"。在2008年4月该党第三次代表大会上，米罗诺夫宣布把"21世纪新社会主义"作为党的意识形态写进党的纲领草案。"公正俄罗斯"党2009年6月的第九次代表大会强调，该党认为符合社会发展趋势和民族精神文化传统的俄罗斯未来方案，应该是"21世纪新社会主义"。

俄共的"21世纪革新社会主义"同"公正俄罗斯"党的"21世纪新社会主义"虽仅一字之差，本质却完全不同。俄共的"21世纪革新社会主义"，在很大程度上是以苏联社会主义为蓝本，突出在此基础之上的完善，全力纠正过去的失误和不足。"公正俄罗斯"党的"21世纪新社会主义"建立在否定苏联社会主义的基础之上，突出重新建立，并且不以马克思列宁主义为指导思想。[①]

全联盟布尔什维克共产党的主要任务和目标是：工人阶级夺取政权，建立无产阶级专政，消灭私有制的生产手段和工具，消除人剥削人的现象，复兴重建苏联社会主义社会、发展社会主义和建设共产主义。工农国家还将充分运用世界社会主义建设中马列主义革命理论与实践中积累的最好经验指导未来实践。党的目标分三个阶段：第一阶段，通过社会主义革命，推翻资本主义政权，建立无产阶级专政；第二阶段，实现从资本主义向社会主义的过渡，恢复社会主义社会经济结构和社会关系；第三阶段，逐渐由社会主义向共产主义过渡。[②]

俄罗斯社会主义运动的主要任务之一，就是要始终把工人阶级的斗争与自我组织——争取工会——放在首位。坚持将工人利益看作一个整体，俄罗斯社会主义运动将努力促使工人从资本家控制的工会中独立出来，为实现民主的和反资本主义的目标而进行一场决定性的斗争。"只有消灭私有制，创造一个民主管理的经济体制，才能解决资本主义经济的固有矛盾。"[③] 强调要革命，要实行民主，反对不平等、不公正，要

① 参见李世辉《俄罗斯联邦共产党的社会主义观》，《社会主义研究》2013年第5期。

② ПРОГРАММА ВСЕСОЮЗНОЙ КОММУНИСТИЧЕСКОЙ ПАРТИИ БОЛЬШЕВИКОВ (ВКПБ), http://www.vkpb.ru/index.php?option=com_content&view=article&id=50&Itemid=3.

③ Декларация социалистов России, http://sdpr4.narod.ru/deklsoc.htm.

实行社会主义的政策。

从上述看，各党党纲自具其义，都是通过各自党的特点和性质提出了符合自身利益要求的战略目标和行动纲领。相对而言，俄共的纲领成熟、完善，理论更具现实性。

三 新社会主义的本质特征

前苏东地区的社会主义运动有着继承、总结过去历史经验教训、探索未来社会主义的总体特征，因而其社会主义思想的特征也是非常鲜明的。俄共及其他左翼政党在反思苏联社会主义的历史教训，思考当代资本主义与俄罗斯的现实基础上，不断深化对社会主义的认识。其本质特征既带有明显的前社会主义国家的痕迹，也有俄罗斯社会主义的独有状况。就其理论基础而言，既坚持马克思主义的主导地位，同时又吸收俄罗斯文化传统中强烈的民族主义或爱国主义。进入 21 世纪后，包括东正教的思想也似有被纳入思想理论来源之中。俄罗斯新社会主义的本质特征主要表现在政治、经济、社会、外交领域。

（一）指导思想呈现多元化

坚持社会主义的俄共等左翼党派，旗帜鲜明地坚持马克思主义、列宁主义的思想，坚持用马克思主义的理论解释现实、用马克思的方法论研究问题，从马克思的理论中寻求解决重大社会问题的方法。还有一些社会主义思潮，指导思想、理论基础呈现出多元化、泛化、抽象化的特点。

俄共十三大党纲规定："在确定本党纲领性的目的和任务、战略和策略时，我们党是从分析社会政治实践出发的，遵循着马克思列宁主义学说并对其进行创造性的发展，依靠的是我国和世界科学、文化的经验和成就。"[①] 俄共十五大党章修改后，强调"俄罗斯共产党的主要目标，是在创造性地发展马克思列宁主义的基础上，建设社会主义。这个社会主义建立在集体主义原则、自由、平等基础上，是支持真正人民政权的苏维埃、巩固多民族联邦国家的形式"。党章还说明，俄罗斯共产党是

---

① 戴隆斌译：《俄罗斯联邦共产党纲领》，《当代世界与社会主义》2009 年第 2 期。

爱国主义者、国际主义者的党，是人民友谊的党。俄共捍卫自己的理想，捍卫工人阶级、农民、知识分子及所有劳动人民的利益。俄共是世界共产主义运动的一部分，与外国共产党、劳工等进步的组织和运动是协作和发展的关系。[①] 俄共对于马克思主义理论的理解更加务实、更加理性、更加符合俄罗斯社会的状况。党纲和历次代表大会的报告中，关于理论的阐述和总结，大部分都围绕着俄共当前面临的任务、基本策略、基本目标进行。

全联盟布尔什维克共产党在其党纲中开宗明义地指出：党的指导思想和理论基础是马克思恩格斯列宁—斯大林思想在当代的创造性运用和发展。党的运动是世界共产主义运动的一部分，党的终极目标是在全世界实现共产主义。[②] 该党具有鲜明的共产主义政党的特征。

俄罗斯社会主义运动2011年10月8—9日通过的《政治宣言》明确指出，俄罗斯社会主义运动党的思想基础是社会主义、马克思主义、托洛茨基主义、生态社会主义和社会主义的女性主义等。[③] 党的指导思想几乎兼容了各类左翼思想，是名副其实的左翼运动党。

“公正俄罗斯”党声称，党的意识形态是“21世纪新社会主义”，它超越于苏联社会主义和欧洲社会民主主义，其基本价值是社会公正和社会安全。它承认多种所有制形式和市场经济，但强调市场必须接受国家的监控，主张发展公民社会，并称“公正、自由、团结，这就是我们的主要价值。我们任何时候都不会放弃这些价值！实现这些价值是俄罗斯恢复强国地位的保证”。该党的指导思想和意识形态的阶级性与时代性不突出，公正、自由、团结等具有普遍性，任何社会制度都可提倡。尽管“公正俄罗斯”党强调，“我们的目的——使生活公正。我们的选择——社会主义的未来”[④]，但是，该党强调的社会主义的未来，从性质上说是属于民主社会主义的，因而也是与俄共、全联布共根本不同的。

---

① Устав КПРФ，http：//kprf. ru/party/charter.

② ПРОГРАММА ВСЕСОЮЗНОЙ КОММУНИСТИЧЕСКОЙ ПАРТИИ БОЛЬШЕВИКОВ（ВКПБ），http：//www. vkpb. ru/index. php?option = com_ content&view = article&id = 50&Itemid = 3.

③ Декларация социалистов России，http：//sdpr4. narod. ru/deklsoc. htm.

④ Программа Партии СПРАВЕДЛИВАЯ РОССИЯ，http：//www. spravedlivo. ru/5_ 48382. html.

从上述看，俄共和全联布共等坚持以马列主义为指导，体现出指导思想上的一元化特征，与苏联共产党有着鲜明的继承性。二者的指导思想虽不尽相同，但没有本质区别。“公正俄罗斯”党、俄罗斯社会主义党的指导思想和基本价值概念表述抽象，未来目标具有民主社会主义的突出特点。俄罗斯社会主义运动党则是将历史上的左翼思想和理论统合于自己的旗帜下，突出了左翼政党和运动的特点，但也模糊了其意识形态与指导思想的本质特点。

（二）劳动群众构成社会基础

俄共是俄罗斯政党中最能够代表劳动群众、弱势群体的政党。其党员的成分、职业、年龄都能够体现这一点。俄共十五大会场外的展板上，列举了几组数据，四年来党员人数增加到 15. 89 万。从社会构成看，俄共党员中企业领导人占 3. 27%，大学生占 3. 40%，知识分子约占 4. 20%，失业者占 5. 28%，工人占 12. 84%，农民占 8. 12%，公务员占 14. 08%，退休人员占 43. 64%。从年龄分布看，俄共党员中 30 岁以下的年轻人占 10. 79%，30—40 岁占 10. 97%，40—50 岁占 15. 48%，50—60 岁占 24. 74%，60 岁以上占 38. 02%。可以看出，某种程度上俄共是“弱势群体党”，更是老年人的政党。俄罗斯亲政府的媒体 20 年来一直称俄共为“过去的党”、“老人党”。[①] 这种称呼，俄共也不反对，久加诺夫在报告中也强调，“今后必须以双倍的力量做年轻人的工作”，并呼吁提拔具有新思想的精力充沛的新人进入俄共班子。

俄共十三大党纲明确指出，共产党是保护爱国者、国际主义者、人民友谊、俄罗斯文明的党。共产党捍卫共产主义理想，捍卫工人阶级、农民、知识分子，所有劳动人民的利益。[②] 俄共十五大政治报告再次强调，“俄罗斯共产党坚决维护工人、农民、知识分子的利益，为将权力移交给劳动人民和在发展社会主义的基础上复兴祖国而奋斗。”[③]

俄罗斯社会主义运动党提出，党要为工人的自由而斗争。自由——

---

① 《俄共党代会直击：代表步履蹒跚　多已是耄耋之年》，《国际先驱导报》2013 年 3 月 8 日。

② О партии. http：//kprf. ru.

③ Постановление XV Съезда КПРФ по Политическому отчету Центрального Комитета Съезду партии，резолюции и заявления XV Съезда КПРФ，http：//kprf. ru/party/charter.

意味着有权利参与制定和实施各种决策：在每一个城市、每一个工厂，除了人剥削人的权利外，其他各项合法权利都应该得到保证并受到法律的保护。社会主义不可能立即取消各级政府——其基础应该是：行使基层直接民主权利的机关工会、苏维埃、居民和工人委员会，群众可以通过这些机构直接参与管理事务。俄罗斯社会主义运动不仅能坚持开展社会运动，而且能通过发挥民主潜能来建立被剥夺权利的大多数人的统治来代替少数精英的统治。[①] 俄罗斯社会主义运动主张反对资本主义，联合统一的俄罗斯左翼，争取在未来成为全国性政治力量的核心。党代表工人利益，是劳工党。党将团结工会和其他低收入劳动者的基层组织，在俄罗斯形成大规模的工人运动、社会运动。[②] 由此来看，该党的社会基础是工人，强调为工人的自由而斗争。

俄罗斯社会正义共产党规定：党要建设人民的国家。蔑视民众利益、权力异化、腐败、官僚主义横行，是国家制度堕落的表现。党将促使国家政策向着符合人民利益的方向根本改变。人民利益应该是国家存在的主要目的。为了俄罗斯的发展，党将促使每个公民获得最多的发展机会。[③] 该党强调广大劳动人民的利益，其社会基础也是广大人民群众。

俄罗斯共产党人党在党纲上写道，遵照马克思主义的观点，共产党的社会基础是广大的雇佣劳动阶层，即没有生产工具和资金、被资本家和资产阶级剥削的体力劳动者和脑力劳动者。他们就是党的活动依赖的基础，他们的利益正是党首先要保护的。这些产业工人和农业工人、科技工作者，这些教育、文化、服务业工作者的劳动都被残酷剥削，留给他们的只是微薄的薪酬。[④] 将社会基础概括为广大的雇佣劳动阶层，说明了该党的马列主义政党的性质。

“公正俄罗斯”党提出：“‘公正俄罗斯’党的意识形态同右翼政党和自由主义政党是有区别的，他们捍卫少数富豪的利益并把公民的未来完全寄托在市场的自发势力上。我们社会主义者同他们不

---

① Декларация социалистов России, http：//sdpr4. narod. ru/deklsoc. htm.

② Политическое заявление Платформы “РСД” в Федерации социалистической молодежи, http：//www. socialist－spb. ru/24. html.

③ Программа политической паратии《Коммунистическая партиясоциальнойсправедливости》, http：//www. izbiraem. ru/party/i/108.

④ ПРОГРАММА Политической партии《КОММУНИСТЫ РОССИИ》, http：//www. izbiraem. ru/party/i/125.

一样，我们不顺应市场，而是自己创造未来。”“公正俄罗斯”党虽然没有强调以广大劳动人民为社会基础，但是强调“我们要为所有人建立安全和公正的社会，因此对我们来说，人是最重要的因素”。[①] 从代表所有人的这种表述看，“公正俄罗斯”党的民主社会主义特点是很明显的。

（三）主张社会主义前景

前苏东地区的社会主义尽管有不同的社会主义标准，有不同的对资本主义的认识，但均坚持社会主义的方向，均提出社会主义的前途。

俄共旗帜鲜明地强调，其最终目标是建立人民政权，实现社会主义。强调为反对资本主义复辟、苏联解体、苏维埃政权毁灭进行毫不妥协的斗争。俄共十三大党纲对当代资本主义进行了深刻批判，认为在苏联解体、资本主义复辟以后，美国及其亲密盟友在原苏联地区和东欧推行帝国主义全球化政策，局势极其危险。资本主义保证了少数国家的高消费水平，却同时使人类陷入了新一轮的矛盾，使所有的全球问题变得极其尖锐。

俄共十五大声明：资本主义的全球危机恶化，需要过渡到一个新的社会组织。对于实际开展社会主义斗争的革命，当代世界上已经产生了越来越多的因素。为了共同理想，俄共向所有受压制和迫害的人表达声援和支持。任何反共产主义的表现，俄共都决不答应。俄共十五大还表达了对社会主义的信心，认为世界资本主义正经历着严重危机，这使许多国家的政策向左转已不可避免。为了转嫁危机，帝国主义在全世界积极推行新殖民主义政策，不断挑起地区冲突，甚至是直接的军事入侵。与此同时，很多国家对帝国主义政策的反抗正在日益增加，它们不断加强合作，推进经济一体化进程，并为此成立了一些国家间组织和区域合作组织，如上合组织、美洲玻利瓦尔联盟等。资本主义的社会基础在缩小，任何力量都无法阻止数百万民众转向社会主义。社会主义是人类的未来，为此全世界的共产党人都必须在目前资本主义危机的条件下，巩固和加强在工人阶级与劳动人民中的阵

---

① Программа Партии СПРАВЕДЛИВАЯ РОССИЯ，http：//www. spravedlivo. ru/5_ 48382. html.

地，并紧密地协调行动，为社会主义、为世界和平与友谊、为劳动人民的利益而斗争。①

“俄罗斯争取新社会主义运动”的代表人物鲍利斯·库拉什维利认为，新社会主义的经济制度和生产关系，可以定义为以合作生产关系之劳动工具的公有产权和工人不受剥削的劳动竞争为基础。认为“旧社会主义尽管有许多的缺陷，但的确是真正的社会主义”。新社会主义将是苏联社会主义的第二个发展阶段。新社会主义是“非多种成分的、非国家主义的、非官僚主义的、国家自治的、计划与市场相结合的、彻底民主的社会主义”②。

俄罗斯共产党人党的目标是建设人类未来的共产主义。该党的纲领指出，共产主义是最先进的社会制度，人们以创造性的劳动实现自身的全面发展，个性、能力和兴趣的发展都是为了社会科学知识、文化和先进生产力的提高。高度发展的科学、文化、工业和农业，能够直接满足每个社会成员的精神和物质需要。③ 该党坚持人类宏伟远大的终极目标，显著突出于其他俄罗斯社会主义党派。

俄罗斯社会正义共产党在纲领中称：党的目标是把俄罗斯联邦变成完全没有侵略和压迫的社会主义国家。俄罗斯目前被敌人包围着，只有在全世界建立社会主义国家，然后过渡到共产主义社会。世界无国界和无主权，才可以从资本主义侵略者的奴役下拯救俄罗斯。④ 其目标如党的名称所示，突出的是建立正义、公平的社会主义，但其远大的共产主义理想和目标又表明其马列主义政党的特点。

“公正俄罗斯”党强调，社会主义思想是联合。这个思想不是让人们对立，而是让人们团结。社会主义是真正的、不会引起人们对生活的恐慌的、团结的社会。很多世纪以来，俄罗斯始终存在着互助和团结的文化传统、集体活动的道德标准。如今在全球化的世界中，我们只有加强合力，才能找到自己的位置。我们的目标是现实的、民主的和高效率

---

① О Политическом отчете Централъного Комитета КПРФ XV съезду партии. Доклад Председателя ЦК КПРФ Г. А. Зюганова, http: //kprf. ru/party—live/cknews/115790. html.

② 刘军梅：《俄罗斯新社会主义思潮评析》，《经济研究资料》2004 年第 3 期。

③ Программа Политической партии《КоммунистыРоссии》, http: //www. izbiraem. ru/party/i/125.

④ Программа политической паратии《Коммунистическая партиясоциальнойсправедливости》, http: //www. izbiraem. ru/party/i/108.

的社会主义。①

俄罗斯社会主义运动党称："俄罗斯社会主义运动的活动者在反法西斯斗争中，将与工会和社会运动在打击法西斯主义时共同行动。俄罗斯社会主义运动致力于建立一个拥有广泛社会基础的运动，这个运动要独立于执政精英，要反对独裁的官僚机构和大企业。"②

目前来看，俄罗斯各社会主义流派的纲领、措施都还处于理论阶段，只有俄共的纲领、目标、理想具有可行性、可操作性，是作为一种社会实践活动，有目标、有步骤、有计划地进行着。至于能否通过社会主义运动，通过对资本主义的批判，通过对苏联社会主义经验教训的反思，再次在俄罗斯实现社会主义，这是另外一个命题，在这里不加赘述。

（四）主张合法斗争议会道路

苏东剧变后，社会主义政党和组织关于未来实现社会主义的途径，基本都以和平方式为主，力求在合法的途径和范围内，最有效地开展工作。

苏联解体后，俄罗斯共产党人认识到，巨大的社会震荡带给人民的是永久的心理创伤，人民对社会变动的承受力已经损耗殆尽。因此，俄共从一恢复活动开始就强调斗争方式合法性的重要作用，主张"采取非暴力过渡道路"，和平地发展社会主义革命，要通过竞选获胜来取得管理国家的资格。

1993 年俄共重建大会通过的纲领性声明宣布："党将利用各种符合宪法的手段、方法以及政治斗争形式来争取国家政权。"1993 年十月事件时，叶利钦发布在莫斯科实行紧急状态令。政府军同忠于议会的战斗队进行了长达 10 个小时的激战，流血冲突造成 142 人死亡、744 人受伤。此后，俄共更加坚定了和平过渡的斗争策略，致力用和平、合法的方式，通过竞选参加各级议会和政府，逐渐影响和改变现行的政治制度及其经济方针，实现进入政权的战略。俄共十三大纲领重申："我们支

---

① Программа Партии СПРАВЕДЛИВАЯ РОССИЯ，http：//www. spravedlivo. ru/5_ 48382. html.

② Декларация социалистов России，http：//sdpr4. narod. ru/deklsoc. htm.

持那些真正符合劳动人民利益的形式。共产党人在争取社会主义改造时，坚持通过和平的方式实现。党反对资产阶级和小资产阶级的极端主义，因为它蕴藏着内战的巨大危险。”

当前俄罗斯的现实决定了俄共只能在宪法的框架内，通过和平合法的途径首先进入政权，进而改变政权的性质，引导国家逐步向社会主义过渡。久加诺夫曾说过，在新的真正意义上的革命中，需要解决的任务有很多方面。与 80 多年前曾经面临的那些任务是非常相似的，但也有不同。其差别在于，如果 1917 年的革命既可能通过和平方式也可能通过武装方式的话，而现在达到拯救和复兴俄罗斯的目的则直接有赖于保持国内各民族间和国际间的和平。[①] 久加诺夫反复强调，在俄罗斯当前的历史条件下，俄共要通过革命的方式夺取政权是不现实的，只能是在法律范围内通过议会斗争和地方选举等方式参与国家政治生活。他还表示，对话是解决问题的最好办法，不希望用战争、暴力手段解决问题。由于俄国的社会矛盾不成熟，俄共暂时不会把社会主义革命提上议事日程。[②]

苏联解体 20 多年来，俄共作为俄罗斯当局旗帜鲜明的反对派，领导、组织了多次游行、集会、抗议、示威等活动，基本上没有出现大的冲突和流血事件。这种行动符合时代条件，符合俄罗斯的现实，符合俄罗斯民众渴望安定、和平的社会心理并得到群众的理解和支持。2014 年 4 月俄共候选人洛科季击败了执政的“统一俄罗斯”党候选人兹纳特科夫，成为人口居全国第三位的新西伯利亚市新市长。法新社以“意外的胜利”来形容俄共击败普京的政党。尽管在苏联解体后，俄共处于弱势地位，但这一次的险胜至少能告诉人们，俄共以正常渠道获取局部政权的一种可能性。[③] 而这种局部胜利也极大地鼓舞俄罗斯共产党人在合法的斗争范围内，通过和平方式取得政权的信心。

“公正俄罗斯”党认为，公正的思想能够激发亿万俄罗斯人的自我意识和自尊心，能够将他们联合在通往未来的道路上。认为实现公正、

---

① ［俄］根纳季·久加诺夫：《全球化与人类命运》，何宏江等译，新华出版社 2004 年版，第 215 页。

② 赵静：《老骥骨奇心尚壮，青松岁久色愈新》，《当代世界》2007 年第 1 期。

③ 《俄共击败普京所在政党执掌俄第 3 大城市》，《重庆青年报》2014 年 4 月 10 日。

自由、团结这些价值是俄罗斯恢复强国地位的保证。该党在 2009 年 6 月 25 日第四次代表大会通过的党纲中指出，“团结是现代社会生存和发展的最重要的条件，是社会关系人道化的基础”。“只有团结的社会才能够建立起真正的社会化国家，才能够保证人民过上体面的生活。团结人民是我们国家最重要的任务。”“把团结理解为一种责任，就能够使国家决策体制更有效率，就能够加强地方政权和地方自治。没有整个社会的团结和支持，国家不可能克服腐败、犯罪、恐怖、酗酒、吸毒等社会恶习。实现团结和社会协作的原则，需要建立稳定的国家和社会制度，制定和调整劳动关系。”“我们号召所有认为自己是俄罗斯公民的人，所有珍惜祖国未来的人，实现政治团结。”① 虽然公正俄罗斯没有明确说明走向社会主义的途径，但是从其强调公正、自由、团结的基本价值，从其对团结赋予的重要意义，显然是一种合法的、温和的，通过团结向公正社会不断前进的运动。

俄罗斯新社会主义运动代表人物之一雅拉斯拉采夫则认为，通向新社会主义的道路就是民主社会主义。民主社会主义是一个多层次的社会，其经济是具有社会倾向的，国家依据人民的利益来管理市场，强调团结和社会公平。民主社会主义的重要任务之一是创造条件，使每一个人不论其物质与社会地位如何，也不管其居住地在何处，都能够得到免费的中、高等教育，成为精神财富丰富、发展平衡的个体，这也是民主社会主义得以存在和发展的关键。②

俄罗斯激进左翼政党在实现社会主义道路问题上有其鲜明的特点，如俄罗斯社会主义运动党称，“正因为我们是现实主义者，所以我们要进行革命”。“要为工人的自由而斗争，工人不反抗雇主和警察的压迫，就不能养家糊口。”③ “我们深信，只有坚决斗争，才能使工人摆脱统治精英的压迫，只有摧毁资本主义，人类才能永远摆脱贫困和社会不公正”。“只有联合大规模街头抗议和罢工斗争力量，才可以压倒普京的军事官僚机器。实现这一目标的必要条件是，首先，发展激进工人运动；其次，促使社会主义力量影响力和组织的增长，在俄罗斯建立广泛

---

① Программа Партии СПРАВЕДЛИВАЯ РОССИЯ，http：//www. spravedlivo. ru/5_ 48382. html.

② 刘军梅：《俄罗斯新社会主义思潮评析》，《经济研究资料》2004 年第 3 期。

③ Декларация социалистов России，http：//sdpr4. narod. ru/deklsoc. htm.

的反对资本主义的左派政党。”① 与俄罗斯其他政党相比，俄罗斯社会主义运动坚持独立的工人阶级立场。从其宣言和纲领看，这种不妥协的斗争并没有明确为武装斗争或暴力革命，但表述相对激烈，革命、抗议等在党纲中多有出现。

（五）信仰自由适用于俄共党内

俄罗斯是一个宗教影响非常深重的国度。苏联剧变后叶利钦时期的国家遭受巨大的磨难、动荡和衰落，宗教成为慰藉人们的精神依赖。俄罗斯宗教活动随时可见，宗教出版物也呈直线上升趋势，宗教复兴运动迅猛发展，信教群众日益增多。俄共需要的社会基础和阶级基础、群众基础与宗教生活、宗教活动密切相关。如何寻求广大信教群众对俄共的支持，是俄共必须面对的问题。由此，俄共在认真总结苏联时期宗教政策的经验和教训之上，结合俄罗斯的具体国情以及当前的斗争形势，提出了有关宗教问题的主张，制定了宗教政策。

第一，尊重东正教和其他传统教派。承认宗教在俄罗斯国家形成、俄罗斯民族意识的确立、爱国主义思想的培养等方面都发挥过重大作用。俄共也高度评价伊斯兰教、佛教和旧礼仪教派等其他传统宗教，认为它们对于俄罗斯各民族精神和文化的发展作出过巨大的贡献。

第二，强调国家应该与教会结成战略同盟。俄共认为，俄罗斯社会主义的基础是“俄罗斯思想”。在“俄罗斯思想”的形成过程中，东正教起了特别重要的作用，甚至是主要作用。为此，俄共提出了国家与东正教结成战略同盟的口号，宣称国家与教会结盟是时代的要求和国家正常发展的必要条件。同时强调，国家与教会的结盟，旨在从精神道德上教育人。在当代俄罗斯，国家和教会的共同敌人是对淫乱和暴力的崇拜、对财富和不惜代价地发财的宣扬以及不讲道德等。

第三，坚持教会和国家严格分离的原则。一方面，国家不干预公民对宗教信仰的选择，不责成宗教组织履行国家各级机构的行政职能，不干预宗教组织的内部管理与活动；另一方面，国家机构应保持世俗性质，不允许在社会领域或精神领域出现教权主义现象，宗教组织也不参

---

① Программа Российского социалистического движения, http: //anticapitalist. ru/documents/programma/programma_ rossijskogo_ soczialisticheskogo_ dvizheniya. html.

加国家政权机构的选举，不参加政党和政治运动。俄共反对国务活动家公开招摇地参加宗教仪式。

第四，尊重和保护信仰自由。宗教信仰自由本是现代文明的一种表现，也是任何一个共产党都应该执行的宗教政策。

第五，宗教信仰自由原则也适用于俄共党内。俄共认为在共产党人和教徒之间，在寻找摆脱俄罗斯社会经济危机和精神危机方面，对于如何解决社会问题和精神问题，都有许多共同之处。因此俄共宣称自己在政治活动中遵循科学的唯物主义世界观，但同时又表示必须尊重公民的任何一种真诚的信仰。俄共把宗教信仰自由这一政策也运用于党内，明确宣布，这一原则也适用于党员。是否信仰上帝是每个人自己的事。因此，一个人在入党时不必说明自己对宗教的态度，而接受他入党的党委会也不应向他提出这类问题，因为这样做会损害个人的主体权利。

第六，坚持反对伪宗教和政治性教派。① 俄共的做法对于团结信教群众，巩固和扩大自己的社会基础，把阐释宗教教义同促进俄共当前的斗争结合起来，联合宗教力量，扩大统一战线，有比较积极的作用。俄共重建后，政治影响不断扩大，群众基础一直比较深厚，与这样一种宽泛的宗教信仰自由政策有一定的关系。但是，俄共的宗教政策还需要在实践中再调整。无论怎样，宗教是建立在唯心主义思想体系之上的，本质上“宗教是被压迫生灵的叹息，是无情世界的情感，正像它是无精神活力的制度的精神一样。宗教是人民的鸦片”②。俄共作为一个以社会主义为价值观取向的政党，吸收教徒入党的做法，充其量只能是权宜之计。如若不变，长此以往，势必会影响党的纯洁性、战斗性和科学性。因此，俄共需要随着形势的发展、时代的进步、共产党人力量的壮大，逐渐改变共产党和宗教的关系，使具有宗教思想的党员逐渐认识到宗教与马克思主义的本质区别，成为一个真正的共产党人。

四　新社会主义的影响、作用和启示

考察前苏东地区新社会主义因素给予我们的影响和启示，不外乎是

① 参见李亚洲《俄共理论与政策主张研究》，中国社会科学出版社 2010 年版，第 188—190 页。

② 《马克思恩格斯选集》第 1 卷，人民出版社 2012 年版，第 2 页。

从现实的角度出发，看社会主义能不能作为一种先进理论指导社会生活；能不能在国家发展道路的选择上，呈现出一种必然的趋势来。实际上，历史的痕迹始终隐现于当代前苏东地区的社会主义运动中。以俄罗斯为例，如何看待当代俄罗斯社会主义政党的作用？该怎样重振河山，复兴社会主义？

（一）俄罗斯社会主义运动的影响和作用

第一，在苏联剧变之初最艰难的时期，俄共等马列主义党派寄托着人民失去苏联之痛；俄罗斯大规模私有化，社会主义力量代表着弱势群体的利益和愿望，是人民怀念苏联、向往社会主义理想的现实承载。这些社会主义力量缓解、消减了私有制确立后社会不平等现象对人民的伤害，对社会稳定与发展有着不可替代的作用。正因为人民接受和承认俄共等马列主义政党的作用，苏联剧变20多年来，俄罗斯左翼力量始终没有消失，如今更是稳定伫立于俄罗斯大地上。

第二，俄共等马列主义政党是俄罗斯至关重要的政治力量，发挥着不可替代的作用。普京2000年执政以来，其尊重历史、复兴俄罗斯的强国政策及其推行，俄共等社会主义力量功不可没。普京在谈俄罗斯“二号”政治人物时首举久加诺夫。“我们有很多的政治家，而且都是非常有经验的。我列举一下，大家都知道他们：俄共主席久加诺夫。他是著名政治家，对事情有自己的看法，其中很多我不同意、不赞同，很多我认为很现实，特别是在国际事务上，在社会问题上也是。”① 俄共作为当局毫不妥协的反对派，其13万党员遍布全俄，有力地影响和制约着俄罗斯的发展方向和发展道路。

第三，俄共等马列主义政党的地位可概括为：重要角色，不可或缺；力量悬殊，难敌统俄。一方面，俄共是俄罗斯社会上影响力第二大的政党。2015年2—3月间，全俄社会舆论中心4次调查政党的信任度，统俄党得票分别为57.4%、58.6%、59.5%、56.9%，高居第一；俄共分别得票为6.3%、6.4%、6.8%、7.0%，位居第二；自由民主党分别得票为5.0%、5.4%、5.4%、6.8%，位居第三；“公正俄罗斯”

① 《普京谈俄罗斯“二号”政治人物　列举久加诺夫等人》，《新京报》2013年12月21日。

党分别得票为3.9%、3.8%、3.3%、3.3%，位居第四。久加诺夫个人支持率近年也在政坛第三、四、五的位置徘徊。① 可以说，俄共等左翼力量是俄罗斯目前政治版图中重要一翼，绝不可小视；另一方面，俄共与统俄党的实力相差甚远。统俄党作为政权党，又有普京这样的领导人，其支持率已经达到俄罗斯历史之最。2015年2—3月4次民调，民众对普京的支持率分别高达68.7%、64.4%、66.1%、63.6%，地位不可撼动。俄共与紧随其后的自由民主党相比，支持率仅高1%左右。②而且，所有其他政党的总和都不及统俄党的力量。相比之下，社会主义党派的力量就更有限了。因此，短期内统俄党一党独大的局面无以破解。

第四，对俄罗斯社会主义前途不能有过早预期，俄共等政党目前没有执政条件。社会主义取代资本主义的条件没有超出列宁百年前的判断："（1）统治阶级已经不可能照旧不变地维持自己的统治；'上层'的这种或那种危机，统治阶级在政治上的危机，给被压迫阶级不满和愤慨的迸发造成突破口。要使革命到来，单是'下层不愿'照旧生活下去通常是不够的，还需要'上层不能'照旧生活下去。（2）被压迫阶级的贫困和苦难超乎寻常地加剧。（3）由于上述原因，群众积极性大大提高，这些群众在'和平'时期忍气吞声地受人掠夺，而在风暴时期，无论整个危机的环境，还是'上层'本身，都促使他们投身于独立的历史性行动。"③ 从俄罗斯各马列主义政党自身看，没有具备取得政权的思想、组织、队伍建设等主观条件；从统一俄罗斯党的力量、普京的支持率看，俄罗斯社会没有形成亟须被取代的客观形势。

（二）俄罗斯新社会主义的启示

1. 清理历史遗产和创新社会主义须并行

前苏东地区半个多世纪社会主义的历史中存在严重教训，不仅是国际共产主义运动史上不可忽视和回避的问题，更为资本主义攻击社会主义、共产党和马克思主义提供了口实。

---

① Электоральный рейтинг политических партий，http：//wciom. ru/ratings – parties/.

② Доверие политикам，http：//wciom. ru/confidence – politicians/.

③ 《列宁选集》第2卷，人民出版社1995年版，第460—461页。

俄共及各左翼政党，在社会主义理论和实践的探索中要背负着这些沉重的历史遗产。因此，俄罗斯社会主义运动面临着双重的任务，一是要承担过去社会主义和共产党工作失误造成的恶劣后果。无论是财富还是苦难，没有其他政党和团体有能力、必须承担和继承。二是承担历史遗产包含两个方面的任务，既要继承和发扬社会主义优良传统，还要力图使社会主义在新的时代条件下创新与发展。立足、稳定、发展、创新，在一个环境发生重大变化的严峻形势下，这种双重任务的实现，对于共产党人来说，要求更高，任务也更重，实现起来也更困难。政治科学家康斯坦丁·特鲁耶夫切夫说，必须承认，社会中有一部分人怀念过去的苏联。这些人大多都把俄共视作苏共的延续。所以，其他新兴的共产主义政党的主要目标就是，向选民证明他们同样是苏共的传承者，并同时诋毁俄共的声誉。也有观点认为，所有的现代共产主义政党都背离了真正的共产主义价值观。这种看法同样在俄罗斯社会得到认同。人们为共产党执政 70 年而最终失败的事实感到沮丧。① 特鲁耶夫切夫说明的现象，是俄共承受苏共历史遗产的真实写照。在俄罗斯社会，对苏联社会主义持怀念情绪的民众，可以将感情寄托于俄共，在各种议会选举中投俄共的票。而社会上对于苏联社会主义的严重失误，包括苏共历史上曾经犯过的严重错误的指责，也仍然延续为俄共的失误甚至是错误。由此，在各种选举中，社会上有相当部分的选民会拒绝支持俄共。俄共在合法的形式下，通过议会斗争、和平途径，通过选举重新执政，就受到了历史很大的影响。这是俄共面临的历史与现实问题。

苏联社会主义的成就自然会留在人们的心里，苏联社会主义的失误和教训也得由俄共及其他倡导社会主义的组织承担，并主要由俄共承担。由于这些沉重的历史遗产，以俄共为代表的社会主义力量的影响力，还受到历史与现实的多重制约，只能是有限发挥。以俄共为主的俄罗斯新社会主义，要想获得更大发展，还需要励精图治，再振旗鼓。需要在解决好、理清好历史遗留问题之后，以崭新面貌赢得人民的信赖，以创新的理论发展苏联的社会主义。

2. 创新与发展是社会主义生命力的源泉

创新和发展是源泉，是前进的动力。社会主义事业尤其如此。时代

① 《俄共产党派现状：重返执政地位困难重重》，《环球时报》2014 年 1 月 21 日。

的变化是日新月异的，怎样根据时代的变化、时代问题的产生，提出既符合社会主义原则又能解决现实问题的理论，提出具有时代意义的观点用以阐释和发展社会主义的基本理论，这些都是社会主义生命力充足昌盛的基本保证和前提。

俄共作为苏联共产党的主要继承者，对于苏联剧变后俄罗斯新社会主义因素、新社会主义力量的复兴，作出了最大的贡献。俄共能够在世界上第一个社会主义国家复辟资本主义之后，在困境中求生存，不屈不挠地以当局反对派的角色，坚持和发展俄罗斯的社会主义运动。这些历程和经验教训，都是世界社会主义运动的重要积累和宝贵财富。

在十月社会主义革命前夕，俄国的各类政党和政治派别都曾经有机会登上历史舞台，但都没有能够发挥出作用，没有建立起稳固的政权，都没有能够解决当时俄国的问题。当时，无论是以大资产阶级还是小资产阶级为代表的政治派别，都没有解决俄国社会中深重而又根本的和平、土地和面包问题。也因此，这些政党和组织的理论、政策主张，无论看起来多么丰富、多么动人，都不能得到民众的支持和拥护。时代给予了列宁领导的布尔什维克以前所未有的机会，布尔什维克党紧紧抓住这一有利时机，把资产阶级革命推进到社会主义革命的高度。事实上，如果不是以列宁为首的布尔什维克党，最终比任何一个阶级和政党都最好地解决了和平、土地、面包问题的话，社会主义革命也只能昙花一现，不可能勇往直前，直到建立起世界上第一个社会主义制度。所以，列宁领导的布尔什维克能够取得成功，关键在于其理论能够解决俄国问题。

俄共自重建以来，励精图治，继承创新，为弱势群体代言，不断扩大自己的群众基础和社会基础，尤其是俄共及时提出了反危机的纲领，表现出了共产党人的立场，发出了共产党人的声音，在重大危机和问题面前提出了自己的政策和纲领。这对于俄罗斯当局提出有利于人民的反危机措施有着重要推动作用。但是，创新与发展的任务依然繁重，俄共背负的历史使命极其艰巨。俄共在苏联剧变 20 多年来，发展历程艰难曲折，除了客观环境的因素外，最重要的还在于，在新的时代条件下，俄共依然面临理论需要创新，政策主张需要适应不断变化的实际的艰巨任务。尤其是在俄共选择通过议会道路，通过合法途径，通过和平方式实现社会主义的前提下，要想实现其目标，理论的力量、理论的作用至关重要。以俄共为首的社会主义力量是否能在民众需要社会主义的时候，提出符合实际的、有发展前景的行动纲领和目标，是否有现实的可操作性，能够影响或引导俄罗斯的发展道路，这是俄共不可回避的重大问题。

社会主义是人类发展的必由之路，是人类最宏大的事业。每个民族、每个国家的社会主义事业，构成了人类宏大事业的洪流。因此，每个国家和民族的社会主义事业，在其发展的具体历史阶段，就需要既能够站在人类历史发展的过程中去思考问题，又要立足于国家和民族发展的当下实际。尤其是在困境中，在挫折面前，在社会主义事业的低谷期，既需要保持高远理想，又要有立足于现实的权宜之计。但是，无论怎样，都不能失去社会主义方向。

3. 前景光明道路漫长

前苏东地区的新社会主义思潮和运动是在一种艰难的境地中复兴和发展的，这种复兴的过程，既是左翼力量努力的结果，更是社会主义前景作为人类必然之路的客观展现。

前苏东地区新社会主义的产生当然是顺应时代的要求，是当前社会状态下的客观反映。社会主义事业能够成为现实的可能性，还是需要革命的形势和条件，相比于苏联剧变的时刻，这种新社会主义因素的复兴和增长，已经有了重生般的发展。在国家道路的选择、民族发展的思考中，社会主义作为一种可选择的方案，越来越呈现出强劲势头。

前苏东地区的社会主义运动和思潮还处在复兴阶段，社会主义实现的条件发生了变化，在当代条件下，再强调武装斗争夺取政权，用革命的方式推翻资本主义政府，不具备实现的客观性。因此，在远离马克思主义经典作家的时代，在以往的武装夺取政权、暴力革命推翻剥削阶级制度的革命经验已经不能完全借鉴的21世纪，探索一条真正的通过和平方式、合法斗争取得社会主义胜利的道路，具有非常重要的意义，同时也非常艰难。目前看，虽然俄共一直处于国家杜马第二大党团的位置，拥有的议员席位仅次于统一俄罗斯党，但是，要达到取而代之，重新执政的目标，还是有很长的距离。1996年俄共主席久加诺夫参加总统竞选时，似乎离总统之位仅一步之遥，后在第二轮选举中，被叶利钦采取计谋置于败选。在2012年选举中，俄共推举的总统候选人久加诺夫获得超过1200万张选票（占所有选票近17%），仅次于普京。俄共的几次竞选总统，看起来已经触摸到了议会斗争、合法途径、和平方式取得政权的门槛，但实际上还有很长的路要走。“相比中欧国家的共产主义政党，俄罗斯的共产党没有尝试适应现代社会的迫切需要。即使俄共在上次选举中结果不错，其领导俄罗斯的能力仍然令人怀疑。”在特鲁耶夫切夫看来，“俄罗斯的共产党正逐渐成为过去。”[①] 分析起来，造成这样一种状况可能有以下原因。

一是俄罗斯的社会主义因素还处于复兴阶段，广大民众对社会主义的认识基本还停留在对苏联模式的认识上。苏联剧变后，俄罗斯民众对社会主义的渴望表现最强烈的时候，往往是对现存制度失望、国家发展陷入重大困境之时。从苏东剧变 20 余年来的实践看，以俄共为代表的社会主义运动发展最强劲、影响最大的时候，是在叶利钦时期自由主义化的改革沉重打击俄罗斯社会发展的时候。如果俄罗斯经济好转，国家实力增强，人民生活水平得到提高，民众渴望变革现有社会制度的情绪就会减弱。目前看，俄罗斯变革社会的客观形势没有出现。

二是俄共的社会主义理论和思想，还不能让俄罗斯社会认为是解决目前俄罗斯诸如经济危机、经济发展低迷、社会道德滑坡、贫富分化严重等社会问题的最好选择。俄共 20 余年来，在经历党员数量大幅减少、内部分化严重、党员老龄化，整个大环境并不利于社会主义运动的情况下，在困境中度过。因此，俄共除理论创新任务非常繁重外，还要解决党员队伍老龄化、组织分散，党内团结、统一思想的问题。还需要不断发展壮大俄共的力量，不断从党的思想上、理论上、组织上成熟壮大起来，以适应 21 世纪对社会主义事业领导核心的要求。

三是苏联近 70 年的社会主义制度在俄罗斯历史中处于什么样的位置，如何评价苏联时期领袖人物，俄罗斯官方还没有作出正式的结论。这对于俄共的发展，对于社会主义运动的未来也是有一定阻碍的。如何对待苏联历史及苏联领袖人物，无论在俄共党内，还是在俄罗斯社会，思想还没有达到统一、没有形成共识。甚至，在俄罗斯社会，对于苏联社会主义不利的评价还占据着重要的分量。历史问题不解决，俄共的战斗力、凝聚力、人心所向受到了重大影响。

苏东地区的新社会主义思潮对于国际共产主义运动有着重要而深远

---

① 《俄共产党派现状：重返执政地位困难重重》，《环球时报》2014 年 1 月 21 日。

的启示。一是前苏东地区均从社会主义制度到资本主义复辟，在这样一个重大历史剧变之后重新开始的社会主义运动，其存在本身对于国际共产主义运动，都有非同寻常的意义。从20世纪中叶如火如荼的世界共产主义运动，到20世纪末世界社会主义运动遭到前所未有的失败，再到苏东剧变后20余年来在低谷中复兴，对于未来的世界共产主义运动有着先遣式的、里程碑式的意义；二是这些国家探索走向社会主义的道路，均是和平方式、议会道路，通过合法选举的方式寻求执政的地位。在国际共产主义运动中，通过和平方式取得政权的共产党，摩尔多瓦共产党有过这样的尝试。前苏东地区尝试通过议会道路掌握政权、实现社会主义的探索，对于21世纪的国际共产主义运动，无疑具有重要的推动作用。但总体看来，前苏东地区的新社会主义思潮和运动还将有很长的路走，暂时还看不到和平取得政权的希望。

第九章

拉美“21世纪社会主义”

作为民族社会主义在当代发展的典型代表，“21世纪社会主义”是拉美在变革新自由主义发展模式过程中产生的一种新社会运动和社会思潮。它不仅包括斯特凡、哈内克、勒博维茨等拉美学者提出的所谓“21世纪社会主义”思想和理论，亦包括查韦斯、科雷亚、莫拉莱斯等拉美国家领导人的社会主义信仰和思想，还包括委内瑞拉、厄瓜多尔、玻利维亚等国家所谓建设“21世纪社会主义”的实践活动。进入新千年以来，随着左翼政治的回潮，拉美“21世纪社会主义”的理论争鸣与实践探索在拉丁美洲持续发酵。委内瑞拉、玻利瓦尔、厄瓜多尔等国各具特色的“21世纪社会主义”执政模式为拉丁美洲“社会主义还是野蛮”的后新自由主义道路之争提供了有力的回答。尤其是2008年席卷全球的资本主义经济危机，再次引起了人类对资本主义制度及资本主义世界体系的深入批判与反思。在深受发达资本主义剥削和压迫的拉丁美洲，“21世纪社会主义”这种具有浓厚替代色彩的理论反思与实践探索，更是出现了蓬勃发展的态势。遗憾的是，无论是殖民时期的反殖民主义运动、民族独立时期的反帝国主义运动，还是后经济改革时期的反新自由主义运动，都未能使拉丁美洲摆脱外围资本主义的发展宿命。拉美社会主义传统深厚，源流丰富，但成者却寥寥无几，拉美“21世纪社会主义”何以可能？本章着力从拉美“21世纪社会主义”的历史源起、理论特色、实践经验、发展前景和历史意义几方面，对上述问题予以述评和回答。

一 拉美“21 世纪社会主义”的缘起与发展

拉美“21 世纪社会主义”的缘起与发展，既顺应了拉丁美洲地区深厚的社会主义传统，又迎合了拉丁美洲地区民众的反美情结及其对新自由主义经济政策的失望。

（一）拉丁美洲的社会主义传统

拉丁美洲是欠发达资本主义国家中较早传播和探索社会主义的地区之一。杂糅了殖民文化、移民文化和土著文化的多元历史背景，使拉丁美洲的社会主义运动呈现出独特的发展路径和命题。自 19 世纪中叶起，各种社会主义思潮开始在拉丁美洲广为传播，并逐步衍化为该地区 20 世纪最为重要的政治运动之一。在国际共产主义运动的影响和推动下，拉美社会主义经历了科学社会主义和多元社会主义的历史流变和斗争，前者以独树一帜的古巴社会主义为代表，而后者则以长期主导拉美政坛的民主社会主义、民族社会主义等非资本主义、非共产主义的“中间道路”为主。就历史现状而言，拉美科学社会主义的探索与影响远不及改良主义的各派社会主义运动，而拉美社会主义主流的阶级局限性决定了其历史命运和高度。

1. 拉丁美洲社会主义传统的源流

拉丁美洲的社会主义传统源起 19 世纪的欧洲共产主义运动。1848 年欧洲革命失败后，共产主义同盟的部分成员开始在拉丁美洲传播革命思想，组织革命运动。1871 年至 1875 年，第一国际在墨西哥、阿根廷等国建立拉美支部。

1917 年十月革命胜利后，马克思—列宁主义在拉丁美洲得到了更为广泛的传播，一批崭新的无产阶级政党和工会组织在拉美各国纷纷成立，拉美社会主义运动与苏维埃俄国、共产国际的联系也进一步加强。1918 年，拉美历史上第一个无产阶级政党——阿根廷国际社会党（1920 年更名为阿根廷共产党）诞生，截至 1943 年共产国际解散，拉美国家已先后组建了 20 余支无产阶级政党。二战后，在国内独裁、美国白劳德主义、中苏论战、苏东剧变等国内外形势的冲击下，拉丁美洲的社会主义运动几经沉浮。一方面，古巴社会主义、圭亚那合作社会主义、秘鲁军事社会主义、智利阿连德社会主义、尼加拉瓜桑解阵社会主义和格林纳达社会主义等代表性政治实践成为拉美社会主义运动史上的经典片段；另一方面，马里亚特吉、格瓦拉等一批杰出的无产阶级革命家、思想家为拉丁美洲的社会主义运动贡献了宝贵的精神遗产。

遗憾的是，拉丁美洲20世纪的社会主义运动始终未能占据历史的中心，除古巴革命外的社会主义政权大都昙花一现，以失败告终，而无产阶级政党本身也难逃裂变和沉沦。进入21世纪以来，拉美左翼政治力量的重组、执政与联合为拉美社会主义运动的复兴提供了可能。

2. 拉丁美洲社会主义传统的分野

拉丁美洲的社会主义流派纷繁林立，但就其指导思想、主导力量和斗争方式而言，可将其分为科学社会主义和杂糅了各种元素的多元社会主义。古巴社会主义以马克思主义为指导，由无产阶级政党领导，通过无产阶级革命夺取政权，是目前学界公认的、拉丁美洲现行的、唯一的科学社会主义模式，而拉丁美洲社会主义运动史上的绝大部分理论与实践均可归为多元社会主义的行列，如民主社会主义、民族社会主义、基督教社会主义、托派社会主义等非马克思主义的社会主义流派。

拉丁美洲无产阶级政党领导的社会主义运动以马克思主义为旗帜，主张把马克思主义普遍原理与本国实际相结合。拉美著名马克思主义理论家、秘鲁社会党（1930年改称共产党）创始人马里亚特吉（1894—1930）充分肯定了马克思主义对秘鲁和拉美革命的重大指导意义，并认为“拉丁美洲的未来是社会主义的”。[①]俄国十月革命后，拉美的共产主义运动曲折前行，直到1959年古巴革命胜利并在两年后宣布走社会主义道路，拉丁美洲的历史上才首次出现具有社会主义制度特征的政权形态。此后，在长达半个多世纪的岁月中，古巴共产党领导的古巴社会主义建设和改革在拉美“一枝独秀”，而以共产党为代表的拉美无产阶级政党除为数不多的个例外，长期在野，势单力薄，处境边缘。苏东剧变后的拉美无产阶级政党力量有所回升，以共产党为名的政党多达20余支，除古巴共产党长期执政外，巴西、委内瑞拉、乌拉圭等国的共产党均曾跻身参政党行列，不少左翼力量还成功蝉联执政。左翼的强势崛起大大改变了拉丁美洲地区的“政治版图”，使拉美左翼掌控政权的国土

① 徐世澄：《拉丁美洲现代思潮》，当代世界出版社2010年版，第80页。

总面积和人口总数分别占到了整个拉丁美洲地区总面积和总人口的80%以上和70%左右。“社会主义”也成为拉丁美洲地区最时髦的词汇并开始变成切实的行动。①

拉丁美洲的多元社会主义，大多主张在资本主义制度框架内，实行多元主义的社会改良与合作方案，倡导民主、自由、平等、正义等普世价值，具有短时、局部、温和等实践特征，民族主义与理想主义情结深重。19 世纪末 20 世纪初，传入拉美的社会民主主义是该地区多元社会主义运动中最具代表性的流派之一。目前，拉美的社会民主主义政党多达 60 余支，派系林立，主张各异，参政地位不同，涵盖从左到右的政治光谱，但立党传统大多包括非马克思主义、民族主义和民众主义，普遍主张“第三条道路”、阶级合作及资本主义“和平长入”社会主义等。就阶级本质及其主张而言，拉美许多社会主义运动实属社会民主主义范畴，如智利阿连德领导的“人民团结阵线”社会主义、巴西劳工党倡导的“劳工社会主义”等。近年来，拉美社会民主主义左倾化现象凸显，其中左翼的政治面貌和主张在一定程度上迎合了选举政治中的大众诉求，但资产阶级改良主义的阶级本性决定了其政治立场的模棱两可和社会改造方案的空想性及不彻底性。

（二）拉美“21 世纪社会主义”的兴起与发展

20 世纪 90 年代以来，新自由主义在拉美的衰竭激发了拉美替代运动的勃兴，而世纪之交拉美左翼政权的崛起和联合则为拉美探索“21 世纪社会主义”道路提供了契机。在拉美后新自由主义的道路论争中，一批颇具地区乃至世界影响力的拉美政治家及学者相继提出了替代资本主义与传统社会主义的“21 世纪社会主义”理论与纲领。

1. 拉美“21 世纪社会主义”兴起的历史背景

首先，新自由主义在拉美的贫困是拉美“21 世纪社会主义”产生的一个重要原因。

作为新自由主义的重灾区，拉丁美洲对新自由主义的负面影响怀有切肤之痛。20 世纪 80 年代，“失去的十年”是破除神话的十年、加深鸿沟的十年和埋藏危机的十年。

① 吕薇洲：《查韦斯为何牵动世界的神经》，《党建》2013 年第 1 期。

新自由主义大刀阔斧的市场化、自由化和私有化改造，不仅导致拉美多国出现了“有增长无发展”的经济停滞现象，而且还使拉美贫富悬殊拉大，成为了“世界上收入分配最不公平的地区”。20 世纪 90 年代中后期，拉美一些国家相继发生严重的经济衰退，陷入了持续的金融动荡和社会危机之中。据拉美经委会统计，在推行新自由主义之前，拉美国家平均经济增长率保持在 5.31% 左右，而在推行“华盛顿共识”的 10 年间，则降到了 3.2%，与经济衰退相伴的是严重的贫富两极分化现象，拉美地区的基尼系数平均高达 0.522，有些国家甚至达到了 0.6。①

新自由主义的推行使原本失衡与脆弱的拉美经济体系显得更加不堪一击，债务危机后是金融与社会危机的接踵而至。

受控于少数金融集团的跨国垄断资本在拉美疯狂扩张，尤其是对拉美国家经济命脉的私有化改造，不但没能创造更多更好的区域良性竞争，反而加固了跨国垄断资本在拉美的统治地位，分化了这些国家的民族资产阶级和官僚阵营，使其成为跨国公司的附庸和国际金融资本的寄生产业。1994 年墨西哥金融危机、1999 年巴西金融危机和 2001 年阿根廷经济危机的先后爆发表明，对效率和利润极尽追求的新自由主义也把市场的自发性、盲目性与滞后性发挥到了极致——失业、贫困、两极分化、社会冲突愈演愈烈，拉美民众反新自由主义的呼声一浪高过一浪。正如美国《纽约时报》评论家费拉罗指出的：“自由市场资本主义试验，正在越来越多的拉美国家遭到反弹，无论从秘鲁到巴拉圭，从巴西到玻利维亚，还是从厄瓜多尔到委内瑞拉，我们或许正在目睹一个时代的终结，90 年代末正统的经济改革终告失败……”②

新自由主义在拉美的贫困与危机已成必然，新自由主义在拉美的终结与替代是为焦点。古巴经济学家马丁内斯认为，尽管政治领域的新自由主义已经倒退，但新自由主义在经济领域的统治地位仍然没有动摇。新自由主义的退出或有两种可能，一种是在资本主义制度内暂时隐退以谋求更大轮回的假性退出；另一种是创建“21 世纪社会主义”以实现

① 参见焦震衡《拉美左派执政的国家为何越来越多?》，《拉丁美洲研究》2004 年第 5 期，第 26 页。

② 杨斌：《拉丁美洲涌现反新自由主义浪潮》（http://blog.sina.com.cn/u/1057007810）。

真正的退出。[①] 在“社会主义还是野蛮”的历史考问中，兼具时代感和开拓性的拉美“21 世纪社会主义”应运而生。“新自由主义在拉美的危机与衰亡催生了奉行‘21 世纪社会主义’的中左政权，一系列的公民运动更是加速了新自由主义的消亡与中左政府的执政”。[②]

其次，左翼政权的崛起与联合为拉美“21 世纪社会主义”的实践积蓄了制度力量。

20 世纪 90 年代末，以“反对新自由主义，强调社会公平正义”为己任的拉美各国左翼，得到了拉美民众的广泛认同和高度支持，纷纷通过合法斗争取得政权，成为拉丁美洲抗衡新自由主义、探索地区替代性发展模式的中坚力量。委内瑞拉的查韦斯政府、厄瓜多尔的科雷亚政府、玻利维亚的莫拉莱斯政府、尼加拉瓜的奥尔特加政府、巴西的卢拉政府、阿根廷的基什内尔政府等左翼政权大多具有民族主义倾向，反对新自由主义在拉美的消极影响，强调社会公正与和谐，主张走适合本国国情和拉美现实的替代性道路，积极推动地区团结与一体化运动。

拉美左翼思潮及运动源流复杂，与其同宗的左翼政权亦体现出相应的成色。就意识形态和革新路线而言，拉美左翼政权可分为温和左翼政权与激进左翼政权。以巴西、阿根廷等地区大国为代表的温和左翼政权（又称改良主义左翼），大都具有较强国力及地缘影响力，与美国关系密切，信奉社会民主主义的治国理念，主张渐进、务实、灵活、稳妥的改革与外交。而委内瑞拉、厄瓜多尔、玻利维亚、尼加拉瓜等激进左翼政府则提出了各具特色的“社会主义”替代方案。其中，委内瑞拉、厄瓜多尔、玻利维亚三国的左翼领导人在历经探索与反思后，纷纷表达了建设拉美“21 世纪社会主义”的执政理念与美好愿景。尽管三国对拉美“21 世纪社会主义”的具体理解、表述和举措不尽相同，但却一致主张建立符合拉美本土价值观、维护国家主权和基本人权的社会主义模式，反对新自由主义与美帝国主义对拉美的干涉。

当前，拉美左翼政权面临的现实挑战在于固有的经济结构和阶级关系缺乏系统性革命，右翼势力、跨国资本和帝国主义的反攻倒算此起彼

① 贺钦：《新自由主义全球化与拉美一体化：危机与替代——〈垂而不死的新自由主义〉评介》，《拉丁美洲研究》2010 年第 4 期，第 72 页。

② ［美］詹姆斯·彼得拉斯：《历史视角下的拉美 21 世纪社会主义》，官进胜译，《国外理论动态》2010 年第 1 期，第 13 页。

伏。拉美左翼政权的崛起与联合有利于地区左翼政党、社会运动、进步人士及人民群众通过制度内渠道，拓展拉美“21 世纪社会主义”的理论维度、制度空间与实践形态，进而实现拉美人民的地区团结与一体化。

2. 拉美“21 世纪社会主义”的提出与发展

拉美“21 世纪社会主义”的提出与发展并无明晰的历史节点和逻辑可循，几乎是在一片后新自由主义的理论喧嚣与道路争鸣中，几个标志性的人物支撑起了这个既新鲜又模糊的概念。德裔墨西哥学者海因茨·迪特里希·斯特凡（Heinz Dieterich Steffan）①、智利学者玛尔塔·哈内克（Marta Harnecker）②、迈克尔·A. 勒博维茨（Michael A. Lebowitz）③ 等左翼学者可谓拉美“21 世纪社会主义”理论建构的旗手，而委内瑞拉前总统乌戈·查韦斯·弗里亚斯（Hugo Chávez Frias，1954—2013）、厄瓜多尔总统拉斐尔·科雷亚·德尔加多（Rafael Correa Delgado，1963—　）和玻利维亚总统胡安·埃沃·莫拉莱斯·艾玛（Juan Evo Morales Ayma，1959—　）等拉美左翼领导人则成为践行拉美“21 世纪社会主义”的探路先锋。

早在 20 世纪 90 年代中期，迪特里希教授便提出了“21 世纪社会主义”的政治构想，即通过绝大多数民众在国家经济、政治、文化和军事生活中的广泛参与并行使决策权，实现拉美国家真正的独立自主。④而这一概念被广为阐述和关注，则是在查韦斯倡导“21 世纪社会主义”并付诸实践后。为摆脱新自由主义的梦魇，1998 年当选委内瑞拉总统的查韦斯曾一度求助于“第三条道路”的社会改良方案，但在国内外敌对势力的疯狂反扑下，查韦斯逐渐认清了形势，调整了战略，在以和

① 海因茨·迪特里希·斯特凡系拉美著名德裔左翼学者、墨西哥城市自治大学教授、社会学家、政治评论家，“21 世纪社会主义”理论的重要代表人物，著有《全球资本主义的终结：新的历史蓝图》（1998 年）、《乌戈·查韦斯和 21 世纪社会主义》（2005 年）等 30 余部。

② 玛尔塔·哈内克系智利社会学家、政治学家、新闻记者和社会活动家，早年留学巴黎，1973 年智利政变后侨居古巴，查韦斯政府顾问，委内瑞拉“21 世纪社会主义”的主要理论家，著有《历史唯物主义的基本概念》、《21 世纪的拉美左派》等。

③ 迈克尔·A. 勒博维茨系加拿大西蒙·弗雷泽大学名誉教授，查韦斯的顾问，马克思主义经济学家。

④ 袁东振：《拉美社会主义思想和运动：基本特征与主要趋势》，《拉丁美洲研究》2009 年第 3 期，第 10 页。

平民主方式推进玻利瓦尔革命的同时，提出了更为激进的“21 世纪社会主义”主张。2005 年 1 月，查韦斯在世界社会论坛上公开宣称信仰社会主义，并于同年 2 月在第四届社会债务峰会开幕式上，进一步阐释了委内瑞拉玻利瓦尔革命的社会主义性质与蓝图。2007 年 1 月，再次获得连任的查韦斯在总统就职宣誓中表示，其任期的中心任务是建设委内瑞拉的社会主义。厄瓜多尔科雷亚总统和玻利维亚莫拉莱斯总统在其亲密盟友查韦斯的影响下，也先后加入了探索拉美“21 世纪社会主义”的行列。厄瓜多尔总统科雷亚在 2006 年 9 月竞选总统期间便提出了建设厄瓜多尔“现代社会主义”的主张，2007 年 1 月主政以来，科雷亚更是不遗余力地推进建设具有本国特色的“21 世纪社会主义”。玻利维亚莫拉莱斯总统则在 2006 年年初就任总统后提出了“社群社会主义”的主张和纲领。尽管迪特里希教授较早提出了“21 世纪社会主义”的概念和理论框架，但查韦斯对“21 世纪社会主义”的传播与实践却发挥了无可替代的重要作用，因而其被公认为这一运动的开创者。

从概念提出到理论建构、从政治信仰的转变到执政纲领的推行、从零星倡议到运动式发展，拉美“21 世纪社会主义”经历了多维度的纵深发展。目前，拉美“21 世纪社会主义”不仅包括拉美学者提出的所谓“21 世纪社会主义”思想和理论，也包括查韦斯、科雷亚等拉美国家领导人的社会主义信仰和思想，还包括委内瑞拉等国建设“21 世纪社会主义”的实践活动；它们之间虽有一定联系，但有本质区别，不可混为一谈。①

二 拉美“21 世纪社会主义”的主要理论内容和特点

拉美“21 世纪社会主义”是时代的产物，反新自由主义的现实需求和独特的历史文化思维决定了其特有的理论诉求和风格。拉美“21 世纪社会主义”的理论探讨试图回答以下三个基本问题：（1）外围资本主义为什么不能实现拉丁美洲的自主发展？（2）传统社会主义为什么不能救赎拉丁美洲？（3）拉美“21 世纪社会主义”何以可能？拉美

① 袁东振：《拉美社会主义思想和运动：基本特征与主要趋势》，《拉丁美洲研究》2009 年第 3 期，第 10 页。

“21 世纪社会主义”的倡导者与践行者普遍认为，资本主义具有不可克服的内在矛盾性，而传统社会主义也存在一定的制度弊端；在拉丁美洲，外围资本主义和传统社会主义都无法解开拉丁美洲的发展迷局，唯有选择不同于资本主义和传统社会主义的拉美“21 世纪社会主义”才能找到发展的密钥。

（一）外围资本主义为什么不能实现拉丁美洲的自主发展？

很少有人注意到这样一个事实——被冠以“外围”地区的拉丁美洲和加勒比地区是地球上自然资源最为丰富的地域之一。中国学者索飒《丰饶的苦难》一书，用极其洗练的文字精准地概括了一个长久困扰拉丁美洲的历史迷思——为什么“丰饶”却还有“苦难”？委内瑞拉“人民玻利瓦尔大会”秘书长费尔南多·拉蒙·波希的回答是——拉丁美洲蕴藏着巨大的财富，但这些财富的受益权却不属于人民。① 美国著名拉美问题专家 E. B. 伯恩斯也曾谈道，“殖民地历史长时期遗留下来并在 19 世纪得到加强的体制结构，至今还继续存在着”，因为这里的上层人士仍然“趋于将自己的利益和愿望与整个国家的利益和愿望混为一谈”，而“维持现有体制比实行真正变革要容易得多”，这就造成了拉美永久的不解之谜——在具有巨大潜力的富裕地区中却普遍存在着贫困，因此“为发展而斗争是当代拉美的主旋律”。②

2008 年，资本主义世界经济危机再次引发了人们对资本主义内在矛盾的制度性反思与批判。当西方主流经济学家乐此不疲地奔忙于修补正统经济学、以声援金融垄断资本家时，以拉美学者为代表的第三世界知识分子仍在考问历史——发展中国家“不发达”的出路在哪里？外围资本主义国家的出路在哪里？依附与不发达的历史给了拉美人民最发人深省的回答，西方经济学建构的发展经济学理论无法为发展中国家提供正义和可持续性的发展出路，代价高昂的新自由主义“药方”医不好拉丁美洲的不发达，创新拉美本土发展之路才有望实现拉丁美洲的自主

① Exposición de Fernando Ramón Bossi, Secretario de Organización del Congreso Bolivariano de los Pueblos, en el Foro que se realizó en la Ⅲ Cumbre de los Pueblos, Mar del Plata, 3de noviembre de 2005, http: //www. revistaoikos. org/seer/index. php/oikos/article/viewFile/113/80.

② ［美］伯恩斯·查利普：《简明拉丁美洲史》（插图第 8 版），王宁坤译，世界图书出版公司 2009 年版，第 13 页。

发展。

有学者指出，在新自由主义全球化进程中存在两种替代，一种是在新自由主义、资本主义秩序范围之内的替代，另一种是超越和打破新自由主义、资本主义的替代；前一种替代旨在维持旧秩序，延续新自由主义、资本主义的统治和美国的霸权主义，后一种替代则意味着资本主义秩序之外的“另一个世界”①。在后新自由主义的道路论争中，再次站到历史十字路口的拉丁美洲面临着走“新发展主义”② 改良之路还是“21 世纪社会主义”变革之路的抉择。阿根廷经济学家克劳迪奥·卡兹认为，“尽管拉美在资本主义的全球体系中处于外围，但却具备了启动社会主义进程的坚实资源，如肥沃的土地、丰饶的矿藏、充裕的水资源、丰富的能源和工业基础。拉美的问题在于没有开发这些潜能。落后的积累方式和对世界市场的依附，历史性地扭曲了地区发展。不是缺乏地区储蓄，而是向中心经济过分转移了。农业的倒退、低工业生产率和购买力的紧缺均是帝国主义掠夺的结果。拉美的主要问题不是贫困，而是资本主义在所有国家创造的令人吃惊的社会不平等。现实否认了新发展主义关于拉美经济不成熟的假设，谁将受益于增长成为一个两难命题。新发展主义试图将好处分给工业资本家，而新自由主义则主张银行家分享利益。社会主义对两者均反对，主张对社会财富进行彻底的重新分配，立即改善受压迫人民的生活水平，消除利润的至高无上。这样资源就会有更多机会被民众分享，而不仅仅成为资本主义演进的条件。尽管新发展主义在拉美并非完全不可行，但拉美外围集团欲通过此路径实现整体提升的希望不大，且这一路径的牺牲者和受益者显而易见。任何资本主义的代价都将由人民承担，而银行家和工业资本家只会分享利润，因此，社会主义者主张反资本主义的模式”。③由此可见，尽管拉美

① 卫建林：《全球化与第三世界》（第三卷），清华大学出版社 2009 年版，第 1275 页。

② 后新自由主义理论中的一支改革学派。新发展主义是介于国家发展主义和新自由主义之间的“第三种理论”，它是为巴西、阿根廷等发展中国家在 21 世纪赶上发达国家而提出的一整套制度改革和经济政策的建议，其代表人物是巴西经济学家路易斯·卡洛斯·布雷塞尔·佩雷拉。新发展主义主张不仅要强化市场，还要强化国家；发展不仅要保护财产与合同，还必须制定国家发展战略，鼓励企业家投资，优先发展出口和具有高附加值的知识和技术密集型的产业。

③ ［阿根廷］克劳迪奥·卡兹：《后新自由主义的拉美关于未来发展道路的争论》，贺钦译，《国外理论动态》2008 年第 1 期，第 18 页。

左翼早在20世纪五六十年代即依附理论盛行的年代，就已清醒地认识到了外围资本主义的局限性，但各种资本主义的改良主张在后新自由主义的理论争鸣中仍然占据着重要地位。因此，只有充分认识到外围资本主义的局限性和新自由主义的危害性，才能真正找到拉美“21世纪社会主义”替代外围资本主义的历史缘由与路径；而拉美“21世纪社会主义”欲冲破外围资本主义的发展藩篱，仍需在理论交锋和建构中有更为犀利和精进的作为。

拉美“21世纪社会主义”理论的始创者海因茨·迪特里希认为，资本主义用两个意识形态假面具——市场决定论和社会达尔文主义哲学，强制推行其利益原则，它的社会化供给需要人在价值规律面前无条件地屈膝投降；资本主义全球社会在很大程度上缺乏合理性，是不稳定的，这种固有结构的不稳定性只能通过制度的质变来解决，新凯恩斯主义和新自由主义都不能完成这项使命，只有通过“新的历史蓝图”来实现。迪特里希进一步指出，21世纪的今天，世界面临着20世纪30年代以来最为严重的资本主义经济危机，资本主义社会的四个重要子系统——牟利的国家市场经济、代表制的议会民主、财阀国家和自由资产阶级都不能解决人类的重大问题，只有通过向后资本主义文明质的飞跃才能解决，这是重申社会主义和民主工人运动理想和目标的历史性机遇。①

查韦斯则经历了从人道资本主义和第三条道路到玻利瓦尔革命和“21世纪社会主义”的思想转变。2004年以后，查韦斯明确放弃了第三条道路，并将国家的未来寄希望于“21世纪社会主义”的发展模式。查韦斯坚信，资本主义已无法从内部实现自我超越，超越资本主义强权的道路在于真正的社会主义、平等和正义。②

（二）传统社会主义为什么不能救赎拉丁美洲？

拉美“21世纪社会主义”在否定外围资本主义的同时，亦强调与传统社会主义的区别。尽管对两者的比较与看法不尽相同，但“21世纪社会主义”的倡导者普遍认为，传统社会主义的失败不是社会主义制

① 刘宁宁、王冀：《海因茨·迪特里希“21世纪社会主义”理论述评》，《当代世界与社会主义》2013年第1期，第63—64页。

② 刘维广：《拉美“21世纪社会主义”的国际评价》，《中国社会科学院报》2009年2月10日。

度本身的失败，而是社会主义具体经验的失败，只有深刻反省 20 世纪社会主义的经验教训，才能开辟“21 世纪社会主义”的创新之路；社会主义不存在固定模式，只有符合本国国情和人民利益的社会主义才能生存与发展。

迪特里希将社会主义划分为早期社会主义、科学社会主义、现实社会主义和 21 世纪民主的社会主义四个发展阶段；“21 世纪社会主义”与传统社会主义有很大区别，“历史社会主义”或传统社会主义不符合时代要求，已经行不通。[①]而哈内克认为，“21 世纪社会主义”与传统社会主义有着本质不同；苏联社会主义的失败只是官僚社会主义的失败，并不代表社会主义和马克思主义的失败。

查韦斯也曾明确指出，20 世纪社会主义的悲剧是许多国家照搬苏联模式造成的，委内瑞拉的“21 世纪社会主义”不会照搬传统模式，新的社会主义应当既不同于苏联东欧模式或古巴模式，也不同于民主社会主义模式；21 世纪社会主义要创造新的民主形式，依靠参与式民主解决代议制民主无法解决的问题。[②]

厄瓜多尔总统科雷亚认为，传统社会主义的缺陷在于没有提出新的发展观，而只是提到经济要发展、生产力要提高等；我们现在要做的是提出新的发展观，以前的发展观是不可持续的。[③]“21 世纪社会主义”的一个重要特点，就是我们不应该再相信教条了，我们必须把不同学派的优点结合起来，必须从实际出发，从我们的人民革命和实际斗争出发。

总之，“21 世纪社会主义”的倡导者认为，应从内容和形式上彻底超越传统社会主义的弊端，在吸取传统社会主义成功经验的基础上，推进理论创新、道路创新和制度创新。

（三）拉美“21 世纪社会主义”何以可能？

围绕拉美“21 世纪社会主义”的理论内涵与实践方式，拉美左翼学者和政要展开了大胆构想和论争。

---

① 袁东振：《拉美社会主义思想和运动：基本特征与主要趋势》，《拉丁美洲研究》2009 年第 3 期，第 7 页。

② 同上书，第 8 页。

③ ［厄瓜多尔］拉斐尔·科雷亚·德尔加多：《厄瓜多尔的“21 世纪社会主义”》，《拉丁美洲研究》2008 年第 1 期，第 8 页。

1. 拉美左翼学者关于“21 世纪社会主义”的理论建构

阿根廷经济学家阿蒂略·波隆认为，“21 世纪社会主义在经济领域，意味着在克服计划专制与市场无度的同时，通过民众的智慧，创造一种受民众控制的崭新经济过程，以期灵活、迅速地应对日渐改变当代资本主义面貌的创新浪潮。这是一种既能实现企业和生产单位活力与自治，又能有效协调各项经济政策的社会主义；这是一种能促进各种社会产权和谐共存的社会主义，无论是股份制公司、国有企业还是同私人资本的联合，劳动者、消费者和国家官员均可以多种方式结合进各种受人民掌控的产权关系中。将公共财产和国家财产混为一谈是苏联留给我们最为严肃的历史教训之一。21 世纪社会主义的最大挑战之一在于，找到不同于以往的经济调控手段与方式。”①

海因茨·迪特里希认为，苏联模式偏离了科学社会主义轨道，资本主义模式具有不可持续性，在其主编的《全球资本主义的终结：新的历史蓝图》（1998 年）一书中阐述了新的社会蓝图。其后，在阐发“21 世纪社会主义”理论的系列论著中，海因茨详细勾勒了迈向“21 世纪社会主义”的具体途径，并强调“21 世纪社会主义”的理论基础仍是马克思主义，现代科学对“21 世纪社会主义”的理论建构具有不容忽视的重要影响。海因茨认为，拉美“21 世纪社会主义”的核心思想是“价值经济思想”，是“以价值为基础”的经济对“以交换价值为目的”的资本主义“价格经济”的超越，直接生产者应以民主的方式控制经济，绝大多数人在经济、政治、文化和军事等机构中分享参与式民主和最大限度的决策权。

勒博维茨强调以人的全面发展为出发点理解马克思的全部社会主义思想要义，将生产场所的自我管理和社区的自治、生产资料的社会所有、满足公共社区需要和公共意图归纳为“21 世纪社会主义”的三个核心要素，并认为每一要素都是在革命的实践中发展人的潜能的可靠途径；三个核心要素的同时发生是社会主义的产生与发展不受资本主义传染、关上资本主义复辟大门的保证。②

---

① ［阿根廷］阿蒂略·波隆：《拉美新民族资本主义神话》，贺钦译，《国外理论动态》2010 年第 1 期，第 27 页。

② 沈尤佳：《从马克思的社会主义到“21 世纪社会主义”——迈克尔·A. 勒博维茨学术思想评介》，《拉丁美洲研究》2012 年第 2 期，第 17 页。

查韦斯的顾问玛尔塔·哈内克认为，“21 世纪社会主义”强调民众参与，是人道主义的、民主的、团结互助价值观的混合体。哈内克认为，委内瑞拉工业发展水平较低，且通过和平方式谋求国家和社会转型征途漫漫，社会主义建设难度空前，因此应首先打赢意识形态领域的战斗。

2. 拉美左翼领导人关于“21 世纪社会主义”的理论探讨

拉美左翼领导人出于对资本主义的理性批判和对社会主义的理想信念，纷纷提出了具有本国特色的“21 世纪社会主义”指导思想和价值原则。

查韦斯倡导的玻利瓦尔革命主张社会主义、人道主义和国际主义，维护劳动阶级和人民利益，反对资本主义和帝国主义，以建设公平、自由、人道的“21 世纪社会主义”为己任。查韦斯的“21 世纪社会主义”思想复杂多元，具有鲜明的民族主义和理想主义特质。由查韦斯一手创建的执政党——统一社会主义党在其《原则声明》和《党章》等重要文件中指出，委内瑞拉革命的指导思想是玻利瓦尔、罗德里格斯和萨莫拉思想，是马蒂、格瓦拉、马里亚特吉、卢森堡、马克思、恩格斯、列宁、托洛茨基、葛兰西和毛泽东思想；作为指导思想多元化的社会主义政党，统一社会主义党的思想原则是玻利瓦尔主义、罗德里格斯和萨莫拉思想及科学社会主义、基督教主义、解放神学和人道主义。查韦斯认为，马克思提出的无产阶级专政道路在委内瑞拉行不通，“21 世纪社会主义”的本质是人民当家做主的参与式民主，必须具有社会主义道德、爱心、团结和平等，必须进行经济改革。统一社会主义党在其《基础纲领》中写道，“党将采取一切必要的斗争方式推进玻利瓦尔革命，现阶段以民主选举、和平宪制方式，践行参与式民主，行使人民主权；作为有组织的先锋队，党目前的中心任务是从玻利瓦尔革命过渡到社会主义革命”。[①] 此外，查韦斯还积极倡导“21 世纪社会主义”的地区合作与国际结盟，与拉美左翼领导人在 2004 年前后初创了拉美一体化的替代组织“美洲玻利瓦尔联盟”，并在 2009 年召开的第一届左派

① 2009 年 11 月至 2010 年 4 月，委内瑞拉统一社会主义党先后召开了党成立代表大会和第一次特别代表大会，并最终在第一次特别代表大会上通过了《党章》、《原则声明》和《基础纲领》三份文件，对党的性质和指导思想做了全面阐释。参见 Libro Rojo - Documentos Fundamentales del PSUV，http：//www. psuv. org. ve/temas/biblioteca/libro - rojo/#. U6P6kXA6SEA。

党国际会晤上提出了成立“第五国际”的主张。

厄瓜多尔总统科雷亚认为，“21世纪社会主义”是方法论，不存在固定的规律或教条，是不断革新和减少原教旨主义成分的历史进程，是人民参与和更加民主的社会主义。“21世纪社会主义”与传统社会主义既有区别又有联系：其共同点在于承认劳动价值高于资本价值、使用价值高于交换价值，强调社会公正和集体行动；其不同点在于传统社会主义缺乏对发展概念的界定，尤其缺少对资本主义和社会主义发展观的比较和辨析，而旨在提出新发展观的“21世纪社会主义”主张通过投票而非暴力实现社会变革，倡导产权合理化而非完全国有化，强调国家主权和健康的民族主义。科雷亚认为，厄瓜多尔的“21世纪社会主义”受益于拉美本土的社会主义思想，如何塞·卡洛斯·马里亚特吉提出的安第斯社会主义思想、塞尔蒙·蒙达亚提出的基督教社会主义等，是不同于传统社会主义，也不同于古巴、委内瑞拉、玻利维亚的社会主义。2014年8月，科雷亚总统又进一步提出了“拉美现代社会主义”主张，试图完善此前的“21世纪社会主义”论述。科雷亚认为，新自由主义在拉美遭到重创，社会主义是拉美各国解决结构性矛盾和发展问题的唯一出路，“现代社会主义”主张把市场和国家的作用有机结合，经济与社会的和谐发展才是变革的目标。

玻利维亚总统莫拉莱斯认为，以玻利维亚农村社群为社会基础的“社群社会主义”是平等、互惠、团结的社会主义。首先，“社群社会主义”是以人为本的社会主义。“社群社会主义”承认并尊重人权的普遍性原则，主张保护印第安人、边缘及弱势群体的社会、经济、文化权利，力图消除贫穷、苦难和歧视；倡导土著民族自治，以保障其集体人权和在平等条件下行使公民权；主张捍卫中产阶级的权益要求，以使其充分发挥生产潜力；将公社、工会和家庭视作社会发展的基础，受政府制度的保护。其次，“社群社会主义”是追求社会正义与团结的社会主义。“社群社会主义”主张建立以尊重、认同为基础的参与式民主和共识民主，使玻利维亚成为多民族、多文化和谐共存的国家；尊重不同社会、文化、政治、经济制度的国家，保持各自的传统哲学和智慧；继承拉美独立先驱的遗志，积极倡导拉美一体化与团结，建立“拉美大祖国”；强调第三世界各国人民的命运紧密相连，主张团结一切为实现主权国家自由、正义、解放而斗争的武装力量和社会运动；抵制各种殖民主义、帝国主义的干涉行为，反对建立"美洲自由贸易区"，谴责霸权国家的军备竞赛。第三，"社群社会主义"是关注人与自然和谐发展的社会主义。"社群社会主义"主张保护自然环境，注重人和自然在精神上的和平共处。尤其是2008年，莫拉莱斯在联合国土著问题常设论坛上提出的当代"十诫"——消灭资本主义、放弃战争、建立没有帝国主义和殖民主义的世界、水是一切生命的权利、尊重大地母亲、享有基础服务的人权、反对消费主义和遏制浪费、尊重文化和经济多样性、追求美好生活的十项建议，旗帜鲜明地阐释了"社群社会主义"拯救地球、拯救生物与人类的基本立场与决心。近年来，莫拉莱斯在社群社会主义的基础上，又提出了"美好生活社会主义"的主张，旨在否定资本主义，追求以"尊严、平等、共享与和谐"为基础的社会主义，呼吁发达国家承担更多国际责任，建立不同于以往的世界金融体系，主张求同存异、加强团结。2014年8月，玻利维亚外交部部长戴维在圣保罗峰会期间，又从"身份特征"、"美好生活"、"均衡"、"宇宙价值"四个方面对"美好生活社会主义"进行了详尽解读。

此外，拉美著名马克思主义学者、玻利维亚副总统阿尔瓦罗·加西亚·利内拉（Álvaro García Linera）对玻利维亚社会主义理论建设的贡献也不容忽视。左翼运动领袖和大学教授出身的阿尔瓦罗被誉为"辩证本质主义者"，是缔造玻利维亚左翼政府战略及政策的重要理论家和政治家，著有《工人阶级状况》、《国际危机和人民政权》等作品。阿尔瓦罗认为，新自由主义是可以被战胜的，新自由主义在拉美已经过时，"社群社会主义"与"美好生活社会主义"才是玻利维亚的未来。阿尔瓦罗进一步解释，玻利维亚正处于由资本主义经济体制向社会主义和社群经济体制过渡的过程中，而这一过渡应通过"多民族国家"的形式来实现，是一种社会运动的统治，"土著农民社区"和"有组织的工人运动"是这一进程的两个基本支柱。①

尽管胸怀理想和信仰，但拉美左翼领导人对"21世纪社会主义"前景的估计显然过于乐观，社会改造中的重重阻力使拉美"21世纪社会主义"不断陷入理论反思与实践纷争中。

---

① 袁东振：《拉丁美洲马克思主义报告》，载《国外马克思主义研究报告》，人民出版社2015年版，第202—208页。

三 拉美“21 世纪社会主义”的实践探索

以查韦斯、莫拉莱斯、科雷亚为代表的拉美左翼领导人及其执政党，先后在本国开展了各具特色的拉美“21 世纪社会主义”探索，为推进地区社会经济变革与团结极尽努力。拉美左翼领导人倡导的“21 世纪社会主义”执政纲领主要包括：（1）在政治方面，保留代议制民主体制和多党竞争，同时鼓励和扩大基层民主与政治参与；（2）在经济方面，加强国家对经济的干预和调控，对资本和市场进行一定的限制，使资本和市场服务于社会，力图建立国有经济、混合经济及私营经济共生共荣的、可持续的、合理的经济模式；（3）在社会方面，发展社会福利，促进社会公正；（4）在对外关系方面，谋求国际关系民主化，反对霸权主义，倡导“南南合作”。

（一）委内瑞拉的“21 世纪社会主义”

委内瑞拉在倡导拉美“21 世纪社会主义”的国家中经济实力最强，矿产（其中石油储量居世界第一）、水利和森林资源十分丰富。前总统查韦斯系军人出身，自 1999 年执政以来，通过宪政改革，三次连选连任。作为最具代表性的拉美左派领导人之一，查韦斯极力反对新自由主义和帝国主义，主张在委内瑞拉实行和平的资产阶级民族民主革命——“玻利瓦尔革命”，从而实现委内瑞拉“21 世纪社会主义”的“参与式民主”。金融危机的爆发更加坚定查韦斯“社会主义是拯救世界的唯一途径”的思想。2012 年在委内瑞拉总统大选中再度获得连任后，查韦斯明确表示：委内瑞拉将继续朝着民主和玻利瓦尔主义的“21 世纪社会主义”过渡。同时宣称，“将广泛听取国家各个地方和各个层面的意见，包括反对党对于国家政治、经济、社会问题的建议和批评，来认真制订可行的、持久的第二个社会主义计划。”①

在政治领域，查韦斯政府积极推进宪政改革，通过了新宪法，成立了拉美第一大执政党——委内瑞拉统一社会主义党，颁布了一系列深化

① 《查韦斯要求新政府提高效率》（http：//news. xinhuanet. com/world/2012—10/10/c_113324388. htm）。

社会经济改革的法律法规。在经济领域，查韦斯政府力图实现经济发展模式的转变，强调国家对经济的干预作用，扩大非私有制形式的生产资料所有制，在战略经济部门实行大规模国有化，扶持兴办各类合作社，对被征收的部分企业实行共同管理制度，并尝试将其转化为新型经济生产单位“社会生产企业”。在社会领域，查韦斯政府倡导建立社区委员会和工人自治组织以巩固参与式民主，并通过推进若干“社会使命”项目和“玻利瓦尔计划”，改善基础设施和社会福利。在教育领域，查韦斯政府大力开展社会主义思想教育，革新人民“以人为本”的价值观念，增强民族认同感和团结意识。在外交领域，查韦斯政府积极探索符合第三世界和拉美国家利益的合作形式，率先提出成立“美洲玻利瓦尔替代计划”（ALBA）的倡议。

2012 年 10 月，已连续执政近 14 年的查韦斯赢得了其政治生涯的谢幕之战——第三次总统大选。2013 年 3 月，查韦斯不幸辞世。弥留之际的查韦斯早已对委内瑞拉“21 世纪社会主义”的革命蓝图作出了规划和部署。查韦斯指出，2009 年至 2019 年是玻利瓦尔革命的第三阶段，是确立社会主义建设思想、战略、战术和纲领的伟大十年，并提出了“2019 年：誓死建成社会主义”的口号。2012 年 6 月，查韦斯向国家选举委员会提交了竞选纲领——《祖国计划（2013—2019）》，即 21 世纪玻利瓦尔社会主义过渡时期的第二个社会主义计划。以合作、团结、尊重和捍卫人民自决权为原则的《祖国计划（2013—2019）》包括 5 项历史目标和 23 项国家目标，是查韦斯留给玻利瓦尔革命的重要政治遗产。5 项历史目标包括：（1）捍卫、扩大和巩固 200 年来的国家独立成果；（2）继续建设委内瑞拉 21 世纪玻利瓦尔社会主义，替代破坏性的、野蛮的资本主义制度，最大限度地实现社会安全、政治稳定和人民幸福；（3）使委内瑞拉成为地区社会、政治、经济强国，维护地区和平；（4）促进国际地缘政治新发展，谋求平衡与和平的多极世界；（5）维护地球生命，拯救人类。《祖国计划（2013—2019）》强调，应建立以社会主义价值为基础的新社会道德、伦理和精神观，传承委内瑞拉人民诚实、有责任心、勤勉、无私、团结、艰苦奋斗的传统价值，重视意识形态在经济制度变革和社会主义过渡时期的重要作用。

2013 年 4 月，执政党候选人尼古拉斯・马杜罗・莫罗斯在总统大选中将查韦斯的《祖国计划（2013—2019）》继续奉为执政纲领，并在当选后的2013年年底将其上升为国家法律。

近15年来，委内瑞拉经历了前所未有的变革，在地区格局的重构中发挥着重要作用。作为这一进程的核心人物，查韦斯的不幸离世无疑给委内瑞拉“21世纪社会主义”增添了不确定性。2014年马杜罗政府执政周年之际，委内瑞拉政局持续动荡，经济恶化、阶级冲突和官僚腐败使委内瑞拉“21世纪社会主义”进程面临空前挑战，玻利瓦尔革命能否在石油红利和查韦斯政治遗产的支撑下继续前行，仍有待研判。

2015年，委内瑞拉宏观经济形势仍不容乐观，人民生活水平急剧下降。尽管马杜罗政府曾多次表示，有信心扭转委内瑞拉当前的社会经济颓势，延续查韦斯开创的玻利瓦尔革命和道路，但就短期而言，有利于委内瑞拉重振士气的各种主、客观条件依然十分有限。

无论前景如何，查韦斯开创的委内瑞拉“21世纪社会主义”仍不失为拉美变革进程的先锋。这场革命“既是20世纪的最后一场革命，也是21世纪的第一场革命”①，一场结合民族主义、泛美主义和国际团结的革命。②

（二）玻利维亚的“社群社会主义”

多民族的玻利维亚国是南美洲的一个内陆高原国，印第安人占总人口的54%，自然资源十分丰富，是拉美天然气生产和出口大国、主要矿产品出口国，但也是拉美最贫困的国家之一，两极分化问题严重，工业不发达，粮食需大量进口。

现任总统莫拉莱斯出身贫寒，是玻利维亚历史上第一位印第安土著人总统，曾任玻利维亚古柯农组织领袖。作为执政党“争取社会主义运动”的领导人，莫拉莱斯在2006年执政初始便提出“社群社会主义”的主张。

“社群社会主义”的基本主张包括实现社会正义、以人为本、建立和完善社群民主和参与式民主、建立“拉美大祖国”、继承和发扬独立

---

① ABN, “Venezuela to defeat a historical barrier on February15”, February 13 2009, http: //www. abn. info. ve/go_ news5. php?articulo = 169757&lee = 17.

② Leonel Vivas, “Venezuela: The Bolivarian Revolution Will not be Defeated”, Greenleft. org, May 26 2004, http: //www. greenleft. org. au/2004/583/32465.

先驱的革命思想、反对帝国主义和霸权主义、确保粮食安全、建立惠及全民的医疗卫生和教育体系、捍卫贫困人口和边缘群体的人权、平衡地区发展等。

在实践领域，莫拉莱斯倡导的“社群社会主义”取得了不少突破性进展。首先，成功推进了新宪法的制定和实施，进一步改善了玻利维亚的参与式民主，切实维护了印第安公民的生存和发展权利。新宪法于2009 年年初的全民公投中通过。同年 12 月，莫拉莱斯政府连任成功。玻利维亚新宪法强调该国多民族的国家性质，主张建立多民族选举机构为第四国家权力机关，实行区划自治制度，采用复合经济模式，限制大地产和双重地契，并确立了土著人全权制宪会议的地位和职权等。其次，力推天然气和石油等能源国有化政策，从而扭转了新自由主义时期玻利维亚能源几乎全部为外资所控的局面，能源收入的增加为玻利维亚消除贫困、发展经济提供了重要的物质保障。再次，彻底摒弃了新自由主义发展模式，重视国家在经济运行中的作用，通过制订国家五年发展计划，探索复合经济发展道路，在经济与社会领域实施了一系列团结互助、扶贫扫盲等改革措施。推动古柯产业化，实施财政紧缩政策，修改投资法，稳定生产秩序，设立城镇发展银行为手工业者、中小生产者和小型企业提供贷款和补贴等。复次，通过颁布新土地改革法，缓解了玻利维亚土地分配严重不公的社会矛盾，有效保护了贫民和土著民的土地所有权和使用权。2007 年通过的新《土地改革法》规定，政府有权向庄园主征收闲置土地，继而分配给无地农民，政府还可向无地农民出让土地产权，为耕种者提供司法保障。最后，坚持独立自主的外交原则，积极发展同拉美各国及其他地区和国家的友好关系，在同美国等西方大国的交往中不卑不亢。

尽管其间曾爆发“燃油涨价风波”、抗议物价上涨和反对政府修路等大规模示威游行，但在莫拉莱斯的领导下，玻利维亚基本实现了政局稳定、经济发展和减贫增收。2014 年 10 月 12 日，莫拉莱斯第三次当选玻利维亚总统，而玻利维亚执政党也收获了 61.3% 的高支持率，从而延续了玻利维亚“社群社会主义”的执政理念与政策，巩固了拉美“21 世纪社会主义”的道路和阵营。2015 年 1 月，玻利维亚新一届政府平稳组阁。莫拉莱斯总统强调，本届政府旨在保持玻利维亚的社会稳定与经济增长，承诺深化司法改革，政府应把纪律性、守时、自省、减少官僚腐败和积极回应民众诉求作为工作准则。[①]在上届任期内交出漂亮成绩单的玻利维亚财长阿尔赛表示，如何应对国际市场油气价格持续下滑对玻利维亚经济造成的影响是其团队面临的重要挑战，本届政府经济工作的重心在于不断完善玻利维亚社区生产性经济模式、保持国家宏观经济稳定、巩固经济本币化进程、深化税收制度改革和刺激内需等。

2006 年至 2014 年，玻利维亚经济经历了年均 5.1% 的增幅，使玻利维亚人均 GDP 从 1182 美元增加到 2922 美元。[②]据拉美经委会 2015 年 7 月发布的报告，在拉美及加勒比地区经济增长预期整体下调的背景下，预计玻利维亚 2015 年经济增长率为 4.5%，继续领跑南美各国，远高于拉美及加勒比地区 0.5% 的经济平均增长率预测。而国际货币基金组织、世界银行等机构，也先后把玻利维亚评定为中等收入国家。得益于经济增长红利的玻利维亚，贫困率从 2006 年的 59.9% 降至 2011 年的 45%，赤贫率由 2005 年的 38.2% 下降到 2015 年的 17.8%，最低工资水平由 2005 年的 440 玻币（玻利维亚诺）提高到 2014 年的 1656 玻币。[③]这表明，随着近年来经济的稳步发展，玻利维亚已脱离了低收入国家行列。2014 年，玻利维亚失业率位列南美国家最后一位，仅有 3.5%。此外，玻利维亚近年来的经济成就还先后得到了联合国粮农组织（FAO）、经济发展与合作组织（OCDE）等国际组织的肯定。联合国粮农组织认为，随着玻利维亚农业的发展，玻利维亚粮食主权问题日益得到解决，粮食生产不仅能满足内需，还可用于出口。[④]据 OCDE 的报告，拉美地区 2010 年至 2013 年税收收入持续增加，玻利维亚是该地区税收收入增幅最大的国家，税收近九年内增长了三倍，由 2005 年的 158.74 亿玻币增长到 2013 年的 598.83 亿玻币，极大地惠及了玻利维亚教育、医疗等公共服务领域。[⑤]

---

① 驻玻利维亚经商参处：《玻利维亚总统莫拉莱斯连任，新一届内阁平稳组建》（http://bo.mofcom.gov.cn/article/jmxw/201502/20150200888747.shtml），2015 年 2 月 5 日。

② 驻玻利维亚经商参处：《国际货币基金组织将玻利维亚评定为中等收入国家》（http://bo.mofcom.gov.cn/article/jmxw/201508/20150801080440.shtml），2015 年 8 月 14 日。

③ 驻玻利维亚经商参处：《玻利维亚失业率南美最低》（http://bo.mofcom.gov.cn/article/jmxw/201509/20150901123188.shtml），2015 年 9 月 26 日。

④ 驻玻利维亚经商参处：《玻利维亚粮食主权问题》（http://bo.mofcom.gov.cn/article/jmxw/201409/20140900744055.shtml），2014 年 9 月 25 日。

⑤ 驻玻利维亚经商参处：《玻税收九年内增长了三倍且增幅位列拉美第一》（http://bo.mofcom.gov.cn/article/jmxw/201503/20150300914371.shtml），2015 年 3 月 18 日。

总之，由于经济与社会发展领域的突出绩效，玻利维亚的“21 世纪社会主义”模式越来越受到各方关注。

（三）厄瓜多尔的“21 世纪社会主义”

素有“香蕉之国”称号的厄瓜多尔在拉美国家中的发展水平位列中游，国民经济先后经历了可可时期、香蕉时期和石油时期三个阶段。2000 年 1 月，厄瓜多尔正式实施经济美元化政策。现任总统拉斐尔·科雷亚是旅美经济学博士，曾任厄瓜多尔天主教大学经济学教授、厄瓜多尔财政和经济部长，著有《厄瓜多尔经济的脆弱性》、《发展的挑战》等论著，是拉美左翼领导人中少有的专家学者型领袖。自 2007 年 1 月执政以来，科雷亚宣布摒弃新自由主义经济模式，推行“宪法革命”和“21 世纪社会主义”。

高度“碎片化”的政治格局、效率低下的政治体制、严重的政治腐败以及人民对政治体制的不信任是厄瓜多尔选择“21 世纪社会主义”道路的重要原因。厄瓜多尔“21 世纪社会主义”实践主要有：（1）实行政治体制改革和司法制度改革，通过修宪扩大总统职权，增加政府权力，限制国会、最高法院和政党的权力，保障司法的独立性和公正性，严惩贪污腐败等；（2）加强国家对经济的干预力度，重申国家在资源领域的主权与利益，利用石油出口、侨汇收入和社会投入等手段拉动厄经济增长；发展“平民经济”，让农民、小手工业者、小企业主等从经济发展中受益，控制高失业率等；（3）制定新的社会发展方略，重视教育和卫生事业的发展，设立社会发展基金，救助贫穷阶层等；（4）把推进地区一体化作为外交政策的优先目标，反对外来干涉，反对与美国签署自由贸易协议，并要求美国军队在租借合约到期后必须从厄瓜多尔的军事基地撤出等。

2009 年，新宪法通过后，科雷亚政府连任成功。尽管不乏反对党和意见群体的滋扰，但厄瓜多尔“21 世纪社会主义”的改革总体平稳顺利。2010 年 9 月 30 日，为抗议国民代表大会通过包含削减警察和军人福利待遇条款的《公共服务法》，厄瓜多尔首都基多等主要城市爆发了大规模警察抗议活动并引发骚乱，科雷亚总统遭袭并一度被困，后在军方、议会及国际社会的支持下脱困。2011 年 5 月 7 日，厄举行司法改革和媒体管控等十项政治和社会议题全民公投，有关议题均获得通过。

2013 年 2 月，科雷亚成功连任，任期至 2017 年 5 月。

科雷亚总统开启第三次任期以来，厄瓜多尔总体局势平和，社会经济稳步发展。执政党虽在 2014 年 2 月的地方选举中失利，但科雷亚总统的支持率仍保持在 60% 以上的高位。2013 年以来，科雷亚政府力推经济结构转型，积极发展五大基础工业，实施选择性进口替代政策，并试图通过大规模公共投资和出口拉动经济增长，推进油气产业上中下游一体化，大力开发水电、风能等新能源。2015 年上半年，厄瓜多尔经济连续两个季度下滑，从而终止了自 2010 年 3 月以来连续 63 个月 GDP 持续增长的势头。部分国际组织认为，受石油和农产品等大宗商品国际价格下跌影响，厄瓜多尔面临着巨大的国际收支和平衡压力，有进一步衰退的可能。科雷亚总统坦言，目前国家处于十分困难的时期，但不会陷入衰退，2015 年厄瓜多尔经济将力图实现 0. 4% 的微增长，2016 年预计增长约 1% 。①

四　拉美“21 世纪社会主义”的前景与评价

进入 21 世纪以来，拉丁美洲的替代运动蓬勃发展，在各种替代性主张和运动中，由左翼领导人及理论家倡导的“21 世纪社会主义”理论与实践占据了重要地位。从 20 世纪 90 年代概念的提出到如今成为影响拉美乃至世界政坛的一支重要力量，拉美“21 世纪社会主义”已然成为世界解读拉美历史与现实的重要视角。尽管新自由主义遗风在拉丁美洲的制度、结构、文化中依然显见，但更多关于社会主义的公开讨论和大胆实践让拉美人看到了“另一个世界是可能的”。

（一）拉美“21 世纪社会主义”面临的机遇与挑战

经过 21 世纪头十多年的探索与实践，拉美“21 世纪社会主义”在一片质疑和反对声中，走出了一条与众不同的发展道路。随着拉美“21 世纪社会主义”理论与实践经验的不断丰富，地区影响力的不断扩大，其面临的风险和问题也日益浮现。

---

① 驻厄瓜多尔经商参处：《厄瓜多尔经济持续增长 63 个月后，今年下半年增长势头戛然而止》（http：//ec. mofcom. gov. cn/article/jmxw/201511/20151101159392. shtml）。

拉美“21 世纪社会主义”的历史机遇在于：（1）新自由主义留给拉丁美洲的创伤远未弥合，对资本主义的声讨和替代仍将继续，对深受外围资本主义之苦的拉丁美洲而言，拉美“21 世纪社会主义”在未来相当长一段时期内仍会是最具吸引力的后新自由主义道路选择之一，其理论与实践探索仍将受到高度关注与追捧；（2）作为拉美“21 世纪社会主义”的主试验场，委内瑞拉、厄瓜多尔、玻利维亚三国的左翼领导人通过议会道路、修宪立法、重组执政党等制度手段，为各自的“21 世纪社会主义”实践赢得了至少 10 年的执政期，从而大大增加了政策的合法性、延续性和深化改革的可能性；（3）以“公平、正义、参与”为核心价值的拉美“21 世纪社会主义”在社会建设方面取得了显著成效，教育、医疗、减贫等领域的社会项目极大地改善了“21 世纪社会主义”国家人民的福利和人权，委内瑞拉和玻利维亚更是在 2005 年和 2008 年成为联合国教科文组织认定的“无文盲”国家；（4）加强地区团结与一体化是拉美“21 世纪社会主义”倡导者的共识，在拉美左翼领导人的共同努力下，拉美替代一体化组织得以迅速发展，尤以美洲玻利瓦尔联盟—人民贸易协定（ALBA—TCP）的特殊建制为代表，为拉美“21 世纪社会主义”的地区联合创造了条件。

拉美“21 世纪社会主义”的未来挑战在于：（1）拉美“21 世纪社会主义”的理论内涵、原则和形态庞杂多元，仍需建构具有普遍共识的逻辑和话语体系，替代旗帜虽具备一定的号召力，但却缺乏对历史和现实的科学关照和分析，更未达成明确统一的指导思想和行动纲领，理想主义浓重，行动力欠缺；（2）通过议会道路夺取政权的委内瑞拉、玻利瓦尔、厄瓜多尔三国的左翼力量，在推行激进变革的同时，始终面临着国内外反对派、地区寡头和跨国利益集团的高压和阻力，时局错综复杂，社会冲突时有发生，政治稳定和经济秩序均存在一定的风险和变数；（3）“21 世纪社会主义”的创建与初探在很大程度上依赖于左翼领导人的个人威权与影响力，如何将“21 世纪社会主义”的治国理念和方略制度化、法制化，进而增加其合法性与社会认同，是“21 世纪社会主义”能否真正植入现代政治治理体系进而生根发芽的关键；（4）“21世纪社会主义”从“外围”资本主义的土壤中破土而出，必然具有其不可克服的先天脆弱性，以初级产品出口和资源红利为基础的单一经济结构依然难以摆脱其对资本主义世界经济体系固有的依附性，国际经济危机、初级产品价格波动、西方国家制裁等外部因素对“21 世纪社会主义”国家的局势和前景具有不可小觑的影响力；（5）在传统地缘政治视角中，拉美一直是美国的“后院”，以反美为旗帜的“21 世纪社会主义”发起国历来被美国视为拉美的“邪恶”轴心，以美帝国主义为代表的各类颠覆策反活动成为威胁拉美“21 世纪社会主义”未来的重要因素。

（二）对拉美“21 世纪社会主义”的基本评价

尽管达成了不破不立的基本共识，但拉美“21 世纪社会主义”的理论探讨大都停留在个体层面，尚未形成完整的逻辑体系和鲜明的流派特征。目前，舆论对拉美“21 世纪社会主义”的评价褒贬不一。古巴、委内瑞拉、厄瓜多尔、玻利维亚、尼加拉瓜等拉美及世界其他地区的左翼力量多持褒扬态度，而右翼学者、政治家和委内瑞拉等国的反对派则持否定和批判态度。美国学者詹姆斯·彼德拉斯等支持者认为，尽管“21 世纪社会主义”缺乏激进变革，与理想的社会主义相去甚远，但其反美反帝的旗帜和对拉美公民运动的推进值得期待。较为保守的观点认为，尽管拉美“21 世纪社会主义”已形成了一定的地区乃至世界影响力，但其理论体系、道路探索和制度建设还远未成熟，仍无法主导拉美国家的发展道路，故应全面、客观、历史地评价其现实和前景，合理预期其对世界社会主义运动的影响。

1. 拉美“21 世纪社会主义”的历史本质：本土替代运动

关于拉美“21 世纪社会主义”历史本质的探讨存在诸多看法。较为普遍的观点认为，拉美“21 世纪社会主义”是杂糅了印第安主义、玻利瓦尔主义、马克思主义、解放神学、天主教、民族主义等拉丁美洲特殊历史文化因素而形成的非主流社会主义运动，“是基督教教义、印第安主义、玻利瓦尔主义、马克思主义、卡斯特罗思想和托洛茨基主义等各种思想的综合体”①，与科学社会主义和传统社会主义没有内在联系。亦有观点认为，以“21 世纪社会主义”为指导的改革实质上仍然在走一条中间道路，难以突破现行体制框架或既有的游戏规则。更为积

① 徐世澄：《委内瑞拉查韦斯“21 世纪社会主义”初析》，《马克思主义研究》2010 年第 10 期，第 113 页。

极的看法认为，“21 世纪社会主义”将会成为通往社会主义的一个“21 世纪模式”。

拉美“21 世纪社会主义”理论体系和实践形态尚属探索阶段，它既无统一的理论原则，也无固化的实践模式，且实践性大于理论性，是杂糅了地区历史和现实多重元素的新政治运动，是变化发展中的新社会主义流派。

具有浓厚民众主义和民族主义色彩的拉美“21 世纪社会主义”虽区别于科学社会主义，不具备正统的历史源流，未经历革命的峥嵘，缺乏完美的理论体系和严密的无产阶级政党组织，但却是扎根于拉美历史文化、维护拉美人民根本利益、源自拉美现实需求的社会主义，是实践中的社会主义，是发展中的社会主义，是更加强调本土特色、替代色彩和地区合作的社会主义。拉美致力于“21 世纪社会主义”的国家与拉美社会主义国家古巴保持着兄弟般的革命友情，尤其在“美洲玻利瓦尔联盟—人民自由贸易协定”（ALBA—TCP）的一体化框架下，各国试图通过资源整合、互帮互助，打造一个左翼政治联盟基础上的南南经济—社会合作新范式。拉美“21 世纪社会主义”与古巴社会主义的不同之处在于：古巴社会主义始于古巴自下而上的民族民主革命，经历了社会主义生产关系的改造与过渡，实行无产阶级政党领导的、以工农联盟为基础的无产阶级专政，苏联社会主义和冷战格局对其社会主义制度与体制的形成与发展影响深远；而拉美“21 世纪社会主义”始于拉美左翼政权的崛起，是拉丁美洲反资本主义、反帝国主义替代运动的重要组成。一方面，较拉美零星的社会运动而言，拉美“21 世纪社会主义”是一种集国家意志的政权建设运动，左翼政治领袖依靠选票夺取政权，通过立法推行社会改造方案，具有法律和道义上的合法性与代表性；另一方面，拉美“21 世纪社会主义”虽具有明确的替代主张，却缺乏建立无产阶级专政的主客观条件，既没有无产阶级政党的坚强领导，也不具备社会主义改造的经济基础，政权组织形态依然具有明显的资本主义代议制特征。因此，拉美“21 世纪社会主义”未来面临的艰巨任务在于如何实现真正的“替代”，而非选举政治的成功。

2. 拉美“21 世纪社会主义”的历史局限性：未曾革命的“革命”

尽管拉美左翼对建设“21 世纪社会主义”的重要性与必要性已近共识，但对实现“21 世纪社会主义”的基础、条件、方式和路径仍存争议。迪特里希等悲观者认为，拉美国家尚不具备建立社会主义制度的系统性条件，拉美“21 世纪社会主义”实为国家资本主义，而玻利维亚的“社群社会主义”则为“第三世界凯恩斯发展主义模式”。还有学者客观分析了“21 世纪社会主义”的进步性与曲折性，认为在委内瑞拉等工业化水平较低的寄生国家通过和平道路实现社会转变有较大困难，应首先在意识形态上进行斗争。迪特里希甚至建议委内瑞拉采用类似列宁曾实施的新经济政策方式建设“21 世纪社会主义”，同时推进资产阶级民主革命和社会主义革命，通过民主方式实现社会主义，而拉美各国只有达成真正的团结和联合，才能最终实现民主经济和社会发展。

事实上，迪特里希等人的担心不无道理。在拉丁美洲，无论是拉美“21 世纪社会主义”的理论家还是查韦斯、莫拉莱斯、科雷亚等拉美左翼领导人，均未对“21 世纪社会主义”的理论体系和发展战略作出过令人信服的系统诠释，对许多基本问题缺乏明确界定和基本共识。更重要的是，拉美“21 世纪社会主义”的实践缺乏坚实的革命根基、彻底的革命纲领、科学的革命理论和严密的革命组织。仅凭议会道路的暂时成功，显然无法根除殖民地时期以来拉丁美洲固有的外围资本主义生产关系、经济结构和制度形态。在拉丁美洲纪念独立 200 周年之际，这场未曾革命的“革命”尽管透着难得的朝气与生机，却依然无从改变拉丁美洲依附与不发达的历史宿命。确切地说，尽管拉美“21 世纪社会主义”的变革之风在新世纪以来积攒了不少人气，但就拉美各国的具体国情而言，除古巴社会主义外，尚没有一个拉美国家完全脱离资本主义的生产关系、利益格局和发展阶段，因此拉美“21 世纪社会主义”的未来仍有待突破和超越。

3. 拉美“21 世纪社会主义”的历史必然性：远离野蛮资本主义的社会主义

拉美“21 世纪社会主义”的出现具有历史必然性，远非拉美左翼领导人的个人意志所决定。当前，“外围”资本主义国家的现代化进程均不同程度地受制于各民族国家统治阶级、地区寡头和跨国集团间的利益博弈，资本主义的发展道路已然无法承载发展中国家应对全球化挑战、寻求替代发展的历史重任。随着全球资本主义体系的演进和资本主义内在矛盾的不断激化，社会运动、左翼政党、左翼政权等各种形式的社会主义因素在“外围”资本主义国家内部积聚迸发，以拉美“21 世纪社会主义”为代表的新左翼运动从一定程度上代表了现阶段该趋势的前沿。

拉美“21 世纪社会主义”的发展，对仍处在低潮中奋进的国际共产主义运动意义重大，为各界研讨和探索 21 世纪社会主义的价值体系、经济关系和制度建构提供了信心和参考。与此同时，拉美“21 世纪社会主义”还为经济全球化时代的发展中国家提供了抵御新殖民主义、争取团结自主发展、超越资本主义桎梏、探寻“21 世纪社会主义”进路的经验与启示。对于拉美“21 世纪社会主义”的倡导者而言，拉美的 21 世纪是社会主义的，即使不出现这一波社会主义浪潮，也一定会出现其他各种替代运动，而社会主义——这个经典而又流行的历史课题定会成为未来拉美替代运动的中心和拉美重塑自我的灯塔。

2015 年 11 月底，因经济不振等原因，阿根廷中右翼领导人马克里以较大优势赢得总统大选，从而终结了阿根廷左翼政权“基什内尔王朝”长达数十年的执政期。有学者认为，随着阿根廷 2015 年大选的落幕及拉美“21 世纪社会主义”国家间的政绩分化，始于 21 世纪初的拉美左翼运动高潮极有可能发生转向，拉美历史上的钟摆效应已初现端倪。尽管就目前而言，拉美“21 世纪社会主义”国家在意识形态方面仍然保持着高度的一致与团结，但各国政府及执政党在国家治理能力方面的差异甚至差距，已然成为校验拉美“21 世纪社会主义”未来可能的重要现实基础。

总之，拉美“21 世纪社会主义”的前路远非坦途，不宜过于乐观，但更不宜妄加解读，仅从社会运动、议会道路、民族主义、多元价值观、个人威权、资源红利和地区合作等“标签”远无法理解“21 世纪社会主义”的历史深意与远景。援引拉美依附论学派的重要代表人物、巴西著名学者特奥托尼奥·多斯桑多斯教授的观点，“21 世纪社会主义”理论应具有全球性、多样性，是多元文明的对话，要充分发挥人民的创造力，实现制度创新；拉美国家正在进行“21 世纪社会主义”实践，委内瑞拉面临国内寡头、跨国资本、帝国主义等多重挑战，古巴也正在发生新的变化；这些都是世界历史的新萌芽，当代世界并不像一些学者断言的那样，将是“历史的终结”，而是处于新的国际环境和过渡阶段。①

---

①　孙洪波：《国际金融危机与 21 世纪社会主义前景》，《高校理论战线》2009 年第 4 期，第 48 页。

参考文献

1.《马克思恩格斯文集》第1—10卷，人民出版社2009年版。

2.《马克思恩格斯选集》第1—4卷，人民出版社2012年版。

3.《列宁选集》第1—4卷，人民出版社2012年版。

4.《列宁专题文集·论马克思主义》，人民出版社2009年版。

5.《列宁专题文集·论社会主义》，人民出版社2009年版。

6.《列宁专题文集·论修正主义》，人民出版社2009年版。

7.《列宁专题文集·论资本主义》，人民出版社2009年版。

8.《资本论》第3卷，人民出版社2004年版。

9.《新帕尔格雷夫经济学大辞典》第3卷，经济科学出版社1996年版。

10.《社会党国际文件集》，黑龙江人民出版社1989年版。

11. [英] 托马斯·莫尔：《乌托邦》，戴镏龄译，商务印书馆1982年版。

12. [意] 托马斯·康帕内拉：《太阳城》，陈大维等译，商务印书馆1980年版。

13. [法] 加布里埃尔·摩莱里：《自然法典》，黄建华、姜亚洲译，商务印书馆1982年版。

14. [法] 马布利：《马布利选集》，何清新译，商务印书馆1960年版(2010年重印)。

15. [法] 圣西门：《圣西门选集》第1卷，王燕生等译，商务印书馆1979年版。

16. [法] 傅立叶：《傅立叶选集》第1卷，赵俊欣等译，商务印书馆1979年版。

17. ［法］傅立叶：《傅立叶选集》第 2 卷，赵俊欣等译，商务印书馆 1981 年版。
18. ［法］傅立叶：《傅立叶选集》第 3 卷，汪耀三等译，商务印书馆 1982 年版。
19. ［英］欧文：《欧文选集》第 1 卷，柯象峰等译，商务印书馆 1979 年版。
20. ［英］欧文：《欧文选集》第 2 卷，柯象峰等译，商务印书馆 1981 年版。
21. 白东明主编：《空想社会主义者代表著作评介》，吉林人民出版社 1984 年版。
22. 蔡中兴编著：《十九世纪初的空想社会主义》，上海人民出版社 1976 年版。
23. 陈林、侯玉兰：《激进、温和还是僭越——当代欧洲左翼政治现象》，中央编译出版社 1998 年版。
24. 杜康传、李景治主编：《国际共产主义运动概论》，中国人民大学出版社 2002 年版。
25. 段忠桥主编：《当代国外社会思潮》（第三版），中国人民大学出版社 2010 年版。
26. 高放、黄达强主编：《社会主义思想史》（上册），中国人民大学出版社 1987 年版。
27. 高放、李景治主编：《科学社会主义的理论与实践》，中国人民大学出版社 2003 年版。
28. ［俄］戈尔巴乔夫等：《未来的社会主义》，中央编译局国际发展与合作研究所编译，中央编译出版社 1994 年版。
29. 何秉孟等编：《欧洲社会民主主义的转型——与德国、瑞典学者对话实录》，社会科学出版社 2010 年版。
30. 胡晓地、池蕾：《民主社会主义的核心价值及其在北欧的实践》，黄山书社 2011 年版。
31. 郇庆治主编：《重建现代文明的根基——生态社会主义研究》，北京大学出版社 2010 年版。
32. 郇庆治：《自然环境价值的发现》，广西人民出版社 1994 年版。
33. 黄宗良等主编：《世界社会主义的历史和理论》，中央编译出版社

1995 年版。

34. 纪军：《匈牙利市场社会主义之路》，中国社会科学出版社 2000 年版。
35. 靳辉明、谷源洋主编：《当代资本主义与世界社会主义》（上、下卷），海南出版社 2004 年版。
36. 蓝瑛、吴耀辉：《非洲社会主义小辞典》，华东师范大学出版社 1992 年版。
37. 李凤鸣：《空想社会主义思想史》，上海人民出版社 1980 年版。
38. 李宏：《另一种选择：欧洲民主社会主义研究》，法律出版社 2003 年版。
39. 李慎明主编：《苏联亡党亡国 20 年祭：俄罗斯人在诉说》，社会科学文献出版社 2013 年版。
40. 李亚洲：《俄共理论与政策主张研究》，中国社会科学出版社 2010 年版。
41. 刘仁胜：《生态马克思主义概论》，中央编译出版社 2007 年版。
42. 吕薇洲：《市场社会主义论》，河南人民出版社 2001 年版。
43. 吕薇洲：《市场社会主义与社会主义市场经济：模式·比较·借鉴》，研究出版社 2005 年版。
44. 牧邬：《欧洲历史上的空想社会主义者》，黑龙江人民出版社 1984 年版。
45. 蒲国良主编：《当代国外社会主义概论》，中国人民大学出版社 2006 年版。
46. 邵鹏：《后冷战时代的民主社会主义研究》，知识产权出版社 2012 年版。
47. 邵鹏：《西方政治思潮》，知识产权出版社 2008 年版。
48. 叶清炅：《20 世纪 90 年代以后的生态社会主义》，上海人民出版社 2009 年版。
49. 苏绍智、蔡声宁主编：《社会主义在当代世界上》，光明日报出版社 1985 年版。
50. 唐大盾主编：《非洲社会主义新论》，教育科学出版社 1994 年版。
51. 涂用凯：《社会民主主义的全球治理研究》，中国社会科学出版社 2007 年版。

52. 王伟光主编：《社会主义通史》第1—8卷，人民出版社2011年版。
53. 王卫等编著：《当代西方马克思主义思潮与社会主义流派》，中南大学出版社2008年版。
54. 吴易风：《空想社会主义》，北京出版社1980年版。
55. 吴易风：《空想社会主义经济学说简史》，商务印书馆1975年版。
56. 吴宇晖：《市场社会主义：世纪之交的回眸》，经济科学出版社2000年版。
57. 奚广庆、王谨主编：《西方新社会运动初探》，中国人民大学出版社1993年版。
58. 肖枫主编：《社会主义向何处去——冷战后世界社会主义运动大扫描》（上、下卷），当代世界出版社1999年版。
59. 徐崇温：《民主社会主义评析》，重庆出版社1995年版。
60. 徐觉哉：《社会主义流派史》，上海人民出版社2007年版。
61. 徐世澄：《当代拉丁美洲的社会主义思潮与实践》，社会科学文献出版社2012年版。
62. 徐艳梅：《生态学马克思主义研究》，社会科学文献出版社2007年版。
63. 许俊达主编：《民主社会主义哲学源流》，安徽教育出版社1994年版。
64. 许征帆等编著：《马克思主义学说史》第1卷，吉林人民出版社1986年版。
65. 阎志民：《当代世界社会主义的极左派——托派第四国际》，甘肃人民出版社1985年版。
66. 杨玲玲：《国外社会主义前沿和热点问题研究》，云南人民出版社2001年版。
67. 殷叙彝：《民主社会主义论》，中央编译出版社2007年版。
68. 殷叙彝：《社会民主主义概论》，中央编译出版社2011年版。
69. 余文烈、姜辉等：《市场社会主义：历史、理论与模式》，经济日报出版社2008年版。
70. 余文烈主编：《当代国外社会主义流派》，安徽人民出版社2000年版。
71. 曾柏苓、溥德书等编著：《变革性与多样性：当代国外社会主义探析》，云南人民出版社 2005 年版。

72. 曾枝盛：《20 世纪末国外马克思主义纲要》，中国人民大学出版社 1998 年版。

73. 张世鹏：《西欧社会民主主义政党指导思想的历史演变》，山东人民出版社 2014 年版。

74. 张宇：《市场社会主义反思》，北京出版社 1999 年版。

75. 张志军主编：《20 世纪国外社会主义理论、思潮及流派》，当代世界出版社 2008 年版。

76. 张志忠：《当代西方市场社会主义思潮：模式、理论与评价》，内蒙古大学出版社 2006 年版。

77. 赵明义主编：《当代国外社会主义问题纲要》，山东人民出版社 1987 年版。

78. 赵明义主编：《当代社会主义》，山东大学出版社 2001 年版。

79. 赵永清：《德国民主社会主义模式研究》，北京大学出版社 2005 年版。

80. 中共中央党校科学社会主义教研室编：《当代国外社会主义的理论和实践》，中共中央党校出版社 1987 年版。

81. 中共中央马克思恩格斯列宁斯大林著作编译局资料室编：《鲍威尔言论》，生活·读书·新知三联书店 1978 年版。

82. 中央编译局世界社会主义研究所编：《当代国外社会主义：理论与模式》，中央编译出版社 1998 年版。

83. 周新城：《民主社会主义思潮评析》，社会科学文献出版社 2008 年版。

84. ［澳］黄有光：《福利经济学》，周建明等译，中国友谊出版社 1991 年版。

85. ［波］弗·布鲁斯：《社会主义经济的运行问题》，周亮勋、荣敬本、林青松译，中国社会科学出版社 1984 年版。

86. ［德］卡·洛贝尔图斯：《关于德国国家经济状况的认识：五大原理》，斯竹、陈慧译，商务印书馆 1980 年版。

87. ［德］卡尔·考茨基：《莫尔及其乌托邦》，关其侗译，生活·读书·新知三联书店 1963 年版。

88. ［德］托马斯·迈尔等编：《民主社会主义理论概念》，殷叙彝等编译，重庆出版社 2012 年版。
89. ［德］托马斯·迈尔：《论民主社会主义》，刘云影等译，东方出版社 1987 年版。
90. ［德］托马斯·迈尔：《社会民主主义导论》，殷叙彝译，中央编译出版社 1996 年版。
91. ［德］托马斯·迈尔：《社会民主主义的转型——走向 21 世纪的社会民主党》，殷叙彝译，北京大学出版社 2001 年版。
92. ［德］沃尔夫冈·麦克尔等：《社会民主党的改革能力：西欧六国社会民主党执政政策比较》，童建挺译，重庆出版社 2009 年版。
93. ［俄］根纳季·久加诺夫：《全球化与人类命运》，何宏江等译，新华出版社 2004 年版。
94. ［俄］普列汉诺夫等：《论空想社会主义》（上、下卷），中国人民大学编译室等译，商务印书馆 1980 年版。
95. ［俄］亚·维·菲利波夫：《俄罗斯现代史（1945—2006）》，吴恩远等译，中国社会科学出版社 2009 年版。
96. ［法］菲·邦纳罗蒂：《为平等而密谋》（上、下卷），陈叔平等译，商务印书馆 2009 年版。
97. ［法］G. 韦耶德编：《巴贝夫文选：附导论、题解和注释》，梅溪译，商务印书馆 1962 年版。
98. ［捷］奥塔·锡克：《第三条道路》，张斌译，人民出版社 1982 年版。
99. ［美］伯特尔·奥尔曼：《市场社会主义——社会主义者之间的争论》，段忠桥译，新华出版社 2000 年版。
100. ［美］戴维·施韦卡特：《反对资本主义》，李智等译，中国人民大学出版社 2002 年版。
101. ［美］弗·卡普拉、查·斯普雷纳克：《绿色政治：全球的希望》，石音译，东方出版社 1988 年版。
102. ［美］戈登·A. 克雷格：《德国人》，钱松英译，上海译文出版社 1998 年版。
103. ［美］卡尔·兰道尔：《欧洲社会主义思想与运动史》下卷，刘山等译，商务印书馆 1994 年版。
104. ［美］约翰·罗默：《社会主义的未来》，余文烈译，重庆出版社

1997 年版。
105. ［美］约瑟夫·布拉西等：《克里姆林宫的经济私有化》，乔宇译，上海远东出版社 1999 年版。
106. ［美］詹姆斯·奥康纳：《自然的理由：生态学马克思主义研究》，唐正东等译，南京大学出版社 2003 年版。
107. ［南］米洛斯·尼科利奇编：《处在 21 世纪前夜的社会主义》，赵培杰等译，重庆出版社 1989 年版。
108. ［南］伊万·马克西莫维奇：《公有制的理论基础》，陈长源译，中国社会科学出版社 1982 年版。
109. ［挪威］乔根·兰德斯：《2052：未来四十年的中国与世界》，秦雪征等译，译林出版社 2013 年版。
110. ［日］伊藤诚：《现代社会主义问题》，鲁永学译，社会科学文献出版社 1996 年版。
111. ［苏］H. E. 扎斯田克尔：《社会主义思想史纲》，南致善等译，商务印书馆 1990 年版。
112. ［苏］И. Н. 奥西诺夫斯基：《托马斯·莫尔传》，杨家荣、李兴汉译，商务印书馆 1984 年版。
113. ［苏］查戈洛夫：《列宁的帝国主义理论与当代政治经济学的发展》，复旦大学世界经济系世界经济教研室译，复旦大学出版社 1987 年版。
114. ［苏］瓦尔加：《现代资本主义和经济危机》，叶中林等译，生活·读书·新知三联书店 1975 年版。
115. ［苏］沃尔金：《论空想社会主义者》，中国人民大学编译室译，中国人民大学出版社 1959 年版。
116. ［苏］谢·伊·波波夫：《康德和康德主义》，徐洪亮译，人民出版社 1986 年版。
117. ［苏］伊·米·克里沃古兹：《社会主义工人国际（1923—1940）》，黄进、姚荣译，中国人民大学出版社 1989 年版。
118. ［西］费南德·克劳丁：《共产主义运动——从共产国际到共产党情报局》，方光明、秦永立等译，福建人民出版社 1982 年版。
119. ［西］圣地亚哥·卡里略：《“欧洲共产主义”与国家》，钟琦译，商务印书馆 1982 年版。

120. ［匈］亚诺什·科尔内：《理想与现实——匈牙利的改革过程》，荣敬本译，中国经济出版社 1987 年版。
121. ［意］萨尔沃·马斯泰罗内主编：《当代欧洲政治思想（1945—1989）》，黄华光译，社会科学文献出版社 2001 年版。
122. ［印］萨兰·萨卡：《生态社会主义还是生态资本主义》，张淑兰译，山东大学出版社 2008 年版。
123. ［英］阿兰·艾伯斯坦：《哈耶克传》，秋风译，中国社会科学出版社 2003 年版。
124. ［英］安德鲁·多布森：《绿色政治思想》，郇庆治译，山东大学出版社 2012 年版。
125. ［英］安东尼·肯尼：《托马斯·莫尔》，倪慧良等译，中国社会科学出版社 1992 年版。
126. ［英］戴维·佩珀：《生态社会主义：从深生态学到社会正义》，刘颖译，山东大学出版社 2012 年版。
127. ［英］克里斯托弗·皮尔森：《新市场社会主义：对社会主义命运和前途的探索》，姜辉译，东方出版社 1999 年版。
128. ［英］斯图亚特·汤普森：《社会民主主义的困境：思想意识、治理与全球化》，贺和风、朱艳圣译，重庆出版社 2008 年版。
129. ［英］索尔·埃斯特林、尤里安·格兰德编：《市场社会主义》，邓正来等译，经济日报出版社 1993 年版。
130. ［英］唐纳德·萨松：《欧洲社会主义百年史》（上册），姜辉等译，社会科学文献出版社 2008 年版。
131. ［英］特德·本顿主编：《生态马克思主义》，曹荣湘等译，社会科学文献出版社 2013 年版。
132. ［英］亚力克·诺夫：《可行的社会主义经济》，唐雪葆等译，中国社会科学出版社 1988 年版。
133. ［英］珍妮·德格拉斯选编：《共产国际文件（1929—1943）》，李匡武等译，东方出版社 1986 年版。
134. 中央编译局世界社会主义研究所编：《当代国外社会主义：理论与模式》，中央编译出版社 1998 年版。
135. 蔡华杰：《生态社会主义的全球视野与国际向度——德里克·沃尔的生态社会主义思想述评》，《华中科技大学学报》2013 年第

4 期。
136. 丁军、刘汉玉：《苏联解体后哈萨克斯坦共产党的发展和主张》，《当代世界与社会主义》2011 年第 2 期。
137. 高放：《科学社会主义与民主社会主义的百年分合》，《理论参考》2007 年第 8 期。
138. 高放：《民主社会主义对科学社会主义的挑战》，《社会科学研究》2007 年第 5 期。
139. 高锋译：《瑞典社会民主党纲领（上）——2013 年 4 月 6 日社会民主党全国代表大会通过》，《当代世界与社会主义》2013 年第 4 期。
140. 高锋译：《瑞典社会民主党纲领（下）——2013 年 4 月 6 日社会民主党全国代表大会通过》，《当代世界与社会主义》2013 年第 5 期。
141. 贺钦：《拉美共产党》（http://theory.people.com.cn/GB/179412/1880 32/11430592.html）。
142. 贺钦：《拉美替代一体化研究》，中国社会科学院研究生院 2012 年博士学位论文。
143. 郇庆治：《21 世纪以来的西方生态资本主义理论》，《马克思主义与现实》2013 年第 2 期。
144. 姜琦：《东欧民主社会主义思潮》，《马克思主义研究》2002 年第 5 期。
145. 孔寒冰：《“原苏东地区”的社会主义发展及其特点》，《当代世界》2013 年第 11 期。
146. 李兴耕：《公正俄罗斯党的“21 世纪新社会主义”》，《当代世界与社会主义》2008 年第 3 期。
147. 李兴耕：《苏联解体以来的俄罗斯社会主义》，《科学社会主义》2006 年第 2 期。
148. 李扬：《智利阿连德的社会主义》，《当代世界与社会主义》1993 年第 2 期。
149. 李征平：《“第四国际”及其基本理论观点》，《社会主义研究》1983 年第 4 期。
150. 刘军梅：《俄罗斯新社会主义思潮评析》，《经济研究资料》2004

年第 3 期。

151. 刘宁宁、王冀:《海因茨·迪特里希“21 世纪社会主义”理论述评》,《当代世界与社会主义》2013 年第 1 期。

152. 刘淑春:《俄罗斯社会主义流派当前境况》,《人民论坛》2012 年 9 月 20 日。

153. 刘维广:《拉美“21 世纪社会主义”的国际评价》,《中国社会科学院报》2009 年 2 月 10 日第 9 版。

154. 吕薇洲:《“市场社会化”社会主义模式及其对我国的启示》,《马克思主义研究》2002 年第 1 期。

155. 吕薇洲:《当代欧美三大社会主义流派辨析》,《毛泽东邓小平理论研究》2012 年第 3 期。

156. 吕薇洲:《国外社会主义流派与世界社会主义运动》,《当代世界与社会主义》2004 年第 1 期。

157. 吕薇洲:《金融危机后西方思想理论界对社会民主主义的新认识》,《红旗文稿》2011 年第 1 期。

158. 吕薇洲:《民主社会主义的流变及与中国特色社会主义的本质区别》,《红旗文稿》2010 年第 4 期。

159. 吕薇洲:《市场社会主义评析》,《郑州轻工业学院学报》2004 年第 2 期。

160. 吕薇洲:《中左派及其第三条道路评析》,《郑州大学学报》2000 年第 3 期。

161. 马晨、罗锡政:《哈萨克斯坦的共产主义运动》,《新疆师范大学学报》2011 年第 3 期。

162. 马细谱:《中东欧共产党关于基本理论的认识》,《学习时报》2011 年 8 月 8 日。

163. 马细谱:《中东欧社会党执政现状及其走向》,《当代世界与社会主义》2009 年第 2 期。

164. 聂锦芳:《〈德意志意识形态〉对“真正的社会主义”思潮的批判》,《马克思主义研究》2007 年第 3 期。

165. 闫志民:《空想社会主义的产生和发展》,《科学社会主义》2013 年第 5 期。

166. 申治安:《生态马克思主义的生产观及其启示》,《中共宁波市委党校学报》2013 年第 4 期。

167. 谈娅、唐海军：《亚非拉共产党近期发展、调整探索与前景》，《当代世界社会主义问题》2013 年第 4 期。

168. 王怀超：《当代世界社会主义的发展态势》，《当代世界与社会主义》2014 年第 5 期。

169. 王玫：《拉丁美洲的 4 种社会主义思潮简介》，《当代世界社会主义问题》1990 年第 4 期。

170. 王鹏：《〈当前拉美社会主义思想和运动新动向〉课题结项会暨拉美 21 世纪的社会主义思想和实践研讨会综述》，《拉丁美洲研究》2009 年第 3 期。

171. 王毅、王志连：《前南各国共产主义后继党的转型：矛盾、困境与挑战》，《科学社会主义》2012 年第 3 期。

172. 吴茜：《苏联解体后中亚五国的社会主义运动：现状和前景》，《马克思主义研究》2010 年第 11 期。

173. 吴耀辉：《拉丁美洲的社会主义思潮和流派》，《科社研究》1982 年第 3 期。

174. 徐崇温：《"后工业社会主义"的社会主义观》，《理论视野》2001 年第 4 期。

175. 徐崇温：《苏联东欧剧变后国外社会主义研究的几个热点问题》，《马克思主义与现实》1997 年第 2 期。

176. 徐元宫：《今日的俄共如何反思苏联解体》，《学习时报》2011 年 12 月 1 日。

177. 殷叙彝：《民主社会主义和伦理社会主义》，《当代世界社会主义问题》1996 年第 4 期。

178. 于洪君：《关于后冷战时代世界社会主义问题的几点认识和思考》，《当代世界与社会主义》2005 年第 3 期。

179. 余洋：《生态学马克思主义和生态学社会主义关系研究述评》，《理论观察》2008 年第 4 期。

180. 袁东振：《拉美社会主义思想和运动：基本特征与主要趋势》，《拉丁美洲研究》2009 年第 3 期。

181. 张文红译，殷叙彝校：《德国社会民主党基本纲领（汉堡纲领）》，《当代世界社会主义问题》2007 年第 4 期。

182. 张新宁:《经济危机与生态危机交困中的资本主义——2013 年纽约全球左翼论坛综述》,《马克思主义研究》2013 年第 10 期。

183. 赵常庆:《中亚意识形态领域的大国博弈》,《领导文萃》2009 年第 9 期。

184. [俄] 萨马尔斯卡娅:《从工业社会主义到后工业社会主义》,《当代世界与社会主义》1997 年第 1 期。

185. [比利时] 波尔·德·博斯:《委内瑞拉和 21 世纪社会主义》,毛禹权译,《国外理论动态》2011 年第 4 期。

186. [美] 彼得·鲍默:《委内瑞拉的 21 世纪社会主义》,官进胜译,《国外理论动态》2009 年第 11 期。

187. [美] 约翰·贝拉·福斯特:《失败的制度——资本主义全球化的世界危机及其对中国的影响》,《马克思主义与现实》2009 年第 3 期。

188. [美] 詹姆斯·彼得拉斯:《历史视角下的拉美 21 世纪社会主义》,官进胜译,《国外理论动态》2010 年第 1 期。

189. [英] 比尔·布莱克沃特:《资本主义危机和社会民主主义危机:对话约翰·贝拉米·福斯特》,韩红军译,《国外理论动态》2013 年第 11 期。

190. [英] 希勒尔·蒂克庭:《今日的危机与资本主义制度》,《国外理论动态》2010 年第 11 期。

191. 聂长久译:《贝伦生态社会主义宣言》,《当代世界社会主义问题》2010 年第 2 期。

192. 《"公正俄罗斯"党欲在俄罗斯建设"新型社会主义"》,俄新网 2008 年 4 月 25 日。

193. 戴隆斌译:《俄罗斯联邦共产党纲领》,《当代世界与社会主义》2009 年第 2 期。

194. ABN (2009), "Venezuela to defeat a historical barrier on February 15", February 13.

195. Archer, R (1995), *Economic Democracy: The Politics of Feasible Socialism*, Oxford: Clarendon Press.

196. Bardhanand Roemer, eds. (1993), *Market Socialism: The Current Debate*, NY: Oxford University Press.

197. Bernard Rioux, Michael Löwy (2013), "It is necessary to propose a radical, anti - systemic, anti - capitalist alternative: ecosocialism", Sunday 12 May, http: //www. internationalviewpoint. org/spip. php?article2965.

198. Buchana, A. (1985) . *Ethics, Efficience and the Market*, the Princeton University Press.

199. Christopher Pierson (1995), *New Socialism After Communism*, Oxford United Kingdom Polity Press.

200. David Pepper (1993), *Ecosocialism: From Deep Ecology to Social Justice*, London and New York: Routledge.

201. David Schwartzman, Ecosocialism or Ecocatastrophe, http: //www. ecosocialists unite. com/documents. html.

202. Elson, D. (1988), "Market Socialism or Socialization of the Market" in *New Left Review*, (172) Nov. - Dec. .

203. Exposición de Fernando Ramón Bossi, Secretario de Organización del Congreso Bolivariano de los Pueblos, en el Foro que se realizó en la Ⅲ Cumbre de los Pueblos, Mar del Plata, 3de noviembre de2005. http: // www. revistaoikos. org/seer/index. php/oikos/article/viewFile/113/80.

204. http: //www. abn. info. ve/go_ news5. php?articulo = 169757&lee = 17.

205. http: //www. internationalviewpoint. org/spip. php?article1366.

206. Новые Идеи в тактике КПК, http: //komparty. kz/index. php/ru/ 2009 - 02 - 07.

207. Ian Angus (2007), Three Meanings of Ecosocialism, Sunday 25 November.

208. Ignacio Sánchez - Cuenca, Años de cambios, años de crisis (2012): ocho años de gobiernossocialistas, 2004 2011, Los Libros de la Catarata : Fundación Alternativas, c.

209. Intervention by S. Sudhakar Reddy, Communist Party of India, http: // 11imcwp . in/content/presentation - cp india.

210. Janos Kornai, (1992) *The Socialist System: The Political Economy of Communism*. Oxford: Clarendon Press.

211. Jeff Shantz (2004), Radical Ecology and Class Struggle: A Re - Con-

sideration, in *Critical Sociology*, Volume 30, issue 3.

212. Kovel, J. (2002), *The Enemy of Nature*, Zed Books Ltd..

213. Leonel Vivas (2004), "Venezuela: The Bolivarian Revolution Will not be Defeated", Greenleft. org, May 26. http://www. greenleft. org. au/2004/583/32465.

214. Libro Rojo-Documentos Fundamentales del PSUV, http://www. psuv. org. ve/temas/biblioteca/libro – rojo/#. U6P6kXA6SEA.

215. Michael Lowy (2005), What Is Ecosocialism? *Capitalism Nature Socialism*, Volume 16, Number 2, June.

216. D. Miller (1991), "A Vision of Market Socialism: How it Might Work-And Its Problem". in *Dissent*, Summer.

217. Paul Burkett (2006), *Marxism and Ecological Economics*, Liden, London: Brill.

218. Roger Burbach, Michael Fox, and Federico Fuentes (2013), *Latin America's turbulent transitions: the future of twenty – first century socialism*, Fernwood Publishing and Zed Books.

219. F. Roosevelt (1992), "Marx and Market Socialism", *Dissent*, Fall.

220. D. Schweikart (1993), *Against Capitalism: Reviews of Capitalism or Worker Control.* Cambridge: Gambridge University Press.

221. D. Schweikart (2002), *After Capitalism.* Rowman & Littlefield Publishers, Inc.

222. Ted Benton (1996), *The greening of Marxism.* New York: Guilford Press.

223. Thomas Muhr edited (2013), *Counter-globalization and Socialism in the 21st Century*, Routledge; 1edition (June 26).

224. Vanek, J. (1970), *The General theory of Labor – Managed Market Economies*, N. Y.: Cornell University Press.

225. Ward, B. (1958), "The Firm in Illyria: Market Syndicalism", in *American Economic Review*. June.

226. Weisskopf, T. (1993), "A Democratic Enterprise – Based Market Socialism", in *Market Socialism: the Current Debate*, ed. by Roemer & Bardhan. NY: Oxford University Press.

227. Yunker, J. (1988), "A New Perspective on Market Socialism", in *Comparative Economic Studies 30* (2): Summer.

228. Yunker, J. (1992), *Socialism Revised and Modernized: the Case for Pragmatic Market Socialism*, NY: Praeger Publishers.

229. Декларация социалистов России, http://sdpr4. narod. ru/deklsoc. htm.

230. За что борются коммунисты http: //kprf. ru/activity/.

231. Зюганов: КПРФ будет строитъ социализм XXI века, http: //www. vesti. ru/doc. html? id = 228373.

232. Народно - демократическая партия Узбекистана: Краткая справка, http: //www. xdp. uz/index_ ru. htm.

233. О Политическом отчете Централъного Комитета КПРФ XV съезду партии. Доклад Председателя ЦК КПРФ Г. А. Зюганова. http: //kprf. ru/party - live/cknews/115790. html.

234. Политическое заявление Платформы "РСД" в Федерации социали стической молодежи, http: //www. socialist - spb. ru/24. html.

235. Постановление XV Съезда КПРФ по Политическому отчету Центрального Комитета Съезду партии, резолюции и заявления XV Съезда КПРФ 24. 02. 2013 http: //mkkprf. ru/news - view - 12968 - word - %EF%F0%EE%EA%F3%F0%EE%F0. html.

236. Программа Всесонюзной Комунистической Партии Большевиков.

237. Программа партии - Официальный сайт КПРФ. kprf. ru/party/program.

238. Программа Партии Справедливая Россия, http: //www. spravedlivo. ru/5_ 48382. html.

239. Программа политической партии коммунистов Кыргызстана (в редакции, принятой XXXI внеочередным съездом ПКК 7 ноября 2006 года), http: //shailoo. gov. kg/kg/show. php? tp = tx&id = 809&PHPSESSID = 8da61b556f561dc1e5ba 9016c17eccc9.

240. Программа Российского социалистического движения, http: //anticapitalist. ru/documents/programma/programma_ rossijskogo_ soczialisticheskogo_ dvizheniya. html.

后　记

最初萌生“从世界社会主义发展的宏大历史视野下考察国外社会主义流派”这一想法是十多年前，当时在给研究生讲授《世界社会主义史》、《国外社会主义流派》两门课程时，深切感到只有将世界社会主义与国外社会主义流派结合起来探讨，才能更好地把握世界社会主义发展的历史规律和经验教训、更充分地认识国外各种社会主义流派的本质特征和发展前景。于是就撰写了《国外社会主义流派与世界社会主义运动》（《当代世界与社会主义》2004 年第 1 期）一文，撰文时就发现这一问题远非一篇文章能够阐明，进而就申报了国家社科基金项目“世界社会主义运动视阈中的国外社会主义流派研究”。然而，拿到课题，接触到更多的文献资料后，才知道难度有多大。

贯穿于世界社会主义发展全过程的国外社会主义流派，可谓种类繁多、内容庞杂，且不少流派还存在各种分支细流。若要既兼顾全面又突出重点地把握如此纷繁复杂的社会主义流派及其对世界社会主义的影响，实属不易。

本课题的研究历时 6 年有余，课题主持人吕薇洲负责课题框架的设计、提纲的拟定以及整个书稿的统稿工作。课题组成员有：中国社会科学院马克思主义研究院国外部的李瑞琴、张剑，中国社会科学院马克思主义研究院共运部的贺钦，以及曲阜师范大学政治与公共管理学院的李莹。各章具体分工如下：

吕薇洲：导论、第一章、第二章、第三章、第四章、第六章、后记

李　莹：第五章

张　剑：第七章

李瑞琴：第八章

贺　钦：第九章

将国外社会主义流派置于世界社会主义发展的宏大历史视野下，置于人类社会发展的整个历史长河中，纵横交错地进行全景式、整体性考察和具体的、历史的分析，是本书的一大特色。无论是纵向考察，还是横向分析，本书的最后落脚点，是剖析各种社会主义流派的本质特征及其在整个世界社会主义发展进程中的地位作用，挖掘各种社会主义流派中可资借鉴的成分。

课题组成员为该项目研究付出了大量心血，在项目顺利结项且得到中国社会科学院哲学社会科学创新工程学术出版资助后，项目组成员又对各章节进行了修改和补充。尽管如此，这一研究毕竟是初步的、尝试性的，还有待进一步深化，也期待读者能够不吝指正。

本书的出版得到了中国社会科学出版社的大力支持，田文老师等编辑人员对整部书稿进行了悉心修改和校对，在此表示由衷的感谢。

吕薇洲

2016 年 1 月 2 日